古代歷史文化^{研究輯刊}

古代歷史文化研究輯刊

十九編

王明蓀 主編

第 10 冊

武則天重要人際關係考論（下）

司海迪 著

國家圖書館出版品預行編目資料

武則天重要人際關係考論(下)／司海迪 著 — 初版 — 新北市：
花木蘭文化事業有限公司，2018〔民 107〕
目 4+170 面；19×26 公分
（古代歷史文化研究輯刊 十九編；第 10 冊）
ISBN 978-986-485-406-6（精裝）
1.（唐）武則天 2.傳記
618   107002305

ISBN-978-986-485-406-6

古代歷史文化研究輯刊
十九編 第 十 冊   ISBN：978-986-485-406-6

武則天重要人際關係考論（下）

作　　者　司海迪
主　　編　王明蓀
總 編 輯　杜潔祥
副總編輯　楊嘉樂
編　　輯　許郁翎、王筑　美術編輯　陳逸婷
出　　版　花木蘭文化事業有限公司
發 行 人　高小娟
聯絡地址　235 新北市中和區中安街七二號十三樓
　　　　　電話：02-2923-1455／傳眞：02-2923-1452
網　　址　http://www.huamulan.tw 信箱 hml810518@gmail.com
印　　刷　普羅文化出版廣告事業
初　　版　2018 年 3 月
全書字數　304848 字
定　　價　十九編 39 冊（精裝）台幣 100,000 元

武則天重要人際關係考論（下）

司海迪　著

目

次

第四章　武后的親子關係

　　史載高宗共有八子四女，其中四子兩女爲武后所生。武后所生子女中，長女早夭，其餘四男一女的命運無一例外地因她蒙上了一層悲劇色彩：長子弘成人後與武后失和，二十四歲即猝死；次子賢才華橫溢，被立爲太子後與武后失和，後被賜死於巴州；三子顯昏聵無能，即位後不久就被武后廢黜，並流放遠州長達十餘年，後雖被立爲太子，卻不敢有所動作；幼子旦被武后立爲傀儡皇帝並幽禁宮中長達十餘年；幼女太平公主雖然一直多蒙武后殊寵，然其婚姻也因武后介入而蒙受不幸。第一任丈夫薛紹受到諸王謀反案牽連被餓死獄中。隨後，她聽從武后安排，嫁給了武后族人，成爲武后的政治棋子。前文對武后排斥打擊庶出子女已有所提及，茲不重複。本章主要討論武后與其親生子女的關係。

　　關於武后的親子關係，應從武后的家庭情況說起。在這個帝王家庭中，一開始應該是高宗主外、武后主內的，後來高宗病體沉重，武后代爲理政，對外部事務也有所干預。高宗體弱，自然無力對孩子們太過嚴厲，加之性格儒弱，在孩子們面前應是慈父。武后性格剛強權威，年輕時忙於追逐權力，難免在時間和精力上對孩子們投入較少，感情可能有些疏遠。可以想見，她精明強幹，機智過人，又和孩子們疏於交流，在孩子們心中恐非慈母。限於篇幅，本章重點討論武后和李弘、李賢的關係，對她與其他子女的關係僅做簡要論述。

第一節　李弘之死

　　李弘是武后長子，自幼體弱多病，心懷仁孝之心。其出生和立太子對於提高、鞏固武后的地位有重要作用，想必武后對他非常喜愛和重視。後來高宗爲了防止武后奪權，開始增加李弘的理政機會。李弘亦對武后擅權有所不滿。母子關係因此出現了一些變化。在高宗欲禪位於他時，他竟然一病不起，快快病薨。是年，李弘二十四歲。死後，高宗追贈他爲「孝敬皇帝」。他遂成爲大唐第一位被追諡爲皇帝的太子。關於李弘和武后的關係，學界討論最多的莫過於他的死亡眞相，目前大致有如下三種說法。下面一一析之。

一、「武后鴆殺」說

　　「武后鴆殺」說源於史載。《新唐書》載：「義陽、宣城兩公主以母故幽掖庭，四十不嫁，弘聞眙惻，建請下降。武后怒，即以當上衛士配之，由是失愛……后將騁志，弘奏請數忤旨。上元二年，從幸合璧宮，遇鴆薨。」〔註1〕直言李弘死於武后鴆殺。《資治通鑑》的記載十分謹愼，言：「己亥，太子薨於合璧宮，時人以爲天后鴆之也。」〔註2〕《則天實錄》、《舊唐書》皆不言李弘遇鴆。當今也有不少人採用此說，甚至有人言武后一直對李弘心懷叵測，起初將他視作提高後宮地位的籌碼，後來發現他不附己即行鴆殺。

　　李弘是武后權力道路上的障礙，因而被她陰謀鴆殺。這是關於李弘之死的最初說法。這種說法後來爲大多數史學家輾轉相承，流傳甚廣。也有人提出質疑，如宋朝史學家範祖禹、元朝著名史學家胡三省和清朝進士考據學家王昶。王昶在《金石萃編·叡德碑文跋尾》中寫道：「天皇晚年倦勤，庶政多決於天后，即使太子受禪，天后自度亦不難制其子，……何至於請嫁二主激怒，遽萌殺子之心？此事本有可疑者，特以武后罪惡已甚，後世無復原之耳。」胡三省在注解《資治通鑑》時曾追索過李弘鴆死之說的來源，認爲此說的主要依據是李泌和《唐典》的記載，但他沒有作出自己的結論。當代也有人懷疑此說，如寧志新等人就通過考證否定了這種說法〔註3〕。

〔註1〕〔宋〕歐陽修、宋祁：《新唐書》卷八一《孝敬皇帝傳》，北京：中華書局，1975年版，第3589頁。

〔註2〕〔宋〕司馬光：《資治通鑑》卷二〇二「高宗上元二年四月己亥」條，北京：中華書局，1956年版，第6376頁。

〔註3〕寧志新：《舊說武后扼嬰、殺子失實之補證》，《晉陽學刊》，1987年第4期。

　　筆者認為，武后立后不久，李弘即被立為太子，是符合皇家傳位邏輯的。太子一般都是皇后的嫡長子。就武后而言，雖然她此時已經開始涉足外廷，但若說她此時就對李弘心懷叵測，未免太過偏激。當上太子未必將來一定是皇帝，這樣的例子比比皆是，並非李弘一人，也非武后能擅自做主的。武后的政治野心，應是隨著身份地位的變遷逐步產生並升級的，不可言之過早。筆者認為，儘管武后與成年後的李弘關係不善，但並未鴆殺李弘，或者說她可能有除掉李弘之念，但李弘卻並非死於她手，理由如下：

　　第一，武后鴆殺李弘不符合常情。要認清李弘的死亡真相，首先要把武后當做有感情的個體，而非毫無情感的政治動物。試想，李弘生於武后二度入宮之初，那時高宗和她關係親密。他們不僅是情深意濃、終成眷屬的戀人，還是親密的政治盟友。李弘的出生有利於鞏固二人感情。要知道，在帝王之家，母以子貴是慣常邏輯。前文對李弘之名的深意已做論述，茲不重複。二人給長子取名如是，無疑是預言此子將來君臨天下。要知道，當時的太子是王皇后的養子李忠，李弘是高宗第五子（而不是長子或者嫡子），可見高宗對他寵愛之深。武后對這個上天賜予的麟兒自然也是格外疼愛。再者，李弘是武后的第一個孩子（還是兒子），給武后帶來初為人母的喜悅，對提高她的後宮地位有重要作用。他自幼體弱多病，尤能引起武后憐愛。他自幼愛好讀書又懂事孝順，更是招武后喜歡。可以說，武后幾乎沒有理由不愛他。李弘天生體弱多病，在當時的醫療條件下能活到成年與武后的關懷照顧是分不開的。因此，武后鴆殺李弘讓人在感情上很難接受。

　　第二，武后鴆殺李弘不符合常理。李弘是武后在人生低谷期所生，對她提高後宮地位起到了重要作用。因此，與其他子女相比，武后對他的感情十分特殊。李弘成年後與武后存在分歧，也不過是請嫁異母姐姐之類的事情。武后儘管不高興，但也沒到非要除掉李弘的地步。高宗駕崩後，李顯、李旦也是武后稱帝道路上的巨大障礙。她將他們或流放，或軟禁，多年來不忍殺之，又怎會在高宗在世時對他一向喜愛的李弘下毒手？況且當時高宗在位，李弘下面還有李賢、李顯、李旦等皇子，即使武后有權力欲，對權力爭奪者李弘心存殺念，李弘死後，勢必要立次子李賢為太子。李賢與李弘又有所不同。李賢身體健康，精力充沛，才華過人又堅剛英果，絕非庸懦之輩，難不成武后還要鴆殺李賢？李賢品行有失，還有謀殺和謀反的重大嫌疑，罪過比李弘有過之而無不及。武后在高宗在位時尚不置他於死地，李弘即使數次違逆武后，也不至於因此被殺。

　　第三，武后鴆殺李弘不符合當時的政治情境。當時高宗尚在，武后尚不能全面理政，二人關係緊張。高宗善於隱忍迂迴，借增加太子理政之機排擠武后，無疑將帝后權力鬥爭轉移到了武后和李弘之間。若說母子因爭權產生矛盾，莫說是帝后權力矛盾的延續和擴大。李弘是高宗和滿朝文武一致看好的太子，絕非魏國夫人之流，即便武后指使，恐怕也無人敢下手。若眞是太子在母子關係緊張時死於鴆毒，武后就是最有作案嫌疑的人，高宗和滿朝文武豈能不起疑心？又怎能不在史書中留下驗屍、偵查等文字記錄？再者，李弘死後幾個月，高宗傷心過度，一度要遜位武后。若武后眞有謀殺太子的嫌疑，高宗雖然拿強勢的武后無可奈何，但畢竟身後還有一班擁護李唐體制的老臣，又豈會懦弱退讓到如此地步？高宗欲遜位武后，郝處俊等一干朝臣強烈反對，此事遂止。若是武后有鴆殺太子的嫌疑，他們又怎會不出一語？

　　第四，武后對李弘之死十分悲痛。李弘死後，武后爲此「心纏積悼，痛結深慈」〔註4〕，還用寫經造功德的方式爲李弘追福。根據湯用彤考證，倫敦所藏敦煌寫本 C1513 號的《一切道經序》乃是武后「御製」〔註5〕。序文中稱她對李弘之死「瞻對肅成，慘凝煙於胄序；循臨博望，弔苦月於賓階。拂虛悵而摧心，俯空筵而咽淚；興言鞠育，感痛難勝」，並「故展哀情，爲寫一切道經卅六部」〔註6〕，爲之造福，應非虛妄之言。試想若是武后鴆殺李弘，應無如此情眞意切的記載。

　　根據以上分析，大致可以認定，李弘並非武后蓄意鴆殺，其死當另有原因。既然如此，那爲何史冊中會出現這種說法？我們來看一下李弘之死的影響。李弘死後，高宗在對李弘賜諡的詔書中說：「慈惠愛親曰『孝』，死不忘君曰『敬』，諡爲『孝敬皇帝』。」〔註7〕高宗詔書頒佈後，民間出現了弘姓改爲洪姓的情況，《姓氏急就篇》卷上載：「斟、鬲、逄、弘、仇、紀、因」，注云：「弘氏……唐避諱改李氏，又改洪氏。」〔註8〕《容齋隨筆》卷六說：「洪

〔註4〕　〔唐〕唐高宗：《孝敬皇帝叡德紀》，見〔清〕董誥：《全唐文》卷一五，北京：中華書局，1983 年版，第 185 頁。
〔註5〕　湯用彤：《從「一切道經」說到武后》，《光明日報》，1962 年 11 月 21 日。
〔註6〕　倫敦所藏敦煌寫本 C1513 號的《一切道經序》。
〔註7〕　〔後晉〕劉昫等：《舊唐書》卷八六《孝敬皇帝傳》，北京：中華書局，1975 年版，第 2830 頁。
〔註8〕　〔宋〕王應麟：《姓氏急就篇》卷上，北京：國家圖書館出版社，2006 年版。

慶善作丹陽洪氏家譜序云：『丹陽之洪本姓弘，避唐諱改。』」〔註9〕可見李弘
暴亡對朝野影響很大，關於其死因的猜測必然紛紛而出，《資治通鑑》中「時
人以爲天后鴆之也」〔註10〕的說法應是非常準確的。武后鴆殺李弘一說應是
這種輿論情勢下的產物。此說同武后陰扼長女的記載是同等性質，史家以訛
傳訛同樣是出於對女性干政的反感。

二、「嘗藥而死」說

關於李弘之死的第二種說法是郭沫若在《武則天》一劇中提出的，說是
一位烏荼國的婆羅門叫盧迦逸多，曾給體弱多病的高宗配製不死藥。武后不
同意高宗亂吃藥。李弘代父嘗藥，結果當晚斃命。《武則天》雖是文學劇本，
但也有一定的歷史根據。這種說法是根據《資治通鑑》高宗總章元年條記載
而演繹的：

> 冬，十月，戊午，以烏荼國婆羅門盧迦逸多爲懷化大將軍。逸
> 多自言能合不死藥，上將餌之。東臺侍郎郝處俊諫曰：「修短有命，
> 非藥可延。貞觀之末，先帝服那羅邇娑婆寐藥，竟無效；大漸之際，
> 名醫不知所爲，議者歸罪娑婆寐，將加顯戮，恐取笑戎狄而止。前
> 鑒不遠，願陛下深察。」上乃止。〔註11〕

高宗在顯慶以後常年患病服藥，《資治通鑑》中亦提到他服用婆羅門煉長生不
死之藥之事，但沒有語涉李弘之死。在《孝敬皇帝叡德紀》中提到李弘有至
孝，也提到了「視膳嘗藥」，「出群以驗長壽之書事獨察，此其至明也」〔註12〕，
這「獨察」不知是否指服用印度婆羅門藥之事。

這種猜測流傳不廣，筆者認爲並非完全沒有道理。高宗賜給李弘「孝敬
皇帝」一事就甚是可疑。李弘是有唐第一位死後被追諡爲皇帝的太子，可見
高宗對其人評價之高，對其死哀痛之深。「孝敬」二字應是對他生平功業最全

〔註9〕　〔宋〕洪邁：《容齋隨筆》卷六《李衛公輞川圖跋》，北京：中華書局，2005
　　　　年版。

〔註10〕　〔宋〕司馬光：《資治通鑑》卷二〇二「高宗上元二年四月」條，北京：中華
　　　　書局，1956年版，第6377頁。

〔註11〕　〔宋〕司馬光：《資治通鑑》卷二〇一「高宗總章元年十月戊午」條，北京：
　　　　中華書局，1956年版，第6356頁。

〔註12〕　〔唐〕唐高宗：《孝敬皇帝叡德紀》，見〔清〕董誥：《全唐文》卷一五，北京：
　　　　中華書局，1983年版，第185頁。

面準確的褒獎。問題就在這裡，作爲太子，李弘死後被追贈爲皇帝，其生平功業不在政治作爲上，倒在德行上，這就有點奇怪了。我們再看一下史書中對李弘「孝敬」的記載：

（李弘）直城趨賀，肅敬著於三朝；**中寢問安，仁孝聞於四海**。……及朕理微和，將遜於位，而弘天資仁厚，**孝心純確**，既承朕命，掩欻不言，因茲感結，舊疾增甚。〔註13〕

（李）弘性仁厚，既承命，因感結，疾日以加。宜申往命，諡爲孝敬皇帝。〔註14〕

高宗大帝有八子，天后所生四子……長曰孝敬皇帝宏，爲太子監國，仁明孝悌，天后方圖臨朝，乃鴆殺之，立雍王賢……〔註15〕

高宗有八子，……長曰孝敬皇帝，爲太子監國，仁明孝悌。〔註16〕

（李）弘仁孝英果，深爲上所鍾愛。自升爲太子，敬禮大臣鴻儒之士，未嘗有過之地。〔註17〕

孝敬皇帝，前星賦象，貞列緯於乾樞；少海澄瀾，奠名區域震域，問安視膳，體恭孝以端儀；撫軍監國，服仁愛而凝範。〔註18〕

（李弘）出青宮而視膳，輟寢通宵；入紫庭而扇枕，纏憂永日。豈止衣（闕）帶，藥必親嘗而已哉！此其至孝也。〔註19〕

太子弘仁孝謙謹，上甚愛之；禮接士大夫，中外屬心。〔註20〕

〔註13〕〔後晉〕劉昫等：《舊唐書》卷八六《孝敬皇帝傳》，北京：中華書局，1975年版，第2830頁。

〔註14〕〔宋〕歐陽修、宋祁：《新唐書》卷八一《孝敬皇帝傳》，北京：中華書局，1975年版，第3590頁。

〔註15〕〔宋〕王溥：在《唐會要》卷二《雜錄》，北京：中華書局，1955年版，第21頁。

〔註16〕〔宋〕司馬光：《資治通鑒》卷二〇二「高宗上元二年四月」條《考異》所引《唐曆》，北京：中華書局，1956年版，第6377頁。

〔註17〕〔宋〕司馬光：《資治通鑒》卷二〇二「高宗上元二年四月」條《考異》所引《唐曆》，北京：中華書局，1956年版，第6377頁。

〔註18〕武后所寫倫敦所藏敦煌寫本C1513號的《一切道經序》

〔註19〕〔唐〕唐高宗：《孝敬皇帝叡德紀》，見〔清〕董誥：《全唐文》卷一五，北京：中華書局，1983年版，第184頁。

〔註20〕〔宋〕司馬光：《資治通鑒》卷二〇二「高宗上元二年四月」條，北京：中華書局，1956年版，第6377頁。

太子罕接宮臣，典膳丞全椒邢文偉輒減所供膳，並上書諫太子。
太子覆書，謝以多疾及入侍少暇，嘉納其意。〔註21〕

諮爾故皇太子宏，克岐克嶷，有德有行，事親以孝，愛敬極於
寢門；奉上以忠，恭慎形於馳道。孝慈不犯，惠以及人，載隆三善
之規，無俟八繁之誡。……頃炎象戒節，屬爾沉痾，實美惟痊，釋
子重負，粵因瘳降，告以斯懷。爾忠懇特深，孝情天至，聞言哽咽，
感絕移時。因此彌留，奄然長逝。〔註22〕

不難看出，諸史多言李弘「孝敬」，其實只有「問安視膳」、「撫軍監
國」、「入侍」、「嘗藥」幾件事。「問安視膳」是一般皇子的禮節，並不足怪。「撫軍監
國」雖是替父分憂，也是太子必要的理政訓練，算不得特別突出的孝敬行為。
「入侍」一說有些不靠譜，既然「多疾」，又怎能將父母侍奉得妥當？顯然有
些言過其實。「嘗藥」亦非特別典型以至於要贈予「孝敬皇帝」的孝行。有理
由認為，這些記載流於表面，應是溢美之詞。問題就在這裡，史書中反覆言
其「孝敬」，然關於其「孝敬」的具體事例卻空乏可陳。這是為什麼？筆者揣
測，一種極有可能的情況是，李弘平素的孝行並不突出，然其死與「孝敬」
二字關聯甚大，而其死因又不便明確載於史冊，故而史書中其孝行事例空泛，
「孝敬」之名給人以突兀之感。可能是當時高宗體弱多病，又求壽心切。印
度不死藥物一出，真偽難辨，無人敢代君嘗藥。當時帝后權力鬥爭尖銳，武
后不同意高宗用藥，即便是出於關心愛護，也容易遭到誤解。高宗想服用藥
物延壽，然害怕出現意外，不服用又怕武后嘲笑，反助長她的氣焰。在這種
情況下，站在高宗一邊的太子自然要表現一番，於是主動代父嘗藥，誰料不
幸斃命。由於不死之藥本是怪力亂神之事，獻藥、嘗藥之類的事情不太可能
在公開場合進行，因此知道的人不多。堂堂一國太子因嘗藥斃命，也有傷皇
家體面，故而皇家秘密處理此事，拒不外傳。外人不知太子死於嘗藥，然其
中毒症狀難以掩蓋，或許就通過參與搶救的御醫、宮僕之口悄悄流傳至宮外。
外界反感武后干政，極有可能順便將李弘之死歸罪於她。無論如何，李弘代
父嘗藥斃命，高宗悲痛之下贈他「孝敬」二字也就順理成章了。李弘心懷仁

〔註21〕〔宋〕司馬光：《資治通鑑》卷二○二「高宗咸亨三年十二月」條，北京：中
　　　　華書局，1956年版，第6370頁。
〔註22〕〔唐〕唐高宗：《冊諡孝敬皇帝文》，見〔清〕董誥：《全唐文》卷一四，北京：
　　　　中華書局，1983年版，第173頁。

愛，又多次監國，多病的高宗早就想提前禪位李弘。李弘英年早逝未能繼承皇位是爲大憾，追贈他爲「皇帝」，無論是嘉獎慰藉孝子，還是向武后挑釁，都合乎情理。另外，與李弘死因不明相匹配的是他的高規格葬禮。李弘是唐朝第一個死後被追封爲皇帝的皇子，葬禮「制度一準天子之禮，百官從權制三十六日降服。高宗親爲製《叡德紀》，並自書之於石，樹於陵側」。他的陵墓也「功費鉅億」，甚至出現了「萬姓厭役，呼嗟滿道，遂亂投磚瓦而散」的情況〔註23〕。高宗給李弘的逾制待遇也說明了他對李弘去世的悲痛，極有可能就與李弘代父嘗藥而死有關。此舉有情感補償之意。

李弘死於嘗藥的說法並不爲人熟知，只是一種猜測，然由於史料匱乏亦無法做出否定的結論。

三、「病死」說

關於李弘之死的第三種說法認爲李弘死於疾病。趙文潤認爲李弘死於肺結核〔註24〕。寧志新考證出李弘早在咸亨二年（671）就疾病纏身，不能擔當監國重任，將傳位於他時，病情更加嚴重，經多方搶救無效，最終病死〔註25〕。易中天等人也認爲李弘是病死〔註26〕。

近年來，這種說法已被學界廣泛接受。事實上，史書中關於李弘因病而死的記載確實不少。《舊唐書》說：「皇太子弘……自琰圭在手，沉瘵嬰身，顧惟耀掌之珍，特切鍾心之念。庶其痊復，以禪鴻名，及腠理微和，將遜於位，而弘天資仁厚，孝心純確，既承眹命，掩欷不言，因茲感結，舊疾增甚。……遽永訣於千古。」〔註27〕《新唐書》言他「既承命，因感結，疾日以加。宜申往命，諡爲孝敬皇帝」〔註28〕。李弘死後，高宗爲他立的功德碑《孝敬皇

〔註23〕〔後晉〕劉昫等：《舊唐書》卷八六《孝敬皇帝傳》，北京：中華書局，1975年版，第2830頁。

〔註24〕趙文潤：《武則天與太子弘、李賢的關係考釋》，選自杜文玉主編《唐史論叢》第九輯，西安：三秦出版社，2007年版。該文認爲李弘生於永徽三年（652）感業寺內，是由於身多疾病、操勞過度而死。

〔註25〕寧志新：《舊說武后扼嬰、殺子失實之補證》，《晉陽學刊》，1987年第4期。

〔註26〕易中天：《品人錄》，上海：上海文藝出版社，2000年版，第142頁。

〔註27〕〔後晉〕劉昫等：《舊唐書》卷八六《孝敬皇帝傳》，北京：中華書局，1975年版，第2830頁。

〔註28〕〔宋〕歐陽修、宋祁：《新唐書》卷八一《孝敬皇帝李弘傳》，北京：中華書局，1975年版，第3590頁。

帝叡德之紀》上明確寫道：「涼宮避暑……伏枕流欷，哽絕移時，重致綿留，**遂成枕痼**。西山之藥，不救東岱之魂；吹湯之醫，莫返逝川之命。」〔註29〕《全唐文》言李弘「頃炎象戒節，**屬爾沉屙**，實美惟痊，釋予重負，粵因瘳降，告以斯懷」〔註30〕。高宗在《賜諡皇太子宏孝敬皇帝制》中說當時曾用多種方法治療，「庶其痊復，以禪鴻名」，無奈其病入膏肓，反而「因茲感結，**舊疾增甚**」以至「永訣於千古」〔註31〕。高宗是李弘生父，當時攜李弘同幸合璧宮，是李弘死亡的見證人，應不會虛言。敦煌出土的《一切道德經序》〔註32〕、《金石萃編》卷五八中也有類似記載。其實，李弘在立太子那一年就大病了一場，以至御醫無策。咸亨二年（671）監國時，他因體弱多病而由戴志德等人代爲理政。咸亨三年（672），李弘以「多疾」向諫臣說明他「罕接宮臣」的原由〔註33〕。看來，李弘的確體質欠佳。

這種說法比前兩種說法更合乎邏輯，也更有說服力。筆者是贊成的，然學界對李弘病死的說法仍然不夠全面深入，筆者試補充如下：

第一，目前學界無人論及李弘體質羸弱的原因。首先，大凡自幼體弱多病之人，一般來說應有先天原因。前文討論武士彠死因時，筆者認爲武后父系一脈有短壽基因，他們多難以承受長久的、巨大的心理壓力，容易在挫折打擊中抑鬱死去。高宗亦是多病之人，在太宗駕崩時就「以哀毀染疾」，當時他才二十二歲。按理說年輕人即便日夜照顧病父，悲傷過度，也不至於「久嬰風療，疚與年侵」〔註34〕，說明高宗年輕時身體底子就不好。從遺傳角度來看，李弘的孱弱體質可能與外祖父和父親的遺傳有關。其次，顯慶五年（660），高宗初患風眩病，時李弘九歲，咸亨四年（673）八月，高宗患瘧疾，病重，時李弘二十二歲。據今人考證，高宗所患病症多是慢性傳染病，李弘

〔註29〕　〔唐〕唐高宗：《孝敬皇帝叡德紀》，見〔清〕董誥：《全唐文》卷一五，北京：中華書局，1983 年版，第 185 頁。

〔註30〕　〔唐〕唐高宗：《冊諡孝敬皇帝文》，見〔清〕董誥：《全唐文》卷一四，北京：中華書局，1983 年版，第 173 頁。

〔註31〕　〔唐〕唐高宗：《賜諡皇太子宏孝敬皇帝制》，見〔清〕董誥：《全唐文》卷一一，北京：中華書局，1983 年版，第 139 頁。

〔註32〕　敦煌所藏敦煌寫本斯氏 1513 號。

〔註33〕　〔宋〕司馬光：《資治通鑒》卷二○二「高宗咸亨三年十二月」條，北京：中華書局，1956 年版，第 6370 頁。

〔註34〕　〔唐〕唐高宗：《遺詔》，見〔清〕董誥：《全唐文》卷十三，北京：中華書局，2009 年版，第 163 頁。

身體本來就不好，免疫力應低於常人，不知是否已被高宗傳染？再次，武后懷孕李弘時處境艱難。關於武后懷孕李弘的時間，學界有兩種說法，一是武后在寺廟中爲比丘尼時〔註35〕，二是武后二度入宮之初〔註36〕。無論武后在何時受孕，當時她的處境都很艱難，既要牢牢抓住高宗對她的寵愛，默默承受違背倫理的罵名，還要竭力討好王皇后，以求容身之地。當時韓國夫人母女可能已隨楊氏進宮，亦得幸高宗，她又要默默承受一份情感之苦。武后勢必會因此產生焦慮、煩躁等負面情緒，爲圖遠計她又不得不強加隱忍。這種心理狀態對胎兒發育很不利，胎兒出生後體質欠佳的可能性很大。最後，武后懷孕期間營養也難有保證。若是她在寺廟中懷孕，清苦的寺廟生活當然無法讓她獲得足夠豐富的營養和充分的休息。若是入宮之初懷孕，她爲了拉攏人心想必處處克己，不敢有絲毫嬌貴。這樣艱難的懷孕處境下生出的孩子體質羸弱應不足奇。

第二，大凡體弱多病之人僥倖活到成年，其突然病逝應有導火索，即某事件對他造成了無法排遣的沉痛壓抑或者難以承受的強烈打擊，如林黛玉多病多愁，今人考證其所患疾病與李弘一樣，都是肺結核。她雖然平素一副悲戚病容，倒也並無性命之虞，其直接死因是寶玉即將大婚讓她受到了強烈的精神刺激。李弘死前也受到了強烈的精神刺激。《冊諡孝敬皇帝文》載，高宗自覺身體不堪，欲禪位於李弘。李弘「爾忠懇特深，孝情天至，聞言哽咽，感絕移時。因此彌留，奄然長逝」〔註37〕。《孝敬皇帝叡德紀》亦載，李弘「涼宮避暑……伏枕流歔，哽絕移時，重致綿留，遂成枕痁……吹湯之醫，莫返逝川之命」〔註38〕，《舊唐書》卷八六亦載：「及膝理微和，將遜於位」，李弘

〔註35〕 趙文潤：《武則天與太子弘、李賢的關係考釋》，選自杜文玉主編《唐史論叢》第九輯，西安：三秦出版社，2007年版。該文認爲李弘生於永徽三年（652）感業寺內。張維慎在《武則天出家爲尼之寺院名稱及其方位考——兼論武則天長子弘之生年》（選自趙文潤、李玉明主編《武則天研究論文集》，太原：山西古籍出版社，1998年版。）中認爲，武則天出家爲尼的寺院爲感業寺，位於唐禁苑範圍內，在今西安北郊六村堡北3.5公里、西漢長安城北牆遺址南側。太子弘即是此時懷上的，但他的出生卻在武則天返宮後的永徽三年（652）冬。

〔註36〕 如寧志新《舊說武則天扼嬰、殺子失實之補證》（載於《晉陽學刊》1987年第4期）一文認爲李弘生於永徽五年一、二月間。

〔註37〕 〔唐〕唐高宗：《冊諡孝敬皇帝文》，見〔清〕董誥：《全唐文》卷一四，北京：中華書局，1983年版，第173頁。

〔註38〕 〔唐〕唐高宗：《孝敬皇帝叡德紀》，見〔清〕董誥：《全唐文》卷一五，北京：中華書局，1983年版，第185頁。

「既承朕命，掩欷不言，因茲感結，舊疾增甚。……遽永訣於千古。」可見，李弘聞聽父皇傳位即淚流滿面，大動感情，因而加重病情，不久氣絕而死。按說太子即位是遲早的事，年輕人早日接班也是喜事，緣何李弘慟哭以至於加重病情而死？其中定有緣故。上一章中分析了高武爭權事件，高宗爲了限制武后權力增長，增加太子的理政機會，將夫妻權力矛盾轉化爲母子權力矛盾。高宗對咄咄逼人的武后也無可奈何，只能讓太子提前接班來限制武后奪權。李弘深知父皇心意，也明白即位後責任重大，極有可能要與母后發生更直接、激烈的矛盾衝突，因此心理壓力驟然增加。不久李弘就病重而死。可見，高宗宣佈禪位是壓倒李弘的最後一根稻草。其實，李弘病發致死亦非突然，而是有一個循序漸進的過程。在此之前，他已經承受了太多的刺激和壓抑，而他的性格又不利於排遣這些苦惱。筆者經過總結，認爲多病太子英年早逝還有如下原因：

首先，李弘身體素質和心理素質都不好。諸史多言李弘自幼體弱多病，這是符合史實的。李弘二十二歲大婚，二十四歲病薨，其與太子妃裴氏感情甚好，然而婚後兩年中竟未能生育子女，似能說明一些問題。關於其病，趙文潤考證其爲肺結核，這在當時是不治之症，苟活這許多年應與皇家優越的生活醫療條件有關。結核病人日常體力活動受到限制，心理素質也比一般人脆弱。李弘就是這種情況。史載李弘隨率更令郭瑜讀《春秋左氏傳》，讀到楚子商臣之事，「耳不忍聞」，要求郭瑜「改讀餘書」〔註39〕，其心理承受能力之差可見一斑。如此心理素質恐難經受巨大的政治打擊，也無法長久地擔負帝王重任。即便他順利即位，恐也難以壽終。前文提及他死亡的直接原因是高宗欲遜位時，他一時情感難以抑制，慟哭病重而死。可能就是當時高宗身體欠佳，性格又軟弱，已無心力再與武后周旋，於是決定禪位於太子。李弘經過幾次監國，已知母后的手段和父皇的懦弱，知此大任非同尋常，故而不敢應承，淚流滿面。父子似乎都對武后又懼怕又無奈，於是大動感情，相擁而泣。不久，哀痛過度的李弘就去世了。試想，李弘身後有高宗和朝臣的支持，又是名正言順的太子，雖然與母后有過幾次摩擦，然並無尖銳的正面衝突。武后也沒有對他施以重拳，甚至連責詰、訓斥都沒有。他竟懾於母后威嚴，怏怏病薨了。這種心理素質著實不敢恭維。

〔註39〕〔後晉〕劉昫等：《舊唐書》卷八六《孝敬皇帝傳》，北京：中華書局，1975年版，第2828頁。

其次，李弘的性格也不利於養生。史載李弘仁孝謙恭的同時，也提到了他性格英果剛勇。高宗在立太子詔書中言：「惟爾代王弘，猗蘭毓祉，喬桂凝華，岐嶷表於天姿，符瑞彰於神授。器業英遠，風鑒昭朗，踐嘉義而總深仁，捨幼志而標成德。」〔註40〕意思是他既敏感聰慧，又有剛果任朗之氣。時朝廷對征邊遼逃亡軍人處置甚嚴，「身並處斬，家口沒官」。他認爲太過嚴厲，根據《書經》中「與其殺不辜，寧失不經」之言，應予以體恤，上表諫曰：「伏願逃亡之家，免其配沒。」咸亨二年（671），高宗和武后駕幸東都，李弘留守監國。「時屬大旱，關中饑乏，令取廓下兵士糧視之，見有食榆皮蓬實者，乃令家令等各給米使足」，「又請以同州沙苑地分借貧人」。這幾件事都說明他頗有些政治熱情〔註41〕和仁政思想。成年後，他以多病之軀「禮接士大夫，中外屬心」〔註42〕，贏得朝野一片讚譽，說明他「仁孝英果」〔註43〕的性格一直未變。就與武后的關係而言，他與父皇不同，敢於違逆強勢的母后。史載義陽、宣城二公主以母親蕭氏緣故被幽禁掖庭，老大不嫁。李弘聞之「眙惻，建請下降」。武后很不高興，「即以當上衛士配之」〔註44〕。他請嫁兩位大齡不嫁的姐姐，毫不顧忌武后的厭惡之情，明顯地流露出他既細心仁慈又不懼權威的性格。實際上，他多次違逆武后，史載「天后方逞其志，太子奏請，數迕旨，由是失愛於天后」〔註45〕。也就是說，李弘身體不好，心理承受能力弱，卻性格強硬，不懼權威。這種母子衝突帶來的心理壓力和政治打擊卻是他的身心不能承受的。按說李弘之病在當時是不治之症，早逝應不足奇。然與其不善妥協周旋（就像多病的高宗一樣）、硬與母后頂撞也有關係。也就是說，李弘不量力而行、不善自我保護是導致他早亡的原因之一。

〔註40〕 〔唐〕唐高宗：《冊代王宏爲皇太子文》，見〔清〕董誥：《全唐文》卷一四，北京：中華書局，1983年版，第166頁。

〔註41〕 〔後晉〕劉昫等：《舊唐書》卷八六《孝敬皇帝傳》，北京：中華書局，1975年版，第2829頁。

〔註42〕 〔宋〕司馬光：《資治通鑒》卷二○二「高宗上元二年四月」條，北京：中華書局，1956年版，第6377頁。

〔註43〕 〔宋〕司馬光：《資治通鑒》卷二○二「高宗上元二年四月」條《考異》所引《唐曆》，北京：中華書局，1956年版，第6377頁。

〔註44〕 〔宋〕歐陽修、宋祁：《新唐書》卷八一《孝敬皇帝李弘傳》，北京：中華書局，1975年版，第3589頁。

〔註45〕 〔宋〕司馬光：《資治通鑒》卷二○二「高宗上元二年四月」條，北京：中華書局，1956年版，第6377頁。

　　再次，李弘母子關係惡化後，強勢的武后給李弘造成了心理負累。在傳統觀念裏，母親形象一直與慈愛、溫和、寬容等柔性詞匯相聯繫。飽受儒學教育的李弘自然也有這樣的「母親形象期待」，長期體弱多病又強化了他對母后的這種情感期待。幼年時，母親飽經磨難，在後宮地位不穩，尚需他來穩固地位，對體弱多病的他自然是傾心照顧。母子關係應是很融洽的。隨著年齡的增長，母親坐穩後宮，其強勢果敢的性格逐漸顯露，在宮中的地位已經無人敢挑戰，甚至父親也要讓她三分。隨著她參政力度的增強，其對李弘的情感投入必然相應減少。從李弘的角度來看，與「理想中的母親」相比，武后缺乏母性而太過嚴厲。一般來說，太過強勢能幹的父母往往會給子女帶來一定的心理壓力和心理束縛，也就不太容易建立親密融洽的親子關係。武后和李弘就是如此。李弘請嫁異母姐姐之事就能看出這一點。李弘對兄弟姐妹心存友愛是史上有名的。麟德元年（664），廢太子忠被賜死，年僅十三歲的李弘上表請求收葬哥哥屍首，現在又同情老大不嫁的姐姐，符合他的一貫性格。問題是現在形勢發生變化了。麟德元年（664）發生的高宗密詔上官儀廢后事件說明武后根基不穩。當時太子年幼，其友悌行爲有利於武后樹立自己教子有方的賢后形象。收葬優待李忠對她來說雖非眞心，然有利可圖。現在她坐穩後宮，已無須在意外界的道德評價。在高武爭權鬥爭中，李弘站在高宗一邊，與她矛盾日深，現在李弘又請嫁舊日情敵之女，無疑違背她的心意。她將兩位庶出公主下嫁給地位卑微之人，即是警告太子母子關係瀕臨破裂。武后的變化和這種毀人終身的無德做法無疑讓太子懷疑她的人品，同時也給了他一個不小的心理打擊。

　　實際上，武后對李弘的打擊遠非這一次。咸亨三年（672）李弘監國時，接連發生了兩件事。第一件事是典膳丞全椒邢文偉減少了太子的膳食，並上書諫太子，言他「罕接宮臣」。李弘「覆書，謝以多疾及入侍少暇，嘉納其意」，表示接受批評。第二件事是李弘在宴集場合「命宮臣擲倒」，左奉裕率王及善進諫曰：「擲倒自有伶官，臣若奉令，恐非所以羽翼殿下也。」李弘「謝之」。這兩件事都迅速傳入高宗耳中。高宗說：「邢文偉事吾子，能撤膳進諫，此直士也。」旋即將他「擢爲右史」，又「賜（王）及善縑百匹，尋遷左千牛衛將軍」〔註46〕。從這兩件事情可以看出如下幾點：一是李弘性格仁恕。若說王及善諫言猶可接受，邢文偉減膳進諫就有些過份，李弘本來身體就不好，減

〔註46〕〔宋〕司馬光：《資治通鑒》卷二〇二「高宗咸亨三年十二月」條，北京：中華書局，1956 年版，第 6370 頁。

膳並非進諫良策。李弘都虛心接受，除了說明他是個能納諫的接班人以外，也可看出他一向寬厚謙恭，以至於臣子敢採用此法進諫。二是李弘身邊應有武后的眼線。試想，這兩件事都發生在東宮之中，高宗何以迅速知曉並做出反應？根據高武二人的為人來看，極有可能是武后在李弘身邊安插眼線，武后得知後迅速告知高宗，迫使高宗做出反應。重獎並提拔諫臣就說明太子有錯，無疑是鼓勵臣下督察太子過失。其實太子並無大錯。當時李弘年方二十，有些貪玩屬於正常，作為一個正在練習理政的年輕太子，也難免有疏漏。為何一向深愛太子又心地慈善的高宗如此追究？恐與武后喋喋不休有關，與日後李賢「謀反」，高宗欲寬宥之，武后執意不肯的情形相若。三是這兩件小事分開來看無關緊要，無非是太子體虛，多入宮侍奉，因此少見宮臣，疏於政務，又觀看宮臣摔跤取樂，然這兩件事結合起來就有些令人浮想聯翩了。太子先是不見宮臣，是缺乏領導才幹，後又耽於玩樂，是存在品格缺陷。這兩件事組合起來不正勾勒出一個不合格的太子形象嗎？武后這種做法看似輕描淡寫，其實給太子的打擊是很沉重的〔註47〕。太子體弱，武后怎會不知？她偏要挑刺，分明是故意的。這是為什麼？其實，這種「精神弒子」的心理及行為並不鮮見。子女在幼年時嚴重依賴母親，母親有被需要的幸福感受。隨著子女年紀漸長，對母親的依賴越來越少。母親則步入中年、老年，青春的逝去難免讓母親產生失落感和孤獨感，子女的「遠去」會加重這種感受。若是母親性格強硬剛毅，不願屈從歲月帶來的變化，很容易對子女（情感叛逆者）甚至兒媳、女婿（被母親視作奪走子女的人）產生仇恨心理，進而引發敵對行為。這是母愛的副作用之一。武后就是這樣。當時李弘已經成人，是舉國看好的太子，他站在高宗一邊，在某些事情上與母后意見不同。高宗又多次令他監國，由於他頗懷仁愛之心，口碑甚好，又對武后行權造成了不小的威脅。武后對他橫挑豎揀、施以眼色就很正常了。太子的解釋也不高明，侍奉父親本是皇子的一點義務，對他來說竟然是一個沉重的負擔，以至於耽誤處理朝政，這樣的身體素質恐無力擔承國家重任。可見，在母子之爭中，李弘根本不是武后的對手。

又次，李弘還遭遇了一些常人難以承受的屈辱，這對他的健康十分不利。李弘的太子妃是甚有婦禮的裴氏，夫婦感情甚好。其實，此前李弘還與司衛少卿楊思儉之女有過婚約，未能成婚即宣布告吹。事情是這樣的：當時魏國夫人

〔註47〕韓昇：《上元年間的政局與武則天逼宮》，《史林》，2003年第6期。

得幸高宗，引起武后嫉妒。武后設計將其鴆殺。魏國夫人的兄弟賀蘭敏之有所懷疑，但不敢與武后正面衝突，只能消極抵抗，處處與武后作對。賀蘭敏之又與外祖母即武后母親楊氏有私。武后顧忌母親感受只能隱忍。賀蘭敏之越發肆無忌憚。時司衛少卿楊思儉女出身高貴，「有殊色」。高宗和武后非常滿意，選定她爲太子妃，「成有定日矣」。不想大婚前夕楊姑娘竟然被賀蘭敏之「逼而淫之」〔註48〕。楊姑娘不堪屈辱，羞憤自殺。舉國翹首以盼的太子大婚只能取消。這件事使李弘乃至整個李唐皇室都蒙受了巨大恥辱。按理說應嚴懲賀蘭敏之。無奈賀蘭敏之是武氏家族的繼承人，已襲爵周國公，楊氏又竭力袒護。武后不便發作，高宗出於對魏國夫人的愧疚，亦不追究。此事最後不了了之，賀蘭敏之依舊橫行，楊姑娘自殺一事也秘而不宣。直到楊氏去世後，武后才將此事與賀蘭敏之的其他罪行一起公之於眾，將其處死。史書未載李弘對此事的態度，可能他是沉默之狀。其實，他也只能沉默。可以想見，此事發生後並未公開，李弘的心情是非常羞憤壓抑的，此事被武后公之於眾後，雖然賀蘭敏之被處死，但他的屈辱也被公之於眾。李弘對這位楊氏未婚妻可能並無情愫，然婚夜前夕出了此等意外對於任何人來說都是奇恥大辱，更何況他生於帝王之家，從小養尊處優，他又年輕氣盛、心思細膩。更令他氣惱的是，父母和外祖母都沒有爲他做主，他極有可能對這些親人產生了怨懟甚至仇恨，同時也對他們失去了基本的信任。未婚妻楊姑娘是受害者，父母和外祖母都不爲冤者言，這亦令他感到失望心寒。當然，李弘的這些情感波瀾是不便對外人明言的，只能悶在心裏，潛移默化地耗損他微弱的生命。這件事給一向養尊處優、尊嚴感頗強的太子的心理打擊是不可小覷的。

　　最後，李弘所受的教育和性格與宮廷生活存在著不可調和的矛盾，由此產生的精神苦痛亦會對身心脆弱的他造成傷害。眾所周知，李唐皇子所受的教育是傳統的儒家教育，接受的是以仁愛孝悌爲中心的道德觀念。李弘自幼睿智仁孝，讀書用功，已經形成了典型的儒家人格。史載他「直城趨賀，肅敬著於三朝」〔註49〕，「仁孝謙謹」，「禮接士大夫，中外屬心」〔註50〕，前文

〔註48〕　〔宋〕司馬光：《資治通鑑》卷二○二「高宗咸亨二年四月」條，北京：中華書局，1956 年版，第 6367 頁。

〔註49〕　〔後晉〕劉昫等：《舊唐書》卷八六《孝敬皇帝傳》，北京：中華書局，1975 年版，第 2830 頁。

〔註50〕　〔宋〕司馬光：《資治通鑑》卷二○二「高宗上元二年四月」條，北京：中華書局，1956 年版，第 6377 頁。

提及他給異母兄長李忠收葬、請嫁兩位年長的異母姐姐、不忍讀楚子商臣之事、禮接士大夫、請求免除對逃軍的懲罰、分地給窮人等行為都說明了這一點。可見其儒家人格是一以貫之的。然而不幸的是，李弘生在帝王之家，其生活時代有非常鮮明的輕儒傾向，「高宗嗣位，政教漸衰，薄於儒術，尤重文史」〔註51〕。在儒家的家庭觀念裏，父嚴母慈，而李弘的父母卻正好相反，更令他感到壓抑的是強勢的母親漸漸對他露出冷酷無情的一面。這讓年輕的太子感到痛苦異常。他本能地要維護父權，反對母后。他性格仁孝，儒家修養深厚，因此需要克服巨大的心理障礙、反覆思考以後才能對母后提出反對意見，言辭也不能過於直白，行為也不能過於激烈。強悍的武后則全無此類顧忌。她的人格與儒家思想幾乎完全相悖，她以庶母、比丘尼身份引誘高宗致孕，後又殘殺情敵王、蕭二人，排斥打擊庶出子女，信用無行的許敬宗、李義府。這些行為都違背了儒家教義。她更相信劍與火的力量，更願意用謀略駕馭天下。她多次果斷有迅速地對太子施以綿裏藏針的沉重打擊，而李弘對武后的為難和眼色只能接受而不能還擊。這種文化的差異注定了他在母子鬥爭中的必敗結局，也會使李弘對武后產生強烈的憤懣和懷疑。再者，武后的娘家人如楊氏、韓國夫人、魏國夫人、賀蘭敏之等人在武后二度入宮之初就已經進宮了，從小應與李弘熟悉。這些人都做過不少有失儒家操行的事，父母或參與其中，或姑息縱容，或採取更加陰險無情的手段進行處理。如表兄賀蘭敏之不僅嚴重傷害了他和妹妹太平公主的人格尊嚴，還與外祖母楊氏有私，母后不聞不問，父皇竟然還與他「坐為師友，入作腹心」〔註52〕。這些紛亂家事也讓心懷仁愛的李弘感到不適。上元年間，武后陸續將武氏親屬從嶺南召回，讓他們在朝中任職。武氏親屬多為貪婪卑下、無德無才之輩。母后任用外戚的私心，想必李弘也心知肚明。這些事情都與儒家的家庭理想相差太遠。李弘作為儒家的道德堅守者，應是非常孤獨苦悶的。最後，像很多爭吵不休的柴米小夫妻一樣，高宗和武后發生矛盾的時候，也喜歡將孩子牽扯其中。他們竭力拉攏孩子站在自己一邊，並鼓動孩子對付對方。實際上，孩子夾在中間，左右為難。父母的爭執對於孝順懂事的孩子來說，是一個無

〔註51〕　〔後晉〕劉昫等：《舊唐書》卷一八九《儒學上》，北京：中華書局，1975年版，第4942頁。

〔註52〕　杜羅敏：《武則天的奪權和家族阻力》，選自趙文潤、劉志清主編《武則天與偃師》，偃師：河南省偃師古都學會出版，1997年版。

法迴避和解決的難題。因為家庭本就不是講道理的地方，只要不涉及大是大非的原則問題，父母孰是孰非在孩子眼裏其實並不重要。他們需要的是和諧的家庭關係和溫暖的家庭氣氛。前文已述，高宗對付強敵一般不正面出擊，而是採取迂迴戰術。他多年患病，已無心力與武后周旋，於是他讓李弘理政以限制武后權力增長。帝王之家的家庭關係牽涉到國家政治，尚有道理可循。皇權本就屬於高宗，將來屬於李弘，武后本就該安守後宮。無論是出於對病弱父親的同情，還是出於對國家社稷和個人政治前途的考慮，受過多年傳統儒家教育的李弘都很自覺地站在高宗一邊。這就注定了他和野心勃勃的武后之間存在不可避免的、不可調和的權力矛盾。高宗和武后在上元年間爭奪權力，高宗由於體質和性格原因，開始增加太子權力，悄悄將權力鬥爭轉移到武后和太子之間，也給他造成了一定的心理壓力。總之，這些纏綿細膩的心思，綿裏藏針的政治打擊，完美理想和醜陋現實的巨大反差，無法擺脫的權力與親情的糾纏，都加重了李弘的心理負擔，損害著他的健康。

經過上述分析，李弘死於武后鴆殺一說並不可信。李弘英年早逝與其體弱多病和擁有一位嗜好權力的強勢母親等因素大有關係。李弘嘗藥而死一說尚存疑問，有待於方家指正。

第二節　李賢的身世之謎和《黃臺瓜辭》的真實內涵

史載李賢是武后的次子，李弘死後不久就被立為太子。李賢自幼「容止端雅」，聰慧異常，有過目不忘的本領，「暫經領覽，遂即不忘」，「深為高宗所嗟賞」。他的政治才能也不錯，為太子期間奉命監國，「處事明審，為時論所稱」〔註53〕。高宗贊他是「國家之寄，深副所懷」〔註54〕。他和兄長李弘一樣，亦與武后關係不善。武后寵臣明崇儼被謀殺，他有重大嫌疑。後來，他以「謀反」之名被廢。高宗欲寬宥處理，武后堅持嚴懲，將其廢為庶人，遷於巴州。高宗駕崩後不久，武后廢掉中宗李顯，擁立並幽禁李旦，以太后身份臨朝稱制。為防止巴州的李賢有變，武后令丘神勣前去逼殺李賢。是年，李賢三十二歲。

〔註53〕〔後晉〕劉昫等：《舊唐書》卷八三《章懷太子傳》，北京：中華書局，1975年版，第2831～2832頁。
〔註54〕〔唐〕唐高宗：《皇太子上所注後漢書手敕》，見〔清〕董誥：《全唐文》卷一四，北京：中華書局，1983年版，第165頁。

關於武后和李賢的關係問題，學界爭議的焦點主要有三：一是李賢的身世問題，即李賢究竟是武后所生，還是韓國夫人所生？二是關於《黃臺瓜辭》的問題，即《黃臺瓜辭》的內涵究竟是什麼，是否影射武后殺子之事？三是關於李賢的死亡問題，即李賢究竟是死於自殺，還是死於武后逼迫？關於第三個問題，學界目前主要傾向於《舊唐書》中關於李賢之死的記載，即認為武后授意丘神勣對李賢嚴加看管，丘神勣遂逼令李賢自殺，本節主要討論前兩個問題。

一、李賢的身世之謎

在武后所生的幾個子女中，存在是否親生疑問的只有李賢一人。關於李賢的身世問題，目前學界有兩種觀點。一種觀點認為李賢確係武后親生，理由主要是李賢自幼蒙受武后寵愛，不亞於其他兒子，未立太子之前，和武后關係融洽，這從他自幼得到的封賞便可得知。李弘死後，李賢不久就被立為太子。根據武后排斥打擊庶出子女的情形來看，若非親生兒子，即便高宗堅持，恐武后也無此深情和雅量。其餘嫡出皇子對李賢也是尊崇有加〔註55〕。

既然李賢是武后親生，那麼武后一再排斥打擊李賢又如何解釋呢？不少人從武后的權勢欲望上尋找原因。雷家驥認為武后當年受專寵，且正值生育旺盛時期，李賢是武后姊所生只是一種流言〔註56〕。在激烈而殘酷的宮廷鬥爭中，親情往往被踐踏全無，歷史上這種例子枚不勝舉。武后為了自己的政治野心不擇手段，這是最不合情理的情理。若李賢真是武后所生，那麼，關於李賢非親生的流言又是從何而出呢？李弘和李賢的年齡差一說為兩歲，一說為三歲。史載在李弘和李賢之間，武后還生育一女，即暴夭的安定公主。前文已經討論，武后陰扼長女之事純屬虛妄，亦有人考證該女實際上並不存在〔註57〕。有人認為，史家編出武后陰扼長女之事以達到將其妖魔化的目的，

〔註55〕 如趙文潤在《武則天與太子弘、李賢的關係考釋》（選自杜文玉主編《唐史論叢》第九輯，西安：三秦出版社，2007年版）一文認為，李賢於永徽五年（655）生於赴京兆禮泉縣的途中。其並非韓國夫人所生，認為韓國夫人入宮是永徽六年（655）武昭儀立后之後的事情，不可能是其所生。高宗誇讚李賢，武后並無不悅，母子關係並無異常。其餘嫡出皇子對李賢也是尊崇有加。李賢之死應當以《舊唐書》記載為準，乃是丘神勣逼殺。

〔註56〕 雷家驥：《武則天傳》，北京：人民出版社，2001年版，第193頁。

〔註57〕 如臧嶸在《武則天「扼嬰」事件考疑》（載於《邯鄲學院學報》2012年第3期）中言：「從公元652年冬至654年冬武則天兩個兒子的出生年月的確切

卻又無法解釋武后在兩年、三年內連續生育三個子女（即李弘、安定公主、李賢）不符合女性生育規律的問題，故而又編造出李賢是武后姐姐韓國夫人所生的流言。洪海安認為，李賢不是武后所生的謠言是武后安排宮僕製造並散佈的。李賢確係武后所生，流言的產生是武后為打擊李賢而採取的心理戰術。武后為了「打倒對手，運用心理戰術也是一個很重要的策略，這種心理戰術對李賢很奏效。高宗寵愛韓國夫人確有其事，所以，這種宮中私下之議的謠言在某些程度上增加了可信性」〔註58〕。

另一種觀點認為李賢的生母並非武后，而是武后的姐姐韓國夫人。《舊唐書》載，「宮人潛議云，賢是后姊韓國夫人所生」〔註59〕。《新唐書》載，「宮人或傳賢乃后姊韓國夫人所生」〔註60〕。《資治通鑒》載，「太子賢聞宮中竊議，以賢為天后姊韓國夫人所生」〔註61〕。胡戟頗贊成李賢為韓國夫人所生的觀點〔註62〕。這種觀點有流言之嫌，然並非全無道理。筆者是贊成的，理由如下：

第一，史書中關於李賢出生的記載頗有可疑之處。《新唐書・章懷太子傳》載李賢在文明元年（684）被「迫令自殺，年三十四」。據此推算，則李賢當生於永徽二年（651）。《新唐書・孝敬皇帝弘傳》載，李賢長兄李弘於「上元二年（675）從幸合璧宮，遇鴆薨，年二十四」〔註63〕，據此推算，則李弘當生於永徽三年（652）。李賢不可能比兄長還大，可見《新唐書・章懷太子傳》記載有誤。《舊唐書・高宗本紀》載，永徽五年十二月「戊午，發京師謁昭陵，在路生皇子賢」〔註64〕。《章懷太子並妃清河房氏墓誌銘》載，「以文明元年

分析考證，在二子之間實不可能再有懷胎十月的幼小女兒出生，這違反了人類的生理常規。」「男性出於性別歧視，將武則天妖魔化，而實際上不存在武則天扼女的惡行，甚至真實歷史上也從未出現過這位幼年斃命的幼女。」

〔註58〕洪海安：《唐章懷太子研究》，陝西師範大學碩士學位論文，2006年4月。

〔註59〕〔後晉〕劉昫等：《舊唐書》卷八六《章懷太子賢傳》，北京：中華書局，1975年版，第2832頁。

〔註60〕〔宋〕歐陽修、宋祁：《新唐書》卷八一《章懷太子李賢傳》，北京：中華書局，1975年版，第3591頁。

〔註61〕〔宋〕司馬光：《資治通鑒》卷二〇二「高宗永隆元年八月」條，北京：中華書局，1956年版，第6357頁。

〔註62〕胡戟：《武后本傳》，西安：陝西師範大學出版社，1998年版，第73頁。

〔註63〕〔宋〕歐陽修、宋祁：《新唐書》卷八一《孝敬皇帝傳》，北京：中華書局，1975年版，第3589頁。

〔註64〕〔後晉〕劉昫等：《舊唐書》卷四《高宗本紀上》，北京：中華書局，1975年版，第73頁。

二月廿七日終於巴州之公館，春秋三十有一」〔註65〕。如此推測，李賢當生於永徽五年（655）十二月。學界也普遍認爲李賢生於永徽五年十二月戊午（公元 655 年 1 月 29 日）。李賢與李弘出生的情況不同。他出生時，武后已經二度入宮，按說其生年應有明確記載，不應出現這種情況。史載李賢出生時的境況也令人生疑。《舊唐書・高宗本紀》載李賢生於永徽五年十二月（公元 655 年 1 月），是武昭儀隨高宗前往昭陵拜祭先帝的途中所生〔註66〕。《資治通鑒》載，這次拜謁昭陵只用了三天時間〔註67〕。這讓人覺得匪夷所思。試想，寵妃武昭儀即將臨盆，高宗性格一向穩重，怎會讓她跟隨自己在外顛簸數日，以至於在嚴寒之際將孩子生在路上？再者，此次去昭陵是拜祭先帝。武昭儀原是先帝才人，即便李唐皇室胡風甚濃，高宗也應有所避諱，又怎會拖著即將臨盆的前庶母大搖大擺地拜祭父親？先帝對王皇后甚爲喜愛，朝野俱知。王皇后此時地位雖大不如前，但尚未被廢，無論按照禮節還是出於孝心，都應帶上王皇后。一種極有可能的情形是，武昭儀當時並未懷孕，爲了炫耀後宮地位，與高宗以夫妻名義一起前往昭陵拜祭先帝，正如她和高宗一起去長孫無忌府邸拜訪一樣。

　　第二，李賢之死疑點重重。在武后的五個子女中（暴夭的安定公主不計在內），只有李賢的死亡是武后故意造成的。前文已述，李弘之死雖與武后難脫干係，卻非武后親自操刀。李顯和李旦雖然也是武后稱帝的巨大障礙，但武后或將其流放，或將其幽禁，多年後仍不忍加害，最後幾經考慮還是把皇位留給了他們。太平公主多年蒙受武后殊寵，就更不用說了。李賢死於武后授意則是確定無疑的。時爲太子的李賢與武后關係日益惡劣，以至於在東宮搜出了數百領皂甲，且不論李賢是否確有謀反之意，高宗對他還是有寬宥之心的，史稱「素愛賢，薄其罪」〔註68〕。武后卻不依不饒，執意「廢賢爲庶人，幽於別所」。永淳二年（683），又令李賢遷於巴州。文明元年（684），武后「令左金吾將軍丘神勣往巴州檢校賢宅，以備外虞。神勣遂閉於別室，逼

〔註65〕　〔唐〕太常卿兼左衛岐王範：《大唐故章懷太子並妃清河房氏墓誌銘》，選自周紹良主編《唐代墓誌彙編》，上海：上海古籍出版社，1992 年版，第 1130 頁。

〔註66〕　〔後晉〕劉昫等：《舊唐書》卷四《高宗本紀上》，北京：中華書局，1975 年版，第 73 頁。

〔註67〕　〔宋〕司馬光：《資治通鑒》卷一九九「高宗永徽六年正月」條，北京：中華書局，1956 年版，第 6287 頁。

〔註68〕　〔宋〕歐陽修、宋祁：《新唐書》卷八一《章懷太子李賢傳》，北京：中華書局，1975 年版，第 3591 頁。

令自殺」〔註69〕。《大唐故章懷太子並妃清河房氏墓誌銘》中提到李賢之死，曰：「賈生賦鵬，雖坦裏於化物，孝章愁疾，竟延悲於促齡。以文明元年二月廿七日終於巴州之公館。」〔註70〕顯然，來到李賢巴州公館的這隻不祥的鵬鳥就是武后派來的丘神勣。按說，她當時完全可以不殺李賢，而像李旦一樣幽禁在身邊（李賢已經像李顯一樣被流放並嚴加看管了）。李賢還是武后五個子女中唯一被廢爲庶人的。現有幾個例子可作參照。武后稱帝後，李旦有謀反嫌疑。武后因安金藏的剖腹之言有所悔悟，立即停止審訊，也沒有因此廢黜李旦的皇嗣之位。可見，武后對他心存惻隱，即便他涉及謀逆之罪，亦未與之決絕。與之形成鮮明對照的是庶子李素節。他在李賢死後六年被誣告縊死，武后「令以庶人禮葬之」，「子瑛、琬、璣、瑒等九人並爲則天所殺，惟少子琳、瓘、璆、欽古以年小，特令長禁雷州」〔註71〕。李素節的生母是武后當年的情場勁敵蕭氏，其姐妹就是李弘向武后請嫁的那兩位庶出公主。可見，武后不光將蕭氏虐殺，還對其後代展開了報復。永隆元年（680），李賢以謀反之名被廢爲庶人。李賢三子光順、守禮、守義也受到了牽連，只有守禮保全了性命，其餘兩人均在天授元年（690）八月被武后鞭殺。守禮也因爲「幽閉宮中十餘年，每歲被敕杖數頓，見瘢痕甚厚」，久之竟練就了能預知天氣晴雨的工夫〔註72〕。武后嫡孫中，死於武后授意的還有邵王重潤。他私議君主，確是犯了武后大忌〔註73〕。李賢二子可完全是受父親牽連，無辜被殺。可見，李賢與李旦的情況相若，然武后對待他卻和庶子李素節相若，與親生兒子李旦大大不同。另外，李賢流放之前就已有心理異常之狀，這和廢太子忠當初懼怕武后精神異常的情形何其相似。一種極有可能的情況是，李賢與李素節、李忠一樣，是情敵所生。武后早有心理防備，一旦有違逆之處，立刻採取果斷措施。

〔註69〕　〔後晉〕劉昫等：《舊唐書》卷八六《章懷太子傳》，北京：中華書局，1975年版，第 2832 頁。

〔註70〕　〔唐〕太常卿兼左衛岐王範：《大唐故章懷太子並妃清河房氏墓誌銘》，選自周紹良主編《唐代墓誌彙編》，上海：上海古籍出版社，1992 年版，第 1130 頁。

〔註71〕　〔後晉〕劉昫等：《舊唐書》卷八六《許王素節傳》，北京：中華書局，1975年版，第 2827 頁。

〔註72〕　事見〔後晉〕劉昫等：《舊唐書》卷八六《章懷太子傳》，北京：中華書局，1975 年版，第 2833 頁。

〔註73〕　參見司海迪《試論武則天晚年求壽行爲及對文學的影響》，《社會科學論壇》，2013 年第 4 期。

　　第三，李賢的名字與眾不同，令人生疑。我們來看武后及其親生子女的名字。前文已述，「李弘」是老君再世的化名，與應讖有關。武后給他取名若此是預言此子將來接管天下之意，不難看出其中寄予的母愛和厚望。「李顯」據說也是老君未來應世的化名之一，也與應讖有關〔註74〕。「李旦」與太陽有關。太平公主名「令月」，與太陰有關。不難看出，這幾個名字都有日月光耀天下之意。後來武后革命，自名爲「曌」，日月當空呈獻的是大放光明及光明普照之象。武后和幾個子女的名字高度相似，應該不是巧合。這說明武后一直喜好日月光耀，亦可看出她至少從生育長子起，心底就一直隱隱存有權力欲望，故而給子女取名如是。李賢的名字略有不同，先是名爲賢，後「更名德」，上元年間「復名賢」，其名與道德有關，與日月關聯不大。此名可能是武昭儀對姐姐韓國夫人失德（即與妹夫高宗有私）的一種隱形譴責，也有可能她不拘小節包容此子，給高宗留下了賢良淑德之印象，故而高宗特給此子取名爲賢、德，以示感激和讚賞。李賢之字更是讓人懷疑：李賢字「明允」，「明」字與日月大有牽扯，「明」後有「允」字，似有深意，莫不是此日月之光乃是武昭儀准許包容之意？

　　第四，李賢的封號也有些可疑。目前學界關於李弘、李賢的生年尚有爭議，無論李弘和李賢是否同出一母，然李弘比李賢年長應是確定無疑的。按說李弘作爲高宗寵妃長子，應先於李賢封王。實際情形是，永徽六年（655）「庚寅，立皇子弘爲代王，賢爲潞王」〔註75〕。也就是說，李賢剛出生尚不足月就封王了，李弘三歲之前並無封號，此時和李賢一起被封王，似有跟著李賢沾光之嫌。筆者揣測，根據韓國夫人「以後故出入禁中」、「得幸於上」的情況來看〔註76〕，韓國夫人極有可能因得幸高宗致孕。韓國夫人原是賀蘭氏孀婦，又育有一雙兒女，不宜公開納入後宮，現爲皇帝懷孕生子有失皇家體面，新生皇子身份也很尷尬。很可能在高宗和韓國夫人爲難之際，武昭儀不拘小節將此子掛名膝下。當時武昭儀在後宮地位不穩，王、蕭二妃對她虎視眈眈，多一子亦能增加她的競爭力，所以她即便對姐姐不滿，也深知輕重利害。武昭儀如此深明大義，高宗和韓國夫人斷無不應之理。於是高宗匆忙

〔註74〕　唐長孺：《史籍與道經中所見的李弘》，選自唐長孺著《魏晉南北朝史論拾遺》，北京：中華書局，1983年版，第208頁。

〔註75〕　〔宋〕司馬光：《資治通鑑》卷一九九「高宗永徽六年正月庚寅」條，北京：中華書局，1956年版，第6287頁。

〔註76〕　〔宋〕司馬光：《資治通鑑》卷二○一「高宗乾封元年八月」條，北京：中華書局，1956年版，第6350頁。

給尚未滿月的李賢封王以確定皇子身份，自然也忘不了武昭儀所生子李弘，以示對她的感激和補償。

　　第五，李賢的心理和行為特徵在武后子女中較為特殊。李賢的心理和行為有一些偏差，如沉溺聲色，有同性戀傾向，史載他「頗好聲色，與戶奴趙道生等狎昵，多賜之金帛」。太子洗馬劉訥言常撰《俳諧集》等「俳諧鄙說」，獻給李賢取樂。又如偏執多疑，司議郎韋承慶上書諫言他沉溺聲色，他「不聽」〔註77〕，武后寵臣明崇儼挑撥離間，宮中傳言他非武后所生。李賢心懷疑懼和不滿，沒有主動向父母求證，還私藏皂甲數百領。李賢的同性戀傾向和行為偏差在武后嫡出子女中是唯一一例。這不禁令人想起了他的伯父李承乾。史載李承乾即沉溺聲色，「好聲色慢遊」，有同性戀傾向，「東宮有俳兒，善姿首，承乾嬖愛」，有嚴重的妄想症狀，常讓侍從用突厥禮儀假葬他，還有偏執、暴力傾向，對師長陽奉陰違、勸勉不耐，甚至遣人謀殺老師。貞觀十六年（642），他又發動武力叛變，意圖殺害太宗〔註78〕。異常的心理和行為產生的原因非常複雜，往往與遺傳因素、家庭生活、社會交往有關。一般來說，不良的親子關係往往會導致子女心理不健全。筆者認為，李承乾出現這種情況與其自幼喪母、身體殘疾、太宗又教育不當有關。史載李承乾有足疾，有損太子形象，因此產生自卑感，遂將注意力轉移到聲色犬馬上。加之早年喪母，缺乏母愛關懷，太宗對他的教育方式又過於簡單粗暴，如太宗偏愛魏王泰，待遇超越他，引起了他的疑慮和不滿。太宗知曉他沉溺男色後，不反思原因，即「震怒，收兒殺之，坐死者數人」〔註79〕，結果只能適得其反，加重了他的逆反心理和孤獨感。李賢的情況與伯父相若，其精神世界裏也充滿了孤獨自卑，父母也沒有及時恰當地挽救教育。武后性格強勢，對李賢為太子期間出色的政治表現不置一詞，對非親生的謠言和挑撥離間之言也不加以澄清，反而「命北門學士撰《少陽正範》及《孝子傳》以賜太子，又數作書誚讓之」，可見她對李賢缺乏足夠的溫情〔註80〕。高宗性格沉靜懦弱，一直

〔註77〕　〔宋〕司馬光：《資治通鑑》卷二〇二「高宗永隆元年八月」條，北京：中華書局，1956年版，第6397頁。

〔註78〕　〔宋〕歐陽修、宋祁：《新唐書》卷八〇《常山王李承乾傳》，北京：中華書局，1975年版，第3565頁。

〔註79〕　〔宋〕歐陽修、宋祁：《新唐書》卷八〇《常山王李承乾傳》，北京：中華書局，1975年版，第3564頁。

〔註80〕　〔宋〕司馬光：《資治通鑑》卷二〇二「高宗永隆元年八月」條，北京：中華書局，1956年版，第6397頁。

是個慈父形象。李賢緣何不傚仿李弘向父親靠攏？極有可能是李弘死後，高宗一度心灰意冷，對武后擅權不聞不問，對李賢也無心照顧管教。李賢眼見哥哥死亡，父親懦弱，對父親失去了信心。這種情況下，李賢出現心理異常、行爲偏差就不難理解了。需要追問的是，李賢緣何會對父母不信任若此？極有可能是他並非武后親生，高宗也一直諱莫如深。雖未言明，然武后行爲舉止中難以掩飾對他的冷漠和敵視，李賢亦能感覺出武后對他與其他嫡子不同。李賢立太子後，由於並非親生，武后的態度更讓他難以捉摸，高宗的態度也有些曖昧。這種微妙的親情關係平素難以看出，然潛移默化地影響著孩子的心理健康。李賢的同性戀傾向可能就與對武后的失望和抗拒有關。他拒絕女性是他對武后仇恨的泛化，是對正常家庭角色的絕望與拒絕。也就是說，李賢與武后其他親生子女性格迥異，極有可能與武后對他的態度與其他嫡子不同有關。

第六，關於李賢係韓國夫人所生的傳言亦有可推敲之處。諸史多處出現關於李賢係韓國夫人所生之傳言，前文已有引用，茲不重複。按理說，永隆年間，武后已經坐穩皇后二十餘年，從她拉攏宮僕陷害王、蕭二妃、鴆殺魏國夫人、宮僕給她通風報信等事來看，她已在宮僕中樹立了相當的威信。若李賢果眞是她在拜祭先帝路上所生，高宗應在左右。這種流言就是空穴來風，毫無根據。宮僕們對武后既擁戴，又懼怕，應不會無端挑撥皇后和太子的關係。依武后之性格，也斷然不會容忍有人散播這種離間母子之言，然諸史中未見武后追究那些製造流言的宮僕。極有可能是李賢並非親生，武后有些心虛，又顧忌高宗及皇家體面，不願澄清。高宗也應是這種心理。

第七，明崇儼被殺一事令人匪夷所思。時李賢與武后關係緊張，偃師明崇儼「常密稱『太子不堪承繼，英王貌類太宗』，又言『相王相最貴』」〔註81〕。這些話最易使母子、兄弟之間產生嫌隙。一般母親聞聽此言，都會訓斥明崇儼，寬慰李賢。奇怪的是，武后異常寵信明崇儼，任由其散佈挑撥之言，反命人撰書對李賢「誚讓之」〔註82〕，似有警告提醒之意。李賢由此憂懼。武后允許偃師言李賢不堪繼承，不免讓人想起她對付情敵的辦法。以前她對付情敵王皇后用的就是厭咒之法。麟德初年，武后令道士郭行眞行厭勝之術詛

〔註81〕〔宋〕司馬光：《資治通鑑》卷二〇二「高宗永隆元年八月」條，北京：中華書局，1956年版，第6397頁。

〔註82〕〔宋〕司馬光：《資治通鑑》卷二〇二「高宗永隆元年八月」條，北京：中華書局，1956年版，第6397頁。

咒韓國夫人、魏國夫人，亦是此法。現在武后又用此法對付李賢，讓人覺得李賢與其情敵有關。諸史未載高宗對此事的態度，應是沉默之狀。對此，可參看以前高宗對李賢的態度：乾封元年（666），諸皇子鬥雞為樂。李賢府中有一名侍讀名王勃，戲為《檄英王雞》文。高宗認為他挑撥李賢和李顯的兄弟關係，遂將其斥出沛王府〔註 83〕。上元元年（674），高宗「御翔鸞閣，觀大酺。分音樂為東西朋，使雍王賢主東朋，周王顯主西朋，角勝為樂」。郝處俊認為兩位皇子春秋尚少，志趣未定，「今分二朋，遞相誇競，俳優小人，言辭無度，恐其交爭勝負，譏誚失禮，非所以崇禮義，勸敦睦也」。高宗遂止之〔註 84〕。看來，高宗非常重視李賢與其他皇子的關係，不容許他們之間產生嫌隙，極有可能就是李賢與其他嫡出皇子不同所致。現在，偃師出言挑撥李賢與李顯的關係。按說高宗應如對待王勃一樣斥責偃師，然而他卻不聞不問，著實令人奇怪。極有可能是李賢非武后親生，韓國夫人早卒，高宗對她深懷愛憐追懷之意，故而時常刻意顯示對李賢和其他嫡子一視同仁。此時李賢已疑心自己並非武后親生，高宗見狀只能儘量不觸及此事，免得他追問。再者，此時李賢已貴為太子，戳穿其庶子出身對其政治前途並無好處，因此高宗保持沉默，不願深究。最後，高宗對包容多年又強勢若此的武后也是又愧疚又懼怕，亦不願主動提及往事邊角。

　　根據上文分析，大致可認定李賢是韓國夫人所生。此處不妨進一步推測李賢的身世：武后二度入宮後，根據母親楊氏為她立后之事奔走來看，那時楊氏就入宮了。宮中太宗舊妃中本就有楊氏族人，楊氏帶著守寡的長女（即韓國夫人）及外孫、外孫女入宮投靠也是情理中事。也就是說，韓國夫人在武后二度入宮後不久也入宮了，也就有機會見到高宗了。此時武后背負王皇后安排的離間蕭氏之寵的重要任務，還要鞏固高宗的感情，以求得生存空間。二度入宮後，她迅速懷孕生育。我們知道，女性在懷孕生產期間大約一年左右不能或不便有親密行為。她懷孕後勢必不能為高宗侍寢。對於身體健康又擁有大批後宮的年輕皇帝來說，一年內不可能不親近其他女性。前文已述，韓國夫人和武后年齡極有可能不會相差四歲以上。武后二度入宮時是 28 歲。永徽六年（655），李賢出生，武后 32 歲。也就是說，韓國夫人隨母親入宮時

〔註 83〕〔宋〕司馬光：《資治通鑑》卷二〇〇「高宗龍朔元年九月壬子」條，北京：中華書局，1956 年版，第 6325 頁。

〔註 84〕〔宋〕司馬光：《資治通鑑》卷二〇二「高宗上元元年九月甲寅」條，北京：中華書局，1956 年版，第 6373 頁。

約 32 歲。李賢出生時,韓國夫人約 36 歲。也就是說,韓國夫人得見高宗時大約三十出頭,正是風姿卓約的年齡。根據武后的相貌舉止來看,韓國夫人的容貌和修養應不會與武后相差太大。前文已有分析,高宗一向對年長的、充滿母性的女性情有獨鍾,他寵幸韓國夫人並非偶然。前文提及武后母女的生育能力都很強,韓國夫人早年育有一雙兒女,足見其生育能力不亞於母親和妹妹。她在武后懷孕期間完全有可能為高宗懷孕。我們甚至可以大膽推測李賢出生時的詳細隱情:高宗帶著武昭儀前去昭陵拜祭先帝,此時留守宮中的韓國夫人已近臨盆。高宗和武昭儀回宮後,韓國夫人已誕下李賢。由於韓國夫人是他人孀婦,且留有一雙兒女,不便收為妃嬪,故其幼子雖貴為皇子,然名分不好確定。為難之際,武昭儀表示願意收養此子,對外託言此子是出宮拜祭路上所生。此時王、蕭二人對她虎視眈眈,她唯一的依靠就是高宗,怎可因此事與高宗翻臉,多一子亦有利於提高她的後宮地位。正如王皇后安排她入宮一樣,武昭儀幫助高宗安置這個私生子,也符合妃嬪爭寵的慣常邏輯。此等生產之事外人難以分辨虛實,卻瞞不過貼身宮僕。多年以後,李賢長大成人,和武后感情疏遠,矛盾日深。他百思不得其解。有宮人言他非武后親生,他恍然大悟,不禁聯想到武后對待庶出皇子的種種手段,自然日益憂懼,後來發展到私藏皂甲以求自保就不難理解了。

至此,關於李賢是武后所生的理由亦可駁回。武后替高宗和姐姐瞞下此事,給高宗留下了賢良淑德之印象。武后早年寵愛李賢可能也有彰顯賢良大度、取悅高宗之意。再者,武后有強烈的宗族意識。立后之初,她就給早年欺凌他的族兄加官進爵,還讓姐姐之子賀蘭敏之改姓武氏,承襲父親爵位。她寵愛早早喪母的李賢也是人之常情,更何況他還是高宗心懷歉疚的皇子?!最後,姐姐早卒,武后出於情妒鴆殺其女魏國夫人,又處死其子賀蘭敏之。從人之常情出發,武后對這個苦命的姐姐應心懷愧疚。這種愧疚轉化為對李賢的寵愛是非常正常的。況且,李賢寄養在她名下,只要他不明真相,就如同親生。即便他知道此事,其母親、姐姐和兄長都已不在人世,他除了武后別無他靠,就如同親生。按照長幼順序,庶子李賢以嫡子之名被立為太子也合乎情理。韓國夫人早卒,魏國夫人死於鴆毒。高宗一生都未能給她們母女一個名分,賀蘭敏之又被殺,心懷愧疚之下抬舉李賢為太子也說得過去。至於武后對庶子是否確有雅量,事實證明,她沒有。李賢成年後不附武后,她就千方百計地排斥打擊並最終將他賜死即是明證。這也符合她的一貫性格。

二、解讀《黃臺瓜辭》

《黃臺瓜辭》是李唐宗室文學作品中知名度最高的詩歌之一，歷來被認為是痛訴權力腐蝕親情的佳作。然而，目前學界對此詩尚有疑問，如此詩到底是李賢所作，還是後人感傷附會？此詩究竟作於何時？是何目的，又有怎樣的內涵？

關於此詩的作者，史學界傾向於後人感傷附會，託言在李賢名下。筆者認為不然，理由有三：第一，武后的六個子女（包括養子李賢和早夭的安定公主）中，目前已認定直接死於武后授意的只有李賢。李弘之死雖與武后有關，然武后並非直接兇手。李顯、李旦雖遭流放幽禁，然並無性命之虞，李顯後來還被武后立儲。太平公主更是多蒙武后殊寵。可見武后對親生子女並不算十分暴虐。後人「抱蔓歸」的感傷有些言過其實。第二，權力場中骨肉相殘者比比皆是，又非獨武后一人，後人又何須特意為她感傷附會？第三，李唐宗室人員雖多遭武后屠戮，但是絕大多數人都與武后沒有血緣關係，或者血緣關係較遠，直系親屬其實並不多。後人似無必要作詩感傷之。因此，先初步認定此詩是李賢之作，然後再繼續探究此詩的寫作時間、寫作目的和內涵。

再看此詩的寫作時間。寫作時間對理解此詩的創作目的和內涵非常重要。就這首詩流露出的深深憂慮來看，應是李賢極度傷感心寒時所作。縱觀李賢一生，人生跌落是從流放巴州開始的。因此，這首詩的寫作時間有三種可能：一是流放巴州前夕，二是幽禁巴州之時，丘神勣到來前，三是丘神勣來巴州以後。下面逐一分析。

此詩若是作於流放巴州前夕，那麼此詩應是呈給高宗和武后看的，意在求得寬恕憐憫。若是求情之作，顯然此詩並不成功。在中國封建社會，父母的家庭地位遠高於子女，其尊嚴感和優越感也要遠甚於子女。一般來說，父母與子女發生矛盾衝突時，無論孰是孰非，只要子女認錯道歉，一般父母都會憐憫寬恕，關係也會隨之緩和。若子女得理不饒人，一味譴責父母，四處抱屈宣揚，甚至懷疑父母對孩子的感情。父母即使明知理屈，在感情上也很難接受，關係只會繼續惡化。再者，當時高宗對李賢「謀反」欲「薄其罪」〔註85〕，「遲回欲宥之」〔註86〕。即使武后堅持嚴懲，李賢也不會太過寒心。

〔註85〕　〔宋〕歐陽修、宋祁：《新唐書》卷八一《章懷太子李賢傳》，北京：中華書局，1975 年版，第 3591 頁。

〔註86〕　〔宋〕司馬光：《資治通鑒》卷二〇二「高宗永隆元年八月」條，北京：中華書局，1956 年版，第 6397 頁。

最後，李賢流放之前，武后對子女的打擊其實僅限於李弘和李賢。李顯資質平庸，耽於遊玩，並無政治野心，李旦、太平公主年紀尚小，從不染指朝政。他們和武后關係良善。即使武后對李賢有些冷漠或嚴厲，他應也暫無性命之虞，預言「抱蔓歸」的悲慘結局未免對父皇母后（尤其是父皇）過於悲觀失望，詩中的譴責、警告未免言之過甚、過早，反而會觸怒母后，效果只能適得其反。李賢自幼聰穎無比，監國期間處事得當，受到滿朝讚譽，應不會在處理人際關係方面如此愚笨。筆者並不贊同此說。

此詩若是作於幽禁巴州之時，丘神勣到來之前，那麼此詩就有自歎身世、譴責武后之意。李賢作為太子，被廢為庶人，幽禁於巴州，長期失去人身自由。此等精神苦悶非一般人可以瞭解和承受。他在巴州生活清苦，深陷不滿、苦悶和落寞之中，自覺永無出頭之日，因此悲憤之際寫詩感傷身世，譴責武后。此時武后尚未對李顯、李旦等宗室人員下手。李賢聯想起武后對兄長李弘的嚴厲打擊，對自己的冷眼排斥，同時由於長期流放的精神壓抑，可能出現了被迫害的妄想心理，故而在詩中有一再「摘瓜」的意象，後面的「三摘」、「四摘」是悲觀的想像和預言。這是說得過去的。

此詩若是作於丘神勣到來之後，那麼此詩就是李賢悲慨控訴的遺作，是哀傷兄弟的處境，對母后冷酷無情的一種控訴、警告和規勸。從李賢自殺前的背景來看，這是合乎情理的。當時發生了一連串的事件：永淳二年（683）十二月，高宗駕崩，當時李賢已被流放巴州三年了。次年正月初一，李顯即位，二月六日就被武后廢黜，七日，李旦即位，旋即被武后幽禁，如同傀儡，八日，皇太孫重照被廢為庶人，九日，丘神勣來到巴州李賢住處，三月初五，李賢被丘神勣逼殺。可見，從丘神勣來到巴州到李賢死亡間隔不足一個月。丘神勣的到來說明朝局有變，李賢應不會不知道兩個弟弟的處境。這種境況下的李賢是有時間和心情完成此詩的。他感傷李家子孫的悲慘處境，讓天下人來對武后進行道德拷問。筆者認為這種可能性最大。

此外，還有人認為此詩寫於李賢初立太子之時，由於害怕像兄長李弘一樣遭遇不幸，故而寫詩規勸母親。筆者認為這種可能性不大。前文已述，李弘之死與武后並無直接關係，與武后、李弘時常來往的李賢應不會不知，此擔憂懼怕之情並不符合實際。從史書記載來看，李賢身體康健，精力充沛，初立太子之時意氣風發，剛健有為，處事得當，還有耽於聲色、不願受武后操控等血氣方剛的表現。這種心理狀態下的李賢應該不會有此悲涼之作。加

之其對身世有所懷疑，對武后就不會有像李弘那樣高的親情期待，也就不會在詩中譴責武后寡情了。

根據上述分析，大致可以認定此詩可能寫於李賢幽禁巴州之時，到底是在丘神勣到來之前還是之後，尚不確定，然而這並不影響理解此詩的內涵。

關於此詩的內涵，學界幾乎一致認為「摘瓜」之喻是言武后再三屠戮子女之事，李賢借四個瓜先後被摘感傷兄弟姊妹性命朝不保夕。不少人對其藝術魅力做了深入分析，如王海文就認為此詩比曹植的《七步詩》更有藝術魅力〔註87〕，其前提就是認定「摘瓜」之喻的本體是武后殺子。如果該前提成立，則需搞清楚這四個「瓜」到底指誰，究竟是指高宗的全部子女，還是指武后的親生子女，還是僅指武后的四個兒子（包括養子李賢）？下面逐一析之。

先看第一種假設，即這「被摘」的四個「瓜」指高宗的全部子女。史載高宗共有八子四女，包括武后的四子兩女（包括養子李賢和早夭的安定公主）、四位庶出皇子（李忠、李孝、李上金、李素節）和蕭氏所生的兩位庶出公主（義陽、宣城二公主）。先看這幾個庶出子女：李忠在麟德元年（664）因上官儀事件被賜死於流所〔註88〕。李孝於麟德元年（664）早薨，與武后並無直接關係〔註89〕。天授元年（690），李素節與李上金「同被誣告」，李素節被縊殺，李上金恐懼，自縊死〔註90〕。蕭氏所生二女被武后幽禁掖庭，老大不嫁，李弘請降後被許配給衛士。李賢在調露二年（680）因謀逆罪被廢為庶人，流放巴州，文明元年（684）被逼殺。也就是說，李賢寫作《黃臺瓜辭》時，李忠、李孝已經去世十餘年了，他此時在詩中對這兩位皇兄之死大發感慨似乎太過矯情，更何況李孝之死與武后也並無直接關係。李素節、李上金因武后排斥早就在地方任職，並不在長安和洛陽活動，應與李賢交集不多，雖然處境不妙，但尚在人世，又都死於李賢之後。因此，李賢也不太可能為他們作詩感歎。兩位庶出公主在李賢出生不久就因母親蕭氏之故被幽禁掖庭，應與李賢來往不多，在他立太子前就被許配衛士，更無可能來往密切，

〔註87〕王海文：《李賢〈黃臺瓜辭〉賞析》，《社科縱橫》，2006 年第 1 期。

〔註88〕〔宋〕司馬光：《資治通鑑》卷二○一「高宗麟德元年十二月戊子」條，北京：中華書局，1956 年版，第 6342 頁。

〔註89〕〔後晉〕劉昫等：《舊唐書》卷八六《原王孝傳》，北京：中華書局，1975 年版，第 2825 頁。

〔註90〕〔後晉〕劉昫等：《舊唐書》卷八六《許王素節傳》，北京：中華書局，1975 年版，第 2827 頁。

手足之情應不甚深。李賢也無必要對她們感歎過甚。不難看出，李賢詩中的「瓜」若是指高宗全部子女，覆蓋面有些過大。

再看第二種假設，即這「被摘」的四個「瓜」指武后的六個子女（包括養子李賢和早夭的安定公主）。按照這六人的死亡順序來看，「一摘」指安定公主，「再摘」指李弘，「三摘」指李賢，「四摘」則是帶有警告悲慨意味的虛指，因爲當時李顯和李旦並未被殺。這雖在數量上說得過去，但明顯不合邏輯，因爲安定公主暴夭事件發生在李賢出生前，並且在很多年裏，此事都是一件疑案。雖然當時很多人都將矛頭指向了王皇后，但是就連高宗在內，都無法坐實此推斷。高宗也未曾懷疑武昭儀，因爲在安定公主暴夭後兩年，他就立她爲后。後來高宗生病，還委託武后理政，可見高宗對她一直都很信任。李賢作爲晚於安定公主出生的皇子，未親歷安定公主暴夭事件。李賢成人後，以武后在宮中的地位，也不太可能有人在他面前嚼舌。即使有人嚼舌，李賢也是極不願意相信的，更沒膽量、也沒必要在詩中向武后提起此事，還說「一摘使瓜好」，難不成影射母后殺姐姐殺得好？再者，若一摘是安定公主，那麼再摘就是指李弘。史載李弘和李賢關係良好。李賢說「再摘使瓜稀」，對兄長之死未免過於冷漠。前文已述，李弘之死與武后並無直接關係。前文已言李賢和武后、李弘來往密切，即便對母親打擊哥哥有所不滿，也不至於像外界一樣懷疑母親鴆殺哥哥，更不可能寫詩影射。最後，若按照「一摘」、「二摘」指安定公主、李弘的話，那麼「三摘」就是指李賢，詩中何言「猶自可」？「四摘」的預言更是讓人難以理解。李賢將安定公主和李弘之死完全歸罪於母后，並預言李顯、李旦和太平公主未來也將慘遭不幸，對母后的失望和指責未免有些誇張。

再來看最後一種假設，即這四個「瓜」僅指武后的四個嫡子（包括養子李賢）。「一摘」指李弘，「再摘」指李賢，「三摘」、「四摘」指李顯和李旦。這也不合邏輯。前文已述，李賢不應懷疑母親鴆殺李弘，李顯、李旦雖然在李賢死前已被流放、幽禁，但沒有被「摘」，怎麼會有「抱蔓歸」的說法？或許李賢當時已知死期不遠，由自身境遇出發，將一切都歸罪於母后的嚴厲苛刻，遂預言李顯和李旦不久就會死於武后之手，或許他此時的被迫害心理嚴重，遂捕風捉影將李弘之死也完全歸罪於母親，這也大抵成立，說不過去的仍是「一摘使瓜好」的說法。

　　看來，以武后殺子來解說此詩的內涵看似有道理，實則經不起推敲。要
解開此詩的內涵之謎，應從詩中的喻體出發。詩中的「摘瓜」之喻是有植物
學依據的。從植物的生長規律來說，在莖葉並不茂盛之際，剛剛結出的瓜往
往長不大，還會耗損養分，影響瓜秧的繼續生長，以後長出的瓜也不會豐碩
飽滿。適當摘取剛剛結出的瓜能讓瓜秧獲得充足的營養，快速生長，待到瓜
秧莖葉繁茂後，再結出的瓜才會個頭碩大而飽滿，品質較高。在詩中，詩人
贊同適當摘取初生瓜的做法。若是以此比喻母親殺戮子女，在邏輯上、感情
上都講不通。筆者認為，「摘瓜」應指武后對子女的嚴厲教育，並非指殺戮。
我們知道，父母適當的管教有利於孩子的成長，此為「一摘使瓜好」之意，
倘若管教過於嚴厲則會適得其反，「再摘」、「三摘」、「四摘」指父母管教嚴厲
程度的逐漸加深，「抱蔓歸」指父母過多、過嚴的管教給子女造成的不良後果。
前文已述，由於高宗將權力鬥爭逐漸轉移到武后和太子之間，武后與太子也
因此產生了種種嫌隙。這種母子關係的微妙變化是不可言說的。武后當然不
會明確表露自己的權力欲望和政治野心，更不會以此為名大張旗鼓地排斥打
擊太子。礙於政治形勢和親情，她更不可能採取對付王、蕭二妃、魏國夫人
的那種極端方式來整治太子。她的不滿只能通過管教太子得以表達。因為父
母管教孩子天經地義，外人不便插手。嚴厲管教子女也往往是許多父母宣洩
負面情緒、對子女表達不滿的常見方式，儘管子女可能本無大錯。從兩位太
子和武后關係惡化的過程來看，武后多次嚴厲管教兩位太子。前文提及武后
抓住李弘的小錯誤不放，非得高宗提拔嘉獎舉報之人、太子公開認錯才算完
事，就是武后借管教子女之名宣洩對太子不滿的例證。武后對李賢更是如此。
李賢為太子期間表現出色，又招集學者「注范曄《後漢書》」〔註91〕，贏得滿
朝讚譽，然史書中未見武后對他有過任何讚賞。就在他被滿朝讚譽時，他和武
后的關係卻漸漸緊張起來。偃師明崇儼出言挑撥，武后不置一詞，反命人贈書
訓誡之。按說母子關係並非一般人能夠挑撥得了的，更何況他們貴為皇后和太
子。明崇儼是以「左道」〔註92〕、「符劾之術」為武后所任使的偃師〔註93〕。

〔註91〕〔後晉〕劉昫等：《舊唐書》卷八六《章懷太子傳》，北京：中華書局，1975
　　　　年版，第 2831～2832 頁。

〔註92〕〔宋〕歐陽修、宋祁：《新唐書》卷八一《章懷太子李賢傳》，北京：中華書
　　　　局，1975 年版，第 3591 頁。

〔註93〕〔後晉〕劉昫等：《舊唐書》卷八六《章懷太子傳》，北京：中華書局，1975
　　　　年版，第 2832 頁。

這種人以招搖撞騙、裝神弄鬼爲生，其察言觀色的本領遠高於常人。他敢進此等間隙之言，應是看透了武后心思。果然，武后非但沒有斥責他，還對李賢大加訓誡，施以眼色，似乎是認可「太子不堪承繼」的話〔註94〕。這件事給李賢的心理打擊是很沉重的。此前，武后對他出色的政治表現視而不見。他聞聽自己並非武后親生的傳言後心下疑慮，不願主動求證，更不願與武后親近。武后非但不澄清事實，還聽信妖人對他的貶損，他的傷心失望可想而知。此後李賢「頗好聲色，與戶奴趙道生等狎昵」〔註95〕，就有自暴自棄、消極抵抗之意。後來明崇儼被暗殺，「天后疑太子所爲」，「使人告其事」，又「詔薛元超、裴炎與御史大夫高智周等雜鞠之，於東宮馬坊搜得皂甲數百領，以爲反具；道生又款稱太子使道生殺崇儼」。明崇儼一介妖人，招搖撞騙，作惡甚多，其死當有餘辜。其社會關係複雜，被殺眞相也不太容易調查清楚。李賢「謀反」之事最多只能說是有嫌疑，不能完全坐實。李賢此前對武后失望，暗置皂甲未必是想謀反，極有可能是惶恐不安、自我保護之意，反成了謀逆的物證。武后本是派人調查他的私生活，反倒搜檢東宮，有些雞蛋裏找骨頭之嫌。這種苛嚴之態說明武后準備對他委以重拳了。事發後，高宗想寬宥之，武后曰：「爲人子懷逆謀，天地所不容；大義滅親，何可赦也！」名爲大義滅親，實懷苛酷剪除之意。李賢當然明白此中深意，聯想起兄長李弘，李賢對苛嚴的母后難免會有所抱怨、譴責，反映在詩中就成了「摘瓜」之喻。這樣來理解此詩內涵，意思就順暢了。不難看出李賢的天眞幼稚：他將自己的人生悲劇歸結於武后的嚴厲管教，殊不知這是武后的權力欲所致。

第三節　武后與李弘、李賢關係惡劣的原因探析及武后對其他子女的影響

通過上述分析，不難看出，武后的權力欲望影響到了她的親子關係。筆者在此進一步探究他們關係惡劣的深層原因及其對其他子女的影響。

〔註94〕〔宋〕司馬光：《資治通鑑》卷二〇二「高宗永隆元年八月」條，北京：中華書局，1956年版，第6397頁。

〔註95〕〔宋〕司馬光：《資治通鑑》卷二〇二「高宗永隆元年八月」條，北京：中華書局，1956年版，第6397頁。

一、李弘、李賢與武后關係惡劣的原因探析

　　眾所周知，武后和李弘、李賢兩位皇子關係惡劣的主要原因是由於權力鬥爭。這兩位皇子作為李唐政權的繼承人，對李唐政權有著天然的維護心理，不容外人染指，即便這個人是母后。武后的權力欲望和他們這種心理構成了一對不可調和的矛盾，關係惡化也是在所難免。然而，他們關係惡劣還有一些其他原因，筆者就此談一點自己的看法。

　　第一，先天原因。前文已述，武后在艱難處境中懷孕李弘。當時武后需要處理的人際關係非常複雜，要用柔情留住高宗之寵，要用謙卑贏得王皇后的包容，要用媚術完成離間蕭淑妃的任務，還要用寬容接納高宗與韓國夫人的私生子。對於一向爭強好勝的武后來說，平穩度過這段非常歲月是需要壓抑其本性的。這種壓抑勢必造成她內心的不平靜和不舒適。從優生優育的角度來看，這必然會影響胎兒的體質和性格。長子李弘自幼體弱多病，性格又充滿了抗爭性，可能就與此有關。孕婦的這種心境也會導致日後母子關係緊張。對此，可參看武后的另外三個兒女。李顯平庸活潑，貪玩率真，李旦生性淡泊，有藝術家氣質，太平公主自信有為。他們的性格比李弘穩重平和得多，與武后的關係也相對融洽。這與武后孕育他們的時候處境大有改善、心情也隨之好轉有關。李賢的情況也大致如是。韓國夫人得幸高宗致孕，莫說自己的名分不好確定，妹妹會作何反應，就是新生兒的身份也令她頭疼不已。她可能在懷孕期間焦躁不安、心煩憂慮。腹中的李賢緣此性格乖戾也就不足為奇了。另外，韓國夫人所生的另外一雙兒女桀驁不馴、驕縱不軌，其同母弟弟李賢性格若此，也並不足奇。

　　第二，生理原因。李弘死於上元二年（675），其與武后產生摩擦應在咸亨年間（670～671）稍前，那時李弘年紀未滿二十，武后四十多歲。李弘死後，隨即二十一歲的李賢被立為太子。數年後，李賢被廢黜，當時武后大約五十多歲。也就是說，他們與武后發生矛盾時，正處於青春期，武后正處於更年期。從生理學角度講，人體體內激素如果在短期內浮動較大，主體往往一時很難適應，從而出現軀體和心理的異常，這叫做激素不耐受。如女性在月經前幾天由於體內激素的月週期變化，就會變得敏感、易怒、憂鬱等，又如孕婦由於體內雌激素的迅速上升，會出現嗜睡、嘔吐、敏感、多疑、易怒、易疲勞、易受到驚擾等激素不耐受症狀。處於青春期和更年期的人由於體內激素變化，也會出現典型的激素不耐受症狀。青少年體內分泌大量生長激素、

性激素，往往會表現出敵視、叛逆、驕縱、易衝動等激素不耐受症狀。更年期女性即將步入老年，體內激素水平發生巨大變化，也會出現敏感、多疑、焦躁、易怒、憂慮、脆弱等激素不耐受症狀。不難看出，武后和兩皇子的激素不耐受症狀會讓他們本就難以調和的權力矛盾更加尖銳。

第三，感情原因。前文已述，武后懷孕李弘時處境艱難，她在孕期必須要處理好各方面的人際關係，還要克服生理上的種種不適，腹中胎兒幾乎是她唯一的安慰、指望和砝碼。按說她對李弘有共患難的特殊感情。武后立后後，立刻著手行動立李弘為太子，盡心培養。可以想見，她對李弘的情感期待非常高。李賢從韓國夫人處抱養而來。作為一名情感受害者和收拾殘局者，武后懷著寬容之心對待李賢。這對一向嫉妒心重、報復心強的武后來說，是非常不容易的。我們知道，武后一向功利務實。按理說，她對李賢的情感期待也很高。然而，不幸的是，這兩個皇子長大成人後，並不認可她剛強自主的女強人性格，也不能接受她的權力嗜好，時常與她意見不合，還和病懨懨的高宗和滔滔不絕的朝臣們站在一起，限制她行權。這無疑讓她非常失望。在感情上，這兩個皇子對她也不夠體諒和關懷。對此，可參看他們與高宗的關係。李弘、李賢均與高宗感情甚深。李弘聽到父皇即將遜位的消息，「掩欷不言，因茲感結」〔註96〕，「伏枕流欷，哽絕移時」〔註97〕，「聞言哽咽，感絕移時」〔註98〕。然史料中未見他與武后有過如此貼心親密的交流。李賢幼時「深為高宗所嗟賞」，立為太子後，高宗誇他說：「家國之寄，深副所懷」〔註99〕，後出現了私藏皂甲之事，高宗也欲從寬處置。可見他十分注意在父皇面前表現，然史料中未見他對武后若此。他聽到自己並非親生的流言，不僅沒有及時和武后溝通，還在《後漢書》的注解中影射武后干涉朝政〔註100〕。這些行為雖非大錯，然確實無益於母子感情。前文已述，武后此時正處於更

〔註96〕〔後晉〕劉昫等：《舊唐書》卷八六《孝敬皇帝傳》，北京：中華書局，1975
　　　　年版，第2830頁。

〔註97〕〔唐〕唐高宗：《孝敬皇帝叡德紀》，見〔清〕董誥：《全唐文》卷一五，北京：
　　　　中華書局，1983年版，第185頁。

〔註98〕〔清〕董誥：《全唐文》卷一四《冊諡孝敬皇帝文》，北京：中華書局，2009
　　　　年版，第173頁。

〔註99〕〔後晉〕劉昫等：《舊唐書》卷八六《章懷太子傳》，北京：中華書局，1975
　　　　年版，第2831～2832頁。

〔註100〕李賢注的《後漢書》中大量羅列兩漢歷史上女主干政的事情，還提到呂后把
　　　　戚夫人做成人彘之事，很容易讓人聯想起武后干政、處死王、蕭二妃等事。

年期，正需子女關心。兩位皇子表現若是，她當然明白自己在這個帝王家庭中已經成為一個情感孤獨者、被拋棄者。依她的性格來看，是斷然不肯甘心的。她在情感失落之下因愛生恨，繼而對這兩個皇子施以情感報復，是符合一般女性的情感邏輯的。而且，她對兩個皇子的感情越深，厭恨也就越深。她不顧李弘體弱，一再予以打擊，李賢已經失去自由和前程，她還要派人逼殺，都與這種心理有關。

　　第四，溝通原因。代溝幾乎是所有長輩和晚輩溝通不暢的重要原因之一。代溝的產生主要是由於兩代人在價值觀念、思維方式、行為方式、道德標準等方面的不同而產生的思想觀念、行為習慣的差異。「代際衝突」即是由這一差異導致的兩代人在解決問題方式、評價問題標準等方面產生的分歧和矛盾。武后和兩位皇子亦是如此。武后經歷過一系列殘酷的宮廷鬥爭，認為只有絕對權力才能帶來安全感。兩位皇子自幼生於花團錦簇的帝王之家，何曾見過母后早年受人欺凌、寄人籬下、卑躬屈膝的悽楚辛酸，又何曾品嘗母后在漫長青春歲月裏的寂寞淒清，更何曾體味青燈古佛前母后內心的失望愁苦，更無法體會母后二入宮廷的屈辱心酸。他們記事時，母后已是後宮最得意的妃嬪。一般來說，常年經歷坎坷、屈辱、鬥爭的人往往會變得冷血心硬。這往往是無此閱歷者所不能理解的。兩位皇子自幼養尊處優，享受著大唐最優越的生活。與生俱來的優越感使他們不能理解母后為何不能像其他貴婦那樣安於閨閣之中，為何對權力如此感興趣，以至於要傷害父皇和他們的感情。從武后的角度來看，她和兩位皇子發生矛盾時存在嚴重的權力焦慮。那時她的心腹大臣李義府早已被貶死去，許敬宗也年邁去世，被冠以惡諡，長孫無忌恢復了名譽，高宗加大了太子的參政力度，朝臣又集體反對高宗遜位給她，其實就是反對她涉政。這一切都給她帶來了前所未有的壓抑感和孤獨感。這是不便對外人言說的。偏偏自己鍾愛的兩位皇子也不能理解她的痛苦，還和外人聯合起來與她作對。武后對這兩位皇子的失望和不滿可想而知。這也是不便與對外人言說的。於是她借管教之名報復兩位皇子也是人之常情。同樣，兩位皇子的種種行為在武后看來也是很不順眼。李弘對蕭氏之女過於仁慈，其分地給窮人、施捨米糧等「仁政」也顯得零碎迂腐，有些婦人之仁，對朝局民生並無大益。在武后看來，作為太子，李弘仁弱有餘，剛健不足。李賢亦非大器，竟為流言左右，還沉溺聲色，也不堪大用。這兩位皇子在她看來都過於幼稚無能，稍存的一些剛烈之氣卻全部是用來對付她的。這無疑讓她十分失望和不滿。

　　第五，文化原因。男權文化亦是造成他們關係惡化的重要原因之一。中國封建社會的儒家文化就是一種典型的男權文化。在這種文化觀念裏，女性應該是陰柔溫婉的。強勢霸道的女子是悍妻、惡母，很容易引起男性的反感和厭恨。具體到子女和父母的關係中，子女對母親的道德要求往往要比父親高得多。因此，一般情況下，子女對父親多有妻妾、私生活混亂等問題一般持寬容、理解的態度，甚至認爲理所應當，對母親則要苛嚴得多。一旦母親在操行上有瑕疵，子女往往會表現出本能的排斥和厭恨。這種情形至今仍然存在。兩位皇子自幼接受的是儒家文化教育，飽受男權文化的影響，難免在道德上對父皇寬容，對母后苛嚴。父皇體弱多病，性格荏弱，母后強勢霸道，咄咄逼人，這種男弱女強的夫妻模式也更易讓他們對父皇產生同情之心，淡化對父皇的道德譴責，增加對母后的排斥厭惡之情。高宗身爲皇帝，個人生活有可指摘（如與父妾有私、爲立父妾爲后廢黜髮妻等）。作爲擁有多位配偶權的皇子，他們很容易理解、寬宥父皇。武后身爲先帝嬪妾，和嫡子眉目傳情，以比丘尼身份與俗世男性來往致孕，還俗後還虐殺情敵，排斥打擊庶出子女。武后的這些失德之舉不知兩位皇子知曉多少？如果說兩位皇子由於尚未出生、年紀甚幼，不得知曉前面幾件事的詳情，但是廢太子忠被誣陷致死，兩位庶出公主被耽誤終身，卻是擺在眼前的事實。不知兩位皇子對武后之爲人作何感想？李弘心懷惻隱，爲何不向父皇稟明情況，給兄長收屍，爲姐姐請嫁？顯然，李弘很可能已將兄長、姐姐的人生悲劇先入爲主地歸咎於母后了。其實，高宗對這些事亦有不可推卸的責任。蕭氏二女幽禁掖庭，高宗爲何不早早爲她們安排婚嫁？宮中有人散播流言，明崇儼蠱惑人心，高宗爲何不主動澄清？然兩位皇子均與高宗感情甚好，並未責怪父皇，可見他們對父皇甚是寬容。武后對此並非全無察覺。上元元年（674），武后向高宗提出了著名的「建言十二事」，其中有提高母權的內容。當時她正和李弘摩擦甚多，不知是否是對兒子對自己的不公待遇的回應？

　　第六，這兩位皇子也確實有些地方令武后不滿。先看李弘。首先，武后身體強健，性格剛毅英果。她的喜好極有可能與太宗相若。太宗喜愛嫻靜溫順、知書達禮的女子，卻又喜歡自信有爲的李泰，一再對荏弱多病的皇子李治表示不滿。武后在愛情上與荏弱多病的高宗相得甚歡，同時極有可能對體弱多病又不夠成熟穩健的李弘心懷不滿。其次，一般來說，父母都會對子女

期待過甚，能力愈強的父母這種觀念會愈強。剛健有為的武后也難免如是。如果說高宗的病弱成就了她，那麼她的後代李弘體弱若是，就很容易挫傷她的自尊和自信。再次，如果說李弘幼年多病會引起武后的憐愛之情，但他成年後病情仍不見好轉，還不自量力地多次頂撞她。她極有可能會對他產生鄙視和厭惡之情。最後，李弘的仁政行為零碎而不夠成熟。這與武后狠辣剛猛的行事作風大相徑庭。武后可能因此瞧不上李弘。李賢的過失就更嚴重了。他對非武后親生的傳言半信半疑，又沉溺聲色。這兩點令武后對他很不滿。

　　總之，武后和這兩位皇子的關係惡化並非簡單的權力之爭，其中包含著生理、文化等多重原因。

二、武后對其他子女的影響

　　除卻李弘、李賢外，武后的親子關係當然還包括其與李顯、李旦、太平公主的關係。由於他們登上歷史舞臺時，武后已經大權在握，這三個子女即便對她心懷不滿，亦不能像兩個兄長那樣與之抗衡。李顯懦弱無能，很快就被武后廢黜流放，此後一直都生活在武后的陰影之下。李旦性格隱忍淡泊，任憑武后擺佈，因此與武后矛盾不大。太平公主深知武后性情，多迴避政治生活。由於這三個子女在武后有生之年多順應忍耐，與武后矛盾並不明顯。筆者僅簡述武后對他們的影響。

　　從前文可見，武后四子中，儘管李弘體弱多病，李賢人格有些偏差，但他們熱衷政治，尚有些剛烈果敢之氣。李顯和李旦則更像高宗，並無政治野心，政治才能也平庸無奇。太平公主的相貌性格與武后相像，但她在武后當權時並不伸張。

　　先來看李顯。史載與兩個哥哥相比，李顯要貪玩一些。如前文提及乾封元年（666）李賢和李顯鬥雞〔註101〕，當時李顯十一歲。上元元年（674），郝處俊諫言李賢和李顯角勝為樂〔註102〕，當時李顯十九歲。同是遊樂，李顯卻不如李賢聰慧，立儲後表現也不突出。永隆元年（680），李賢被廢，其年李顯被立為太子。史載新太子顯表現並不好。開耀元年（681），著名隱士田遊

〔註101〕〔宋〕司馬光：《資治通鑑》卷二〇〇「高宗龍朔元年九月壬子」條，北京：中華書局，1956 年版，第 6325 頁。
〔註102〕〔宋〕司馬光：《資治通鑑》卷二〇二「高宗上元元年九月甲寅」條，北京：中華書局，1956 年版，第 6373 頁。

岩被高宗徵召入東宮爲太子洗馬，因「在東宮無所規益」被右衛副率蔣儼「以書責之」。乍一看這是對太子老師有所不滿，其實鑒於前兩任太子不以善終的教訓，朝臣早已明晰武后對太子的排斥打壓之心，但又不便直接干預，只能從教育太子出發，因此提高了對太子老師的關注度。就田遊岩「唯唯而無一談，悠悠以卒年歲」的表現來看〔註103〕，顯然李顯也無上進要求，不然老師不會無所事事。以後李顯的表現也印證了這一點。永淳元年（682），高宗令李顯留守京師，李顯卻「頗事游畋」〔註104〕。李顯也多次監國，然諸史中未見高宗或朝臣讚賞過其政治表現。李弘和李賢任太子期間，多次得到過君臣的高度讚譽。可見與兩個哥哥相比，他要遜色一些。這樣的太子自然不會使武后產生權力焦慮和厭忌之情。

　　李顯早年的性格還有一點是「勇烈」。神龍元年（705），張柬之勸已復位的李顯誅諸武時言：「主上昔爲英王，時稱勇烈。」〔註105〕李顯爲英王時，諸史記載甚少。這種勇烈之氣在其初次即位時表現得非常明顯。弘道元年（683），高宗遺詔令裴炎輔佐新君，「軍國大事有不決者，兼取天后進止」〔註106〕。我們知道，高宗對武后擅權心懷不滿，但此時又授權於武后，可見李顯的政治才能確實不能讓他放心，如此處理實屬無奈。裴炎似乎也並不看好李顯，「庚申，裴炎奏太子未即位，未應宣敕，有要速處分，望宣天后令於中書、門下施行」。甲子，中宗即位，「尊天后爲皇太后，政事咸取決焉」〔註107〕。也就是說，高宗駕崩之初，裴炎是認可武后臨朝的。然李顯不顧兩位兄長的教訓，剛一即位就著手擴大自己的政治力量：擢韋后之父韋玄貞自普州參軍爲豫州刺史，後又欲以韋玄貞爲侍中、授乳母之子五品官。裴炎固爭，李顯怒曰：「我以天下與韋玄貞何不可！而惜侍中邪！」〔註108〕可見其在政治上的「勇烈」

〔註103〕〔宋〕司馬光：《資治通鑒》卷二〇二「高宗開耀元年閏七月」條，北京：中華書局，1956年版，第6403頁。

〔註104〕〔宋〕司馬光：《資治通鑒》卷二〇三「高宗永淳元年七月」條，北京：中華書局，1956年版，第6411頁。

〔註105〕〔宋〕司馬光：《資治通鑒》卷二〇八「中宗神龍元年二月甲子」，北京：中華書局，1956年版，第6587頁。

〔註106〕〔宋〕司馬光：《資治通鑒》卷二〇三「高宗弘道元年十二月丁巳」條，北京：中華書局，1956年版，第6416頁。

〔註107〕〔宋〕司馬光：《資治通鑒》卷二〇三「高宗弘道元年十二月甲子」條，北京：中華書局，1956年版，第6416頁。

〔註108〕〔宋〕司馬光：《資治通鑒》卷二〇三「高宗光宅元年正月癸巳」條，北京：中華書局，1956年版，第6417頁。

稚氣。很快，他就為此付出了代價。不久武后就聯合裴炎以此為由將其廢黜流放。需要一提的是不久出現的「坊曲飛騎案」：

> 有飛騎十餘人飲於坊曲，一人言：「向知別無勳賞，不若奉盧陵。」
> 一人起，出詣北門告之。座未散，皆捕得，繫羽林獄。言者斬，餘
> 以知反不告皆絞；告者除五品官。告密之端自此興矣。〔註109〕

這幾人被從重處罰當然是由於涉及當時的核心權力鬥爭。時高宗初崩，李顯和武后存在權力鬥爭。兵力往往成為鬥爭雙方的爭取對象。從飛騎之言可以看出，李顯並非完全不懂政治。他拉攏過飛騎，卻最終沒有爭過武后。不難看出，李顯即位之初，確實有一些與武后抗爭的「勇烈」之氣。

　　李顯的性格是在流放房州的十五年中逐漸變化的。經過多年的地方流放生活，他貪玩又有些勇烈的脾性有了很大變化。聖曆二年（699），從房陵回來後，其性格中的棱角已被磨去，變得懦弱、膽小、多疑又愚孝。武后將他立為太子，並安排在北門起居。需要說明的是，在北門起居大有深意。北門對武后來說，是一個進出心腹知己的私密門戶。上元二年（675）三月，武后以編書為名「多引文學之士著作郎元萬頃、左史劉禕之等」從北門出入宮廷，命他們處理「朝廷奏議及百司表疏」，「以分宰相之權，時人謂之『北門學士』」〔註110〕。垂拱二年（686），武后的面首薛懷義從南牙進宮，與丞相蘇良嗣相遇，招來一頓暴打。武后得知後沒有追究，只是提醒薛懷義以後從北門進宮。「坊曲飛騎案」中，一飛騎酒後出語不慎，告密者也是「出詣北門告之」〔註111〕。因此，從某種意義上來說，從北門出入意味著與武后關係親密，是武后的心腹。李顯此時也確實變成了武后聽話孝順的兒子。長安元年（701），李顯的兒子邵王重潤、女兒永泰郡主和主婿魏王延基因竊議二張之事得罪武后。武后「皆逼令自殺」〔註112〕。李顯出於自保心理，不敢出手相救。有史書言武后將三人交付李顯自行處置，而無殺戮之意。李顯怕觸怒武后，做主縊殺三人。次年，也就是長安二年（702），李顯又與李旦、

〔註109〕　〔宋〕司馬光：《資治通鑒》卷二○三「則天后光宅元年正月」條，北京：中
　　　　　華書局，1956年版，第6418頁。
〔註110〕　〔宋〕司馬光：《資治通鑒》卷二○二「高宗上元二年三月」條，北京：中華
　　　　　書局，1956年版，第6376頁。
〔註111〕　〔宋〕司馬光：《資治通鑒》卷二○三「則天后光宅元年二月」條，北京：中
　　　　　華書局，1956年版，第6418頁。
〔註112〕　〔宋〕司馬光：《資治通鑒》卷二○七「則天后長安元年九月壬申」條，北京：
　　　　　中華書局，1956年版，第6556頁。

太平公主一起請求封張昌宗爲王〔註113〕。長安三年（703），二張告魏元忠有謀逆之言，語涉李顯。這場爭論在當時鬧得沸沸揚揚，然未見李顯有有過激反應。神龍元年（705）癸卯，張柬之等人率軍隊至玄武門，李多祚、李湛、王同皎等人詣東宮迎李顯。此時武后已衰老不堪，二張手中既無兵力，又成爲各方政治力量的眾矢之的，復位成功在即。李顯竟然「疑，不出」。王同皎曰：「先帝以神器付殿下，橫遭幽廢，人神同憤，二十三年矣。今天誘其衷，北門、南牙，同心協力，以誅凶豎，復李氏社稷，願殿下暫至玄武門以副眾望。」李顯還是擔心害怕：「凶豎誠當夷滅，然上體不安，得無驚怛！諸公更爲後圖。」李湛曰：「諸將相不顧家族以徇社稷，殿下奈何欲納之鼎鑊乎！請殿下自出止之。」李顯「乃出」〔註114〕。政變隊伍殺死二張後，行至武后寢殿，環圍病榻上的武后。武后驚起，質問左右。張柬之、桓彥範等人與武后對答周旋。李顯則跪至旁邊，不敢發聲。武后被迫退位後移居上陽宮，李顯「帥百官詣上陽宮問太后起居；自是每十日一往」〔註115〕。顯然，他對武后還是有依戀孝敬之情的。一次，武后泣曰：「我自房陵迎汝來，固以天下授汝矣，而五賊貪功，驚我至此。」李顯「悲泣不自勝，伏地拜謝死罪」。由是諸武「得入其謀」。〔註116〕可見武后下臺後，其對李顯的政治影響力依然存在。

　　另外，李顯的多疑和對武后的懼怕之情甚至在復位後仍未消除。鑒於神龍政變時諸武力量強大，誅殺諸武的時機不成熟，張柬之等人只能先拉攏諸武參與政變。政變成功後，五王多次勸說李顯誅殺諸武，李顯不聽，反將五王先後流貶。顯然是對武后心有餘悸，在政治上無所適從，只能維護她開創的李武聯合政權的局面。可見，鑒於第一次被廢的慘痛經歷，他已經失去了早年的銳氣。同時也可看出他對助他復位的五王缺乏信任，估計他擔憂五王勢力過大，會像請武后下臺一樣再生事變。這說明經過十幾年的流放生活，他變得懦弱、多疑又膽小。

〔註113〕〔宋〕司馬光：《資治通鑒》卷二〇七「則天后長安二年八月戊午」條，北京：中華書局，1956年版，第6550頁。

〔註114〕〔宋〕司馬光：《資治通鑒》卷二〇七「中宗神龍元年正月癸卯」條，北京：中華書局，1956年版，第6580頁。

〔註115〕〔宋〕司馬光：《資治通鑒》卷二〇八「中宗神龍元年二月辛亥」條，北京：中華書局，1956年版，第6583頁。

〔註116〕〔宋〕司馬光：《資治通鑒》卷二〇八「中宗神龍元年五月甲午」條《考異》引《統紀》，北京：中華書局，1956年版，第6591頁。

　　不僅如此，李顯的人際關係也受到了武后的影響。李顯在十幾年的流放生涯裏備嘗艱辛。在貶往房陵路上，妻子韋氏生女安樂公主，道阻且長。他只得解衣裹之，故而其小名爲「裹兒」。李顯夫妻在房陵如同幽閉，「備嘗艱危」，以至於李顯「每聞敕使至，輒惶恐欲自殺」，韋氏多加撫慰，二人「情愛甚篤」〔註117〕。這種患難關係使他對韋氏和安樂公主深懷歉疚、補償之意。復位後，他任由韋氏干政，「如武后在高宗之世」〔註118〕，對安樂公主也是嬌寵異常。安樂公主「自爲制敕，掩其文，令上署之；上笑而從之，竟不視也。自請爲皇太女，上雖不從，亦不譴責」〔註119〕。最後，他竟然死於權力薰心的妻女之手。李顯這種不正常的家庭關係與武后爲他安排的流放生活不無關係。

　　再來看李旦和太平公主。李旦的性格更像高宗，史載他「謙恭孝友，好學，工草隸，尤愛文字訓詁之書」〔註120〕。從李旦的一生來看，他喜歡清靜，不喜歡權力等血腥的東西，性格比幾位兄長要懦弱平和一些。面對武后的安排，他幾乎從未反抗過。他沒有立儲經歷，其在李顯被廢後直接被武后立爲傀儡皇帝。或許是他天性淡泊，或許是他吸取了三位兄長的教訓。他對武后相當服帖，這讓他在複雜的政治鬥爭中保全了性命。

　　高宗在位時，李旦年齡最小，所以特別受寵，史稱「男輪最小，特所留愛」〔註121〕，雖然長成亦不令出閣。乾封二年（667），李旦六歲，令往單于府赴任。年幼的李旦問到：「兒朝去暮歸，得乎？」高宗回答：「去此二千里，卒未得來。」李旦聽了天眞地說：「不能去阿母！」高宗憐其年幼不遣他前往〔註122〕。可看出，李旦幼年時與武后的關係良善。武后當政時期，他的處境卻很艱難。嗣聖元年（684），武后將他推上皇位，此後他開始了漫長屈辱的

〔註117〕〔宋〕司馬光：《資治通鑑》卷二〇八「中宗神龍元年二月甲子」條，北京：中華書局，1956年版，第6584～6585頁。

〔註118〕〔宋〕司馬光：《資治通鑑》卷二〇八「中宗神龍元年二月甲子」條，北京：中華書局，1956年版，第6585頁。

〔註119〕〔宋〕司馬光：《資治通鑑》卷二〇八「中宗神龍二年十二月」條，北京：中華書局，1956年版，第6608頁。

〔註120〕〔後晉〕劉昫等：《舊唐書》卷七《睿宗本紀》，北京：中華書局，1975年版，第151頁。

〔註121〕〔後晉〕劉昫等：《舊唐書》卷五《高宗本紀下》，北京：中華書局，1975年版，第103頁。

〔註122〕〔宋〕王溥：《唐會要》卷七三《單于都護府》，北京：中華書局，1955年版，第1309頁。

傀儡生活，「（武后）立雍州牧豫王旦爲皇帝。政事決於太后，居睿宗於別殿，不得有所預」〔註123〕。武后對他控制很嚴，史載「睿宗雖居住帝位，絕人朝謁」〔註124〕。垂拱二年（686），武后提出要還政於他。李旦「以皇太后既非實意，乃固讓」，隨後「皇太后仍依舊臨朝稱制，大赦天下」〔註125〕。天授元年（690），武后要改唐爲周時，又將他降爲皇嗣，「令依舊名輪，徙居東宮，其具儀一比皇太子」〔註126〕。皇嗣畢竟不是太子，只是太子的候選人而已。「天子（李旦）不自安，亦請氏武，示一尊」〔註127〕。讓權並不等於從此就不會受到猜疑。生性多疑的武后偏聽偏信，李旦的處境更加艱難。長壽二年（693），「戶婢團兒爲太后所寵信，有憾於皇嗣，乃譖皇嗣妃劉氏、德妃竇氏爲厭咒。癸巳，妃（竇妃）與德妃朝太后於嘉豫殿，既退，同時殺之，瘞於宮中，莫知所在」，「皇嗣畏忤旨，不敢言，居太后前，容止自如。團兒復欲害皇嗣，有言其情於太后者，太后乃殺團兒」〔註128〕。同年，私謁李旦的前尙方監裴匪躬、內常侍范雲仙被武后腰斬於市，「自是公卿以下皆不得見」。這無疑杜絕李旦勢力擴張的可能性。即使這樣，還「有告皇嗣潛有異謀者，太后命來俊臣鞫其左右，左右不勝楚毒，皆欲自誣」〔註129〕，多虧太常工人京兆安金藏的剖腹之言，武后才有所醒悟，不再繼續追究。可見，武后當政時，李旦的處境十分艱難，幾乎可以說是任人宰割。聖曆元年（698），武后決定還政李唐，立李顯爲太子後，李旦的處境才稍微好轉，「聖曆元年，睿宗自皇嗣封爲相王，許出外邸」〔註130〕。

〔註123〕〔宋〕司馬光：《資治通鑒》卷二〇三「則天后光宅元年二月己未」條，北京：中華書局，1956年版，第6418頁。

〔註124〕〔後晉〕劉昫等：《舊唐書》卷八六《章懷太子傳》，北京：中華書局，1975年版，第2833頁。

〔註125〕〔後晉〕劉昫等：《舊唐書》卷六《則天皇后本紀》，北京：中華書局，1975年版，第118頁。

〔註126〕〔後晉〕劉昫等：《舊唐書》卷七《睿宗本紀》，北京：中華書局，1975年版，第152頁。

〔註127〕〔宋〕歐陽修、宋祁：《新唐書》卷七六《則天武皇后傳》，北京：中華書局，1975年版，第3481頁。

〔註128〕〔宋〕司馬光：《資治通鑒》卷二〇五「則天后長壽二年正月」條，北京：中華書局，1956年版，第6488頁。

〔註129〕〔宋〕司馬光：《資治通鑒》卷二〇五「則天后長壽二年一月甲寅」條，北京：中華書局，1956年版，第6490頁。

〔註130〕〔後晉〕劉昫等：《舊唐書》卷八六《賢子邠王守禮傳》，北京：中華書局，1975年版，第2833頁。

　　可見，武后對李旦防範甚嚴，掌握與李旦關係的主動權。在封建社會，如何保住皇帝寶座是皇帝最重要、最基本的焦慮。這是一種沒有明確對象的、主觀的、充滿痛苦的精神體驗。它日夜折磨著皇帝，往往使皇帝變得多疑、猜忌和神經質。任何有皇室血統、有權勢的人都有可能成為皇帝猜忌提防的對象。武后以女主登基，改唐為周，不符合男尊女卑的思想，也不符合高宗的遺制，繼承人李顯尚在，因此她的寶座面臨著比男性更多的危機，她必然會防範所有可能對寶座構成威脅的人。岑仲勉說：「后之猜忌，親子孫不免。」〔註 131〕作為高宗嫡子、中宗之弟，李旦即便沒有政治野心，也無時無刻不受到武后的猜疑和提防。這是權力對親情的異化。相應地，那些沒有皇位繼承權、政治根基和奪位實力的人反成為武后最信任的人，如太平公主、二張等。

　　近年來，太平公主在影視劇中出現頻率甚高，然學界對她的研究不甚熱情，多流於其在中宗朝、睿宗朝的政治活動，對她和武后的關係也往往僅限於「寵愛」二字。這顯然是不夠的。下文簡述一下這個問題。

　　眾所周知，太平公主是武后唯一寵愛始終的子女，所謂「后愛之傾諸女」〔註 132〕。史載二人關係良善，主要表現在如下幾個方面：

　　第一，太平公主經濟條件優越，與武后的賞賜大有關係。史載太平公主的物質生活奢侈腐化，「田園遍近甸，皆上腴。吳、蜀、嶺嶠市作器用，州縣護送，道相望也。天下珍滋譎怪充於家，供帳聲伎與天子等。侍兒曳紈縠者數百，奴伯嫗監千人，隴右牧馬至萬匹」〔註 133〕。她死後被抄家時，家中「財貨山積，珍奇寶物，侔於御府，馬牧羊牧田園質庫，數年征斂不盡」〔註 134〕。這些財物有不少是武后所賜。如武后稱帝後，就給她超越公主常制的待遇，史載「舊制，食邑，諸王不過千戶，公主不過三百五十戶；太平食邑獨累加至三千戶」〔註 135〕。

〔註 131〕岑仲勉：《隋唐史》，石家莊：河北教育出版社，2002 年版，第 152 頁。
〔註 132〕〔宋〕歐陽修、宋祁：《新唐書》卷八三《太平公主傳》，北京：中華書局，1975 年版，第 3650 頁。
〔註 133〕〔宋〕歐陽修、宋祁：《新唐書》卷八三《太平公主傳》，北京：中華書局，1975 年版，第 3651 頁。
〔註 134〕〔後晉〕劉昫等：《舊唐書》卷一三三《太平公主傳》，北京：中華書局，1975 年版，第 4740 頁。
〔註 135〕〔宋〕司馬光：《資治通鑒》卷二〇四「則天后天授元年七月」條，北京：中華書局，1956 年版，第 6466 頁。

　　第二，武后一直很關心太平公主的婚姻。太平公主初成玉人時，吐蕃請求和親，武后「不欲棄之夷，乃眞築宮，如方士薰戒，以拒和親事」。太平公主初嫁時，婚禮尤其隆重，史載「假萬年縣爲婚館，門隘不能容翟車，有司毀垣以入，自興安門設燎相屬，道樾爲枯」〔註136〕，可見排場之盛。武后甚至爲她挑剔妯娌門第，「天后以顥妻蕭氏及顥弟緒妻成氏非貴族，欲出之，曰：『我女豈可使與田舍女爲妯娌邪！』或曰：『蕭氏，瑀之姪孫，國家舊姻。』乃止」〔註137〕。

　　第三，太平公主對武后體貼入微。高宗駕崩後，武后身邊原有一名面首，在天冊萬歲元年（695）被殺。此後武后身邊一直沒有合適的面首人選。太平公主體恤母親寂寞，遂薦美少年張昌宗前去侍奉，後張昌宗復薦張易之。二張遂成爲武后慰藉晚年寂寞的重要人物。

　　下面要探討的是，在眾多子女中，武后爲何獨與太平公主關係良善？太平公主是武后年紀最小的孩子，又是唯一的女兒，在兄弟姐妹中蒙受特寵是人之常情。經過分析，筆者認爲還有如下原因：

　　第一，移情作用。武后早年夭折一女。她後來追封謚號曰思。因此她再度生女後，倍加疼愛。其次，武后生育太平公主時已是中年，想必姿色大不如前。她可能將女兒視作年輕時的自己，進而倍加憐惜疼愛。再次，武后童年家庭不幸，飽受欺凌，青年時期又備受冷落，嘗盡酸楚。她可能通過厚待女兒滿足自我補償的心理需求。最後，武后爲了登上權力頂峰，與親生兒子關係惡化，一腔母愛難以釋放，因此疼愛太平公主〔註138〕。

　　第二，太平公主的降生增添了武后的自信。武后生育太平公主時已經四十二歲了。此時她即將步入更年期，與普通中年女性一樣，其對丈夫移幸的擔憂與日俱增。中年生育不僅說明她身體康健，還說明她魅力不減當年，和高宗的感情依舊良好。這是給魏國夫人等爭寵者的最好回擊。她因此對太平公主大加寵愛就不難理解了。

　　第三，太平公主的相貌、性情和武后非常相像。史載太平公主「方額廣頤」，與武后非常像。其體質也和武后相若，史載太平公主的情慾和生育能力

〔註136〕〔宋〕歐陽修、宋祁：《新唐書》卷八三《太平公主傳》，北京：中華書局，1975年版，第3650頁。

〔註137〕〔宋〕司馬光：《資治通鑑》卷二○二「高宗開耀元年七月」條，北京：中華書局，1956年版，第6402頁。

〔註138〕彭炳金：《唐代公主與政治》，《錦州師範學院學報》，2001年第3期。

都很強。除卻兩任丈夫外，司禮丞高戡、太子詹事崔湜、左羽林大將軍常元楷、知羽林軍李慈、胡僧惠範等人都「私侍太平公主」〔註139〕。她在兩次婚姻中共生育四男三女。她的性格也與武后很像，史載其「多陰謀」〔註140〕，「凶狡無比」〔註141〕，武后常謂「類我」〔註142〕。一般來說，這種相似性會增加父母對孩子的認同感，進而對其大加寵愛。正如李弘體弱多病又仁愛孝敬，李賢英氣勃勃又心思憂鬱，他們在體質和性格上更像高宗，因此與高宗關係良善是一樣的道理。

　　第四，太平公主沒有繼承皇位的資格，與武后不存在權力爭鬥。太平公主在武后掌權時一向韜諱避禍，「外檢畏，終後世無它訾」〔註143〕。武后「每預謀議，宮禁嚴峻，事不令洩。公主亦畏懼自檢，但崇飾邸第」〔註144〕。這是母女二人從未發生重大矛盾衝突的重要原因。

　　第五，母女二人溝通順暢。武后母親楊氏去世時，武后就「請以太平公主為女官以追福」〔註145〕，太平公主言聽計從。在婚姻上，她也很順從。公主的婚姻與一般人不同，往往成為政治棋子，代表著帝王之家的政治傾向。太平公主也不例外。開耀元年（681），十七歲的太平公主嫁給了高宗的嫡親外甥薛紹。薛紹之母城陽公主是太宗和長孫皇后之女。很明顯，太平公主的第一次婚姻代表高宗方面的政治利益。婚後第七年，也就是垂拱四年（688），薛紹的兄長薛顗參與宗室謀反。薛紹受牽連入獄餓死。當時太平公主已與薛紹生育了兩男兩女，最小的兒子才剛滿月。事後，武后為了安慰女兒，打破唐公主食封不過三百五十戶的慣例，將她的封戶破例加到一千二百戶。不久，

〔註139〕　〔宋〕司馬光：《資治通鑒》卷二一○「睿宗景雲二年十月」條，北京：中華書局，1956年版，第6667頁。

〔註140〕　〔宋〕歐陽修、宋祁：《新唐書》卷八三《太平公主傳》，北京：中華書局，1975年版，第3650頁。

〔註141〕　〔後晉〕劉昫等：《舊唐書》卷一○六《王琚傳》，北京：中華書局，1975年版，第3249頁。

〔註142〕　〔宋〕歐陽修、宋祁：《新唐書》卷八三《太平公主傳》，北京：中華書局，1975年版，第3650頁。

〔註143〕　〔宋〕歐陽修、宋祁：《新唐書》卷八三《太平公主傳》，北京：中華書局，1975年版，第3650頁。

〔註144〕　〔後晉〕劉昫等：《舊唐書》卷一三三《太平公主傳》，北京：中華書局，1975年版，第4738頁。

〔註145〕　〔宋〕司馬光：《資治通鑒》卷二○二「高宗開耀元年五月」條，北京：中華書局，1956年版，第6402頁。

武后就安排她嫁給了武家族人武攸暨。顯然，太平公主的第二次婚姻代表武后方面的政治利益。有人認爲，薛紹並未參與謀反。武后借機處死薛紹是因爲她覺得太平公主嫁錯了人，愛女的婚姻應該體現她的政治立場。太平公主與薛紹有七年的夫妻情分，又生育了四個子女，卻未因丈夫枉死而怨懟武后。這是母女關係良善的又一個重要原因。

作爲初唐參政型的公主，太平公主在武后當政時十分低調內斂，其政治活動主要在中宗、睿宗時代。關於她的政治傾向，黃永年認爲她是「武氏殘餘勢力」〔註146〕，寧志新認爲她是「李唐政權的忠誠捍衛者」〔註147〕，雷豔紅認爲她「是武氏的兒媳婦，但在政治立場上卻相對獨立」〔註148〕。筆者認爲，她以李唐公主、武家媳婦的雙重身份干預朝政，無論其政治傾向如何，主要是受到武后以女性身份干政的影響。武后對她的影響主要有如下幾點：

第一，武后提高了太平公主的參政意識。太平公主的權勢欲望直接來自武后遺傳。王夫之說：「公主之習於悍戾也，耳習於牝雞之晨，目習於傾城之哲。」〔註149〕武后當政時，她極少招攬權勢。神龍政變後，她在政治舞臺上十分活躍，表現出了非常強烈的權力欲。史載「太平公主以太子（李隆基）年少，意頗易之；既而憚其英武，欲更擇闇弱者立之以久其權，數爲流言，云『太子非長，不當立。』」〔註150〕看來太平公主希望選擇羸弱的太子來達到繼續干政的目的。

第二，武后對太平公主的政治能力大有影響。史載太平公主「侍武后久，善策人主微指，先事逢合，無不中」〔註151〕。武后還給了她一個十分微妙的身份：她既是李唐宗室的公主，又是武氏家族的媳婦。神龍政變後，李武兩集團分分合合、鬥爭不斷，到玄宗即位前後共 8 年半的時間，換了 4 個皇帝，

〔註146〕黃永年：《說李武政權》，《人文雜誌》，1982 年第 1 期。

〔註147〕寧志新：《略論太平公主的政治傾向》，《河北師院學報》，1985 年第 2 期。

〔註148〕雷豔紅：《唐代君權與皇族地位研究——以儲位之爭爲中心》，廈門大學博士學位論文，2002 年 8 月。

〔註149〕伊力主編：《資治通鑒之通鑒——文白對照全譯讀通鑒論》，鄭州：中州古籍出版社，1994 年版，第 1034 頁。

〔註150〕〔宋〕司馬光：《資治通鑒》卷二一〇「睿宗景雲元年十月」條，北京：中華書局，1956 年版，第 6656 頁。

〔註151〕〔宋〕歐陽修、宋祁：《新唐書》卷八三《太平公主傳》，北京：中華書局，1975 年版，第 3651 頁。

發生大大小小的政變 7 次〔註 152〕。她斡旋其中，從中謀取了不少政治資源，勢力大增。

第三，武后對太平公主的性格也有影響。太平公主的兩次婚姻都受到了武后的影響。初婚時，她無力保護丈夫，再婚是政治婚姻，她又眼見哥哥們和母后鬥爭的下場。這使她認識到權力的重要。武后下臺後，她失去了庇祐，開始參與政事，除卻牟取權力之外，未嘗不是自我保護。太平公主的性格變化不能說與武后沒有半點關係。

綜上所述，武后對待親生子女雖然談不上暴虐，但還是比較嚴厲的，先後引起了子女們的反抗。由於他們長幼不同、性格有別，故其反抗方式也各有不同。其中，李弘、李賢都為失敗的母子關係付出了沉重代價。李顯的反抗以失敗告終，其性格也發生了很大變化，李旦徹底放棄了反抗，太平公主對武后的反抗則表現在神龍政變中的積極配合。這種緊張的親子關係與武后的權力野心和支配欲望密切相關。

〔註 152〕謝保成：《試解〈貞觀政要〉成書之謎》，《史學月刊》，1993 年第 2 期。

第五章　武則天的晚年情感生活及惡果

第一節　武則天和白馬寺寺主——薛懷義的幻滅人生

　　弘道元年（683）高宗駕崩後，武則天以太后身份臨朝稱制，情感處於空窗期。垂拱元年（685），千金公主給她推薦了一位叫馮小寶的面首。此人來自市井，身材魁梧，器用過人，很會討她歡心。她給他改名爲薛懷義，與駙馬薛紹合族，並安排他出家爲僧，在宮外白馬寺擔任寺主。從此，白馬寺寺主薛懷義不時出入禁中，還在她的支持下參與了不少政治事務。天冊萬歲元年（695），武則天移幸他人，二人關係惡化。薛懷義情妒之下縱火焚毀明堂和天堂，不久武則天命人將他秘密處死。

　　武則天和薛懷義的關係維持了大約十年左右。這十年正是武則天臨朝稱制時期和稱帝初期，是她政治生涯的躍升時代和鼎盛時代。顯然，在這段情感關係中，她的強勢地位賦予了她表達自我的自由。也就是說，這段情感經歷能在很大程度上摺射出她眞實的內心世界和情感欲求。

　　一直以來，學界不甚關注薛懷義，多在武則天的私生活中一筆帶過，對他的評價有草率貶損之弊。他的早年生活經歷、人格特點、眞正死因等問題，更是無人探討。學界對二人關係的細節和情感變化也不夠重視，對二人關係的性質更是缺少人性化的觀照，往往下意識地進行道德批判。鑒於此，在探討武薛關係之前，有必要對薛懷義其人做一番探究，以期在還原一個眞實鮮活的薛懷義的基礎上，深入剖析武則天的這段情感經歷。

一、薛懷義其人

諸史對薛懷義發跡後的人生多有記載，對他入宮前的生活則語焉不詳。本文試從史料出發，根據他發跡後的表現推測他入宮前的行藏出入和精神風貌。

薛懷義多有醜名。《新唐書》中言他「淫毒」〔註1〕，《朝野僉載》中言他「有嬖毒之寵」〔註2〕。他發跡後，馮思勖、蘇良嗣、王求禮、周矩等朝臣都對他非常反感。垂拱四年（688），太子通事舍人郝象賢被殺。臨刑前，他在眾人圍觀中對武薛關係來了個大揭底，薛懷義醜名由此傳揚天下。他多有醜名原因有三：一是他出身卑微，德行淺薄，能在短期內飛黃騰達與他是武則天的面首大有關聯，他還恃寵驕縱、橫行不法，令人鄙夷；二是他身為白馬寺寺主，卻不安僧人本分，不光參與建築、國防等俗世事務，還貪贓縱火，給國家造成了重大損失，全無出家人的素養，招人反感；三是他愚蠢粗陋，才能有限，卻不自量力地和武則天任性使氣，最終落得個被暗殺的悲慘下場，惹人嗤笑。

這些認識和評價由來已久，看似有理，細思不然。若他只是一個頭腦簡單、器用過人的面首，雄才大略的武則天如何能看上他，並讓他陪伴長達十年之久？他何以能為武則天的政治事業幫忙？他又何來膽量對武則天頻頻不恭，還焚毀武周的重大建築明堂、天堂？可見，他身上的道德標籤妨礙了研究者的學術視線，有必要撕掉這些標籤，還原一個有血有肉的薛懷義。先看他的身世、職業和早年生活經歷。

1. 薛懷義的身世和職業

史載薛懷義「本姓馮，名小寶」〔註3〕。馮氏在當時並非名門望族，史書中亦言他「非士族」〔註4〕，「其家寒微」〔註5〕。他入宮時並無妻室，武則天

〔註1〕〔宋〕歐陽修、宋祁：《新唐書》卷七六《則天武皇后傳》，北京：中華書局，1975年版，第3479頁。

〔註2〕〔唐〕張鷟：《朝野僉載》卷五，北京：中華書局，1979年版，第125頁。

〔註3〕〔宋〕司馬光：《資治通鑒》卷二○三「則天后垂拱元年十一月」條，北京：中華書局，1997年版，第6436頁。

〔註4〕〔後晉〕劉昫等：《舊唐書》卷一三三《薛懷義傳》，北京：中華書局，1975年版，第4741頁。

〔註5〕〔宋〕司馬光：《資治通鑒》卷二○三「則天后垂拱元年十一月」條，北京：中華書局，1997年版，第6436頁。

令駙馬薛紹對他以「父事之」〔註6〕，那麼他應比薛紹年長。當時薛紹已與太平公主結婚四年了，他還沒有正式婚姻。這極有可能與出身寒微、經濟窘迫有關。「小寶」是孩童的一般代稱，毫無個性，一般父母不會給孩子取這個乳名。薛懷義入宮時已是成年壯漢，還使用這個名字，不免讓人覺得又好笑又疑惑。諸史均未提及他的祖輩及親屬，他發跡後也沒有親屬前來投靠。極有可能他早年孤苦無依，入宮前本無正式的名字。從他成人後魁梧壯偉的身形和直率張揚的性格來看，他小時候可能是個身體結實、活潑率真的孩子。周圍的人對他充滿了憐愛，親切地叫他「小寶」。成人後由於沒有長輩給他改名賜字，這個名字就一直叫著了，直到他遇到了武則天〔註7〕。武則天給他賜名「薛懷義」，與駙馬薛紹合族。薛氏是关中望族，自秦漢以來，歷六朝而盛，至隋唐而盛极。薛紹娶的是大唐第一公主——太平公主。薛紹的父親薛瓘也是駙馬，娶的是太宗和長孫皇后之女城陽公主。可見，武則天賜給薛懷義的門第高貴非常。古人兄弟名字多有關聯，如太宗兄弟三人的名爲建成、世民、元吉，寄予了建功立業、濟世安民、澤披降瑞之意，高宗兄弟三人名爲承乾、泰、治，寄予了繼往開來、國泰民安、天下大治之意，然「懷義」卻與薛紹父名「瓘」關聯不大。可見武則天給他賜名非常隨意，並未認眞考慮。「義」是民間遊俠文化的道德準則，是對主流文化的一種民間補充。從「懷義」之名濃重的民間文化氣息上可看出武則天對他的文化認定。根據上述分析，可以大膽推斷，薛懷義早年受教育程度有限。這在很大程度上決定了他具有思維簡單、胸無城府、修養不高、自控能力差等特點。他發跡後也確實表現如是。這一點很重要，這有助於推測他的早期生活經歷。

關於薛懷義的籍貫，《資治通鑒》中說是「鄠」〔註8〕，《舊唐書》中說是「京兆鄠縣」〔註9〕，均指今陝西戶縣。渾厚大氣的陝西文化孕育出的男子往往具有體魄強健、豪爽大氣、魯莽敦厚等特點。他就是一位「偉形神，有膂

〔註6〕〔宋〕歐陽修、宋祁：《新唐書》卷七六《則天武皇后傳》，北京：中華書局，1975年版，第3480頁。

〔註7〕關於薛懷義改名，亦有其他觀點，如林語堂認爲「小寶卑俗而且淫邪，所以改名」（見林語堂《武則天正傳》，南京：江蘇文藝出版社，2009年版，第119頁。）。

〔註8〕〔宋〕司馬光：《資治通鑒》卷二○三「則天后垂拱元年十一月」條，北京：中華書局，1997年版，第6436頁。

〔註9〕〔後晉〕劉昫等：《舊唐書》卷一三三《薛懷義傳》，北京：中華書局，1975年版，第4741頁。

力」的男子〔註10〕，其驕縱不法、火燒明堂、率兵打仗等憨直勇剛的行爲也流露出了相當濃鬱的陝西男子的性格特點。

關於薛懷義的職業，諸史記載略有差異。《資治通鑑》中說他「賣藥洛陽市」〔註11〕，《舊唐書》中說他「以鬻臺貨爲業」，「爲市於洛陽」〔註12〕，即在洛陽販賣梳粧檯上的脂粉釵梳等物，《新唐書》說他「佯狂洛陽市」，只說他在洛陽鬧市行爲活躍，並未說明他是否從事商業活動。這些記載雖然略有出入，然他在洛陽鬧市出現過應是可以肯定的，應該是在從事商業活動。因爲他是陝西戶縣人，自幼孤苦無依，長大後卻在離家鄉近四百公里的洛陽活得有聲有色，可見他不懼地域流動，有獨立的謀生能力。這與商人的職業特點相當匹配。前文提及的「佯狂」〔註13〕很可能就是吸引顧客的叫賣行爲。因此，可以初步斷定他入宮前是一名市井商販。

薛懷義在經商之前，應該還從事過建築活動。他自幼孤苦無依，沒有親屬資助，不可能一開始就經商，因爲經商需要經濟資本。他經商的原始資本從哪裏來呢？他身強力壯，很可能通過出賣體力來積攢資金。他從事的體力勞動極有可能是建築活動。因爲他入宮不久，武則天就「託言懷義有巧思，故使入禁中營造」〔註14〕。這雖然是給他們幽會創造便利，然他應至少懂一點建築。他也確實有些建築才能，他發跡後接二連三地主持修建了一些大型建築，如明堂、天堂、佛授記寺等。顯然，他的建築經驗並不豐富。天冊萬歲元年（695），他修建天堂時出現了重大失誤，「堂始構，爲風所摧，更構之」。根據他對武則天的忠誠和不惜錢財的情形來看，應該不是建築質量問題，而是設計有缺陷。

2. 薛懷義的早期人際關係

前文已述，薛懷義自幼討人喜歡，被人親切地稱爲「小寶」。根據他毆打繩劾他的馮思勖、狀告痛打他的蘇良嗣等行爲來看，他做事直截了當、雷屬

〔註10〕 〔後晉〕劉昫等：《舊唐書》卷一三三《薛懷義傳》，北京：中華書局，1975
　　　　年版，第 4741 頁。

〔註11〕 〔宋〕司馬光：《資治通鑑》卷二〇三「則天后垂拱元年十一月」條，北京：
　　　　中華書局，1997 年版，第 6436 頁。

〔註12〕 〔後晉〕劉昫等：《舊唐書》卷一三三《薛懷義傳》，北京：中華書局，1975
　　　　年版，第 4741 頁。

〔註13〕 〔宋〕歐陽修、宋祁：《新唐書》卷七六《則天武皇后傳》，北京：中華書局，
　　　　1975 年版，第 3480 頁。

〔註14〕 〔宋〕司馬光：《資治通鑑》卷二〇三「則天后垂拱二年六月」條，北京：中
　　　　華書局，1997 年版，第 6441 頁。

風行，有暴力傾向，然並不殘忍，沒有流露出明顯的心靈創傷痕跡。諸史中未見他發跡後尋舊相識報復的記載，可見他早期的人際關係並不壞。

由於他入宮前曾從事過建築活動和商業活動，不可避免地要與市井商販、苦力等人員來往，其中與他關係最好的應是市井無賴。這從他發跡後的表現上就可看出，他發跡後沒有和王公貴族交往，甚至沒有和舉薦她的千金公主來往，反而「多聚無賴少年，度爲僧，縱橫犯法」〔註15〕。他經常帶著他們橫行街頭，「士民遇之者皆奔避，有近之者，輒撾其首流血，委之而去，任其生死」〔註16〕。可能原來他們的聚結引起過士民的反感和驅逐，今日街頭重聚有衣錦還鄉、招搖過市之意，頗有市井無賴作風。他毫無軍事經驗，卻幾次三番領兵打仗，毫不膽怯，也未有重大失誤。當然，他在沒有親眷照顧的孤苦環境中順利成人，離不開底層社會心善者的照應，然他發跡後沒有明確的報恩對象，也沒有舊時恩人前來敘舊投靠。根據他不忘舊時市井無賴朋友之舉來看，他很可能只是受到過底層社會心善者的小恩小惠，且人員較多，他自己也記不清楚了。

在薛懷義的早年人際關係中，有個人不能不提，那就是千金公主。她是薛懷義命運轉折的關鍵人物。關於他和千金公主的相識，兩《唐書》記載不一。《舊唐書》說他「得幸於千金公主侍兒」，被千金公主發現了他的「非常材用」〔註17〕。千金公主非但不怪罪，還將他推薦給武則天。《新唐書》則說他「佯狂洛陽市」，引起了千金公主的注意。千金公主「嬖之」〔註18〕，後轉手送給武則天。筆者認爲前者更可信，理由是薛懷義和千金公主地位差別太大，直接相識的可能性極小。試想，千金公主是皇族貴婦，直接現身洛陽鬧市的機會並不多，即使現身，也極有可能是在車中，身邊必有大批隨從包圍。薛懷義出身寒微，先前不太可能認識千金公主，在鬧市熙熙攘攘的人群中，更不可能主動上前搭訕。他在無意識的狀態下，即使行爲活躍，由於相隔甚遠，也很難引起千金公主的注意。諸史中也從未見薛懷義和千金公主交往的種種細節。因此，薛懷義是千金公主面首的可能性不大。

〔註15〕 〔宋〕司馬光：《資治通鑑》卷二〇三「則天后垂拱元年十一月」條，北京：中華書局，1997 年版，第 6437 頁。

〔註16〕 〔宋〕司馬光：《資治通鑑》卷二〇三「則天后垂拱元年十一月」條，北京：中華書局，1997 年版，第 6436～6437 頁。

〔註17〕 〔後晉〕劉昫等：《舊唐書》卷一三三《薛懷義傳》，北京：中華書局，1975 年版，第 4741 頁。

〔註18〕 〔宋〕歐陽修、宋祁：《新唐書》卷七六《則天武皇后傳》，北京：中華書局，1975 年版，第 3480 頁。

　　千金公主的侍兒就不同了。絕大部份皇族侍兒出身社會底層，本就有一些社會底層的人際關係，平時也會走出深宅爲主人外出辦事，與薛懷義認識的可能性就很大了。侍兒身在豪門爲奴，情感生活得不到保障，很可能利用外出機會與外界男性交往。這在歷朝歷代都不鮮見。極有可能是侍兒外出辦事，也許是採辦女性梳妝用具或藥之類的物品，與從事販賣的薛懷義相識。二人均孤苦寂寞，遂生私情，後不慎被千金公主發現，然而這個愛情輕喜劇卻沒有繼續發展下去。千金公主沒有怪罪他們，也沒有成全他們，而是將薛懷義推薦給了武則天。需要指出的是，千金公主不可能直接將他推薦給武則天。武則天非同一般人物，豈能造次，還是要將他留在府中經過一番嚴格檢驗，確保無虞後方敢進獻。這極有可能就是《新唐書》中言薛懷義原係千金公主面首的原因。

　　需要進一步指出的是，千金公主將薛懷義推薦給武則天是有著特殊政治背景的。當時高宗已經駕崩一年多，武則天的私生活自由，政治活動也很活躍，成功地廢黜並流放了李顯，擁立並幽禁了李旦，逼殺了故太子李賢，還在短期內鎮壓了徐敬業之亂。高宗養病多年，她的情感生活想必一直處於抑制狀態，這些重大的政治事務又讓她心神勞頓。她確實需要一些慰藉。同時，她的篡權野心日漸顯露，不少宗室人員開始擔憂自身處境。千金公主看出她寡居寂寞，爲求自保開始示好，不失時機地進獻面首。她的眼光不錯。兩年後，也就是垂拱三年（687），武則天「將革命」，開始「誅殺宗屬諸王，唯千金公主以巧媚善進奉獨存」。

　　至此，可以簡單總結一下薛懷義的早年生活：薛懷義祖籍陝西戶縣，自幼孤苦無依，蹉跎成人後遷徙至洛陽，先出賣體力積累了小額資金，後改行在洛陽鬧市從事小型的商業活動，由於偶然機緣，被千金公主發現了他的非常材用。當時武則天已經寡居一年，因忙於政務身心疲憊。千金公主看出宗室的危險處境，爲求自保主動將薛懷義進獻給武則天。從此，薛懷義成爲武則天的第一個面首，開始了夢幻般的人生。

二、武薛關係內幕

　　學界一般將武薛關係定義爲女性帝王和面首的關係，然薛懷義爲武則天修建明堂、率軍討伐突厥等事已經明顯逾越了面首的本職。可見，他們的關係並非局限於此。下面試詳述之。

1. 武薛關係的性質

武薛的確是帝王和面首的關係，相關記載中處處流露出這種曖昧氣息：薛懷義被引薦入宮侍奉的理由是「有非常材用，可以近侍」。武則天見之非常喜歡，「恩遇日深」，後又「欲隱其跡」，將他包裝成了白馬寺寺主，令駙馬薛紹「以季父事之」〔註19〕。她還「託言懷義有巧思，故使入禁中營造」〔註20〕，目的當然是便於幽會。補闕長社王求禮上表要求對薛懷義行閹術後再召入宮中驅使，以免淫亂宮闈，然「表寢不出」〔註21〕。可見，武則天引薛懷義入侍主要是爲了滿足情慾〔註22〕，起初還遮遮掩掩，僅限於朝廷上層知曉。從垂拱二年（686）蘇良嗣毆打薛懷義來看，他已經知曉了武薛關係。兩年後，也就是垂拱四年（688），武則天殺太子通事舍人郝象賢。郝象賢臨刑前「極口罵太后，發揚宮中隱慝」。當時薛懷義已入侍三年。郝象賢任職宮中，應對武薛關係有所耳聞。臨刑前，他「奪市人柴以擊刑者」，精神已近瘋狂，估計也沒有什麼語言禁忌了。從此後「法官每刑人，先以木丸塞其口」的情況來看〔註23〕，他可能戳到了武則天的痛處。當時武則天正在緊鑼密鼓地進行政治炒作，私生活爆出醜聞有損其聖神形象。這裡的「宮中隱慝」應當包括武薛關係。沿前代舊規，唐代處斬死囚犯一般在鬧市區行刑。也就是說，大批圍觀者都聽到了郝象賢之言。此後，二人關係傳揚至街巷酒肆，成爲民間茶餘飯後的談資。神功元年（697），也就是薛懷義死後兩年，新面首二張陸續進宮。武則天仍嫌不足，「令選美少年爲左右奉宸供奉」。右補闕朱敬則進諫制止時明言：「陛下內寵，已有薛懷義、張易之、昌宗，固應足矣。」〔註24〕可見此時武薛關係已經完全公開了，在朝堂上也無需諱言。

〔註19〕　〔後晉〕劉昫等：《舊唐書》卷一三三《薛懷義傳》，北京：中華書局，1975年版，第4741頁。

〔註20〕　〔宋〕司馬光：《資治通鑒》卷二〇三「則天后垂拱二年六月」條，北京：中華書局，1997年版，第6441頁。

〔註21〕　〔宋〕司馬光：《資治通鑒》卷二〇三「則天后垂拱二年六月」條，北京：中華書局，1997年版，第6441頁。

〔註22〕　如趙文潤《武則天的「荒淫」與「殘忍」辨析》（載於《唐都學刊》1999年第1期）一文指出薛懷義的主要用途是滿足武則天的情慾。

〔註23〕　〔宋〕司馬光：《資治通鑒》卷二〇四「則天后垂拱四年四月戊戌」條，北京：中華書局，1956年版，第6448頁。

〔註24〕　〔後晉〕劉昫等：《舊唐書》卷七八《張行成·族孫易之昌宗傳》，北京：中華書局，1975年版，第2706頁。

　　二人關係總體上還是不錯的。從武則天給薛懷義的種種恩賜上就可看出。前文已述，武則天賜給他高貴的門第和體面的職業。需要指出的是，安置薛懷義的洛陽白馬寺非同一般地方，是東漢從西域引進佛教後建立的第一所佛寺，到了唐代，已經破爛衰敗。武則天將其重修，規模相當大，在武周政治生活中充當了重要角色。白馬寺建成後，薛懷義剃度的僧人有數千人之多，均安置在內。薛懷義依仗武則天之勢，「出入乘廏馬，中官侍從，諸武朝貴，匍匐禮謁，人間呼爲薛師」〔註25〕。武三思、武承嗣「皆執僮僕之禮以事之，爲之執轡」〔註26〕，「尊師惟謹」〔註27〕。筆記小說中言其「勢傾當時，雖王主皆下之」〔註28〕。宗楚客爲他作《傳》二卷，「論薛師之聖從天而降，不知何代人也。釋迦重出，觀音再生」〔註29〕。當時還有老胡「自言五百歲，云見薛師已二百年矣，容貌愈少」〔註30〕。他的風光生活當然離不開武則天的恩寵。

　　這裡有一個問題：二人在十年相處中，是否產生過愛情？筆者認爲沒有，武則天需要滿足情慾、舒緩身心，薛懷義需要改變命運、榮華富貴。這種各取所需的功利性相識不太容易產生愛情，況且那時武則天已是六十一歲的老嫗，薛懷義還是一個青年男子，這種年齡差距也不太容易產生愛情。二人關係長久的原因應離不開利益交換，然不可否認的是，他們經過長期的耳鬢廝磨，很有可能產生類似於愛情的男女情感。

　　武薛就是這種情況。二人相遇之初，武則天正在爲稱帝做準備，政務繁忙，確實需要一個人爲她舒緩身心、開懷解頤。她長期情感壓抑，其情慾也需要適當疏導。況且當時高宗已崩，她權傾天下，無需避嫌，有必要、也有條件配置面首。薛懷義的出現無疑讓她眼前一亮，這從年號上就能看出來。武則天從臨朝稱制到神龍政變下臺，二十一年中共用了17個年號，平均一年

〔註25〕〔後晉〕劉昫等：《舊唐書》卷一三三《薛懷義傳》，北京：中華書局，1975年版，第4741頁。

〔註26〕〔宋〕司馬光：《資治通鑑》卷二〇三「則天后垂拱元年十一月」條，北京：中華書局，1997年版，第6437頁。

〔註27〕〔宋〕歐陽修、宋祁：《新唐書》卷七六《則天武皇后傳》，北京：中華書局，1975年版，第3480頁。

〔註28〕〔唐〕劉餗：《隋唐嘉話》卷下《武后臨朝》，北京：中華書局，1979年版，第37頁。

〔註29〕〔唐〕張鷟：《朝野僉載》卷五，北京：中華書局，1979年版，第125頁。

〔註30〕〔宋〕司馬光：《資治通鑑》卷二〇五「則天后延載元年六月」條，北京：中華書局，1997年版，第6494頁。

多就換一個。「垂拱」這個年號使用時間最長，用了四年。這幾年正是薛懷義來到武則天身邊的頭四年。「垂拱」這四年裏發生的政治大事可謂不少。徐敬業叛亂和宗室諸王叛亂就發生在這幾年，武則天都在短時間內一一鎮壓下去，稍後她開始任用酷吏，設置銅匭，屠殺宗室。可見這幾年她儘管政務繁忙，心態還是比較穩定的。這種淡定自若、穩操勝券的良好心態應與薛懷義的出現大有關係。長壽元年（692）八月，武則天「齒落更生」，十來天後，她「御則天門，赦天下，改元長壽」。其良好的健康狀況與薛懷義的出現也是有關係的。另外，武則天掌權後，霸道張揚的男性氣質逐漸顯露。薛懷義出現後，她有所收斂，漸漸流露出了一種婉約內斂的女性氣質：薛懷義驕縱跋扈、縱火不法，她沒有暴怒，而是「羞之，掩不發」〔註31〕，「愧而隱之」〔註32〕，「恥而諱之」〔註33〕。

　　需要指出的是，武則天的大部份心思仍然在政治事業上，沒有時間和精力與面首花前月下、兒女情長。她對薛懷義的要求應始終以情慾為主，所以這十年中薛懷義一直都住在宮外白馬寺。只有武則天需要他時，他才會以各種名義來到宮中。林語堂、雷家驥、趙文潤等人均持此觀點〔註34〕。

　　後來，隨著時間的流逝，二人慢慢產生了信任和感情。這從武則天的一些行為上即可看出。

　　她對薛懷義表現出了超乎尋常的信任和倚重。武則天一向專權用事，多懷猜忌之心。稱帝前夕，她讓剛剛入宮不久的薛懷義參與高端絕密的政治炒作，還將修建國家重大工程和抵禦突厥侵犯等軍國大事交給他辦理，對他的信任可見一斑。天冊萬歲元年（695）正月，薛懷義火燒明堂、天堂，二人關係日漸惡化。三個月後，「突厥默啜遣使請降，太后喜，冊授左衛大將軍、歸國公」〔註35〕。武則天之「喜」，可能與薛懷義被殺有關。前番薛懷義數次領

〔註31〕〔宋〕歐陽修、宋祁：《新唐書》卷七六《則天武皇后傳》，北京：中華書局，1975年版，第3483頁。

〔註32〕〔後晉〕劉昫等：《舊唐書》卷一三三《薛懷義傳》，北京：中華書局，1975年版，第4743頁。

〔註33〕〔宋〕司馬光：《資治通鑑》卷二〇五「則天后天冊萬歲元年正月丙申」條，北京：中華書局，1956年版，第6499頁。

〔註34〕林語堂：《武則天正傳》，南京：江蘇文藝出版社，2009年版；雷家驥：《武則天傳》，北京：人民出版社，2001年版；趙文潤：《武則天的「荒淫」與「殘忍」辨析》，《唐都學刊》，1999年第1期。

〔註35〕〔宋〕司馬光：《資治通鑑》卷二〇五「則天后天冊萬歲元年十月」條，北京：中華書局，1956年版，第6503頁。

兵抗擊突厥「凱旋而歸」。薛懷義被殺後，萬一突厥來犯，朝中一時無有良將可用。現在突厥自願投降，她自然喜出望外。可見她對薛懷義的倚重。

她還對薛懷義的重大過失表現出了超乎尋常的寬容。薛懷義在經濟上存在重大問題。天堂為風所摧，重建的時候，他「用財如糞土」，「日役萬人，採木江嶺，數年之間，所費以萬億計，府藏為之耗竭」，作無遮會的時候「用錢萬緡；士女雲集，又散錢十車，使之爭拾」，還霸佔了不少土地財產，「所在公私田宅，多為僧有」。這無疑給國家造成了重大經濟損失。武則天「一聽之，無所問」〔註36〕。薛懷義出身市井，平步青雲後有些小人得志，「頗恃恩狂蹶」〔註37〕，「出百官上」，甚至毆打李昭德、馮思勖等朝臣。他剃度的千餘名僧人也「多犯法」〔註38〕。武則天一概不予追究。他甚至敢對武則天不恭。火燒明堂、天堂之後，他「益驕恣」，「言多不順」〔註39〕。武則天也儘量不與他計較。眾所周知，武則天報復心強，手段狠辣，極少如此寬容。

武薛情感從他們的交流方式上也能看出來，試看下面一則材料：

> 懷義頗厭入宮，多居白馬寺，所度力士為僧者滿千人。侍御史周矩疑有奸謀，固請按之。太后曰：「卿姑退，朕即令往。」矩至臺，懷義亦至，乘馬就階而下，坦腹於床。矩召吏將按之，遽躍馬而去。矩具奏其狀，太后曰：「此道人病風，不足詰，所度僧，惟卿所處。」悉流遠州。遷矩天官員外郎。〔註40〕

這則材料乍看是言周矩查辦薛懷義謀反案的始末，細看有不少可疑之處：薛懷義根本不拿謀反的罪名當回事，不僅根本沒把欽差周矩放在眼裏，而且似乎也不懼怕手段狠辣的女皇。武則天聽完周矩的彙報，只咒罵薛懷義是個瘋和尚，流放了他的僧徒，又把舉報人兼辦案人周矩調離原職。武則天一向對政治敏感，親生兒子李旦有謀反嫌疑，也要委派酷吏嚴加審查，逼得有人剖

〔註36〕〔宋〕司馬光：《資治通鑑》卷二○五「則天后天冊萬歲元年正月」條，北京：中華書局，1956年版，第6498頁。

〔註37〕〔後晉〕劉昫等：《舊唐書》卷一三三《薛懷義傳》，北京：中華書局，1975年版，第4741頁。

〔註38〕〔宋〕歐陽修、宋祁：《新唐書》卷七六《則天武皇后傳》，北京：中華書局，1975年版，第3483頁。

〔註39〕〔宋〕司馬光：《資治通鑑》卷二○五「則天后天冊萬歲元年二月」條，北京：中華書局，1956年版，第6502頁。

〔註40〕〔宋〕司馬光：《資治通鑑》卷二○五「則天后天冊萬歲元年正月」條，北京：中華書局，1956年版，第6498頁。

腹明志。武則天這次怎麼如此草草處理？周矩受皇帝之命帶人前去捉拿謀逆要犯，竟讓他揚長而去。這也不像查辦謀逆大案的陣勢。

倘若明白武薛關係，就不難看出，這實際上不是什麼司法事件，而是一起頗有情趣的男女慪氣事件。詳細內幕諸史未載，可用想像力進行一番補充完善：武薛二人有些摩擦，具體原因不詳。薛懷義拒絕入宮和武則天幽會，可能就是推說僧徒事務繁重。鑒於她的帝王之尊和二人關係的隱秘性，武則天即便惱怒，也不會示弱或者哭鬧，更不好強迫他入宮。正好此時周矩舉報薛懷義聚集僧侶，有謀逆嫌疑。武則天靈機一動，借這個機會派周矩以查辦謀逆之名去白馬寺「拘捕」薛懷義，意在求和。誰知薛懷義火氣未消，抗拒「拘捕」，不願和好。聽了周矩的彙報，武則天也有點生氣了。她當然捨不得懲處薛懷義，就遷怒周矩和薛懷義的僧徒，索性把周矩調換職務，再把薛懷義的僧徒全部流放到偏遠州郡。這樣既對外冰釋了薛懷義的謀反嫌疑，也消滅了他不入宮的理由。如果這樣來解釋這件事，那麼這段材料的種種反常之處就合情合理了。

再看二人的表現。武則天以女皇之尊曲意求和，碰釘子後仍捨不得懲罰情郎，還嬌嗔地咒罵他是個瘋和尚，分明是一個心思巧慧又嬌嗔可愛的、戀愛中的女子。薛懷義牛性，對女方的曲意求和置之不理，態度傲慢，分明是一個憨厚倔強的、戀愛中的男子。一本正經的周矩倒像個傻乎乎的信差，很是滑稽。後來，武則天移幸宮廷御醫沈南璆，薛懷義「恩漸衰」。他得知後「恨怒頗甚」〔註41〕。為表示不滿和抗議，他縱火焚毀明堂和天堂。這兩座建築是他親自為武則天主持修建的。可能在他心裏，這兩座建築還凝聚著他對武則天的一片忠誠和深情。其縱火行為分明是一個遭到背叛的男子絕望之下毀掉愛情信物的瘋狂行為。不難看出，二人經過十年的交往，已經建立了深厚的感情。當然，薛懷義要更真摯一些，因為與城府極深、坐擁天下的武則天相比，他思維簡單，一無所有，若無真摯的深情，恐怕很難打動武則天。

可見，以往學界對二人關係的認定大抵是不錯的。需要補充的是，二人經過長期的親密接觸，逐漸產生了感情。

此外，薛懷義還為武則天做了不少事情，也因此成為她的私人政治力量。前文已述，薛懷義來到武則天身邊的時候，武則天正準備稱帝。在這種情況

〔註41〕〔後晉〕劉昫等：《舊唐書》卷一三三《薛懷義傳》，北京：中華書局，1975年版，第4743頁。

下，她與宗室關係日益緊張。她的娘家親屬武三思、武承嗣、武懿宗等人已在朝中擔任一定職務。由於他們的父輩早年欺凌過她，她雖然出於各種考慮起用他們，但對他們從厭惡到信任倚重需要一個過程，此時對他們還不算十分貼心貼肺。薛懷義就不同了。首先，他與自己親密無間，榮華富貴全是自己一手賜予，對自己有絕對的依賴性，不僅聽話，而且城府不深，做事肯下氣力。再者，他沒有政治野心，也沒有爭奪權力的資格和能力，他甚至對當時討論激烈的太子人選之事也沒有任何興趣。最後，他在朝中沒有任何勢力，也就沒有結黨營私的可能。因此，武則天對他很信任，也願意將他培養成自己的政治幫手。薛懷義果然不負厚望，爲她的政治事業做出力不少。經過總結，主要有如下幾點：

第一，薛懷義爲她稱帝找到了理論根據。稱帝前夕，武則天進行了一系列的輿論造勢活動，如自名爲「曌」、頻繁上尊號等。薛懷義也積極表現，「與法明等造《大雲經》，陳符命，言則天是彌勒下生，作閻浮提主，唐氏合微」，還大力普及這種思想，「其僞《大雲經》頒於天下，寺各藏一本，令升高座講說」〔註42〕。這是通過將《大雲經》上升到佛教必修教科書的辦法來宣傳武則天稱帝的合理合法，解決了武則天稱帝的理論問題。

第二，薛懷義爲她修建了不少意義重大的建築，如明堂、天堂、佛授記寺等。其中，明堂是武則天政權的標誌性建築。自古以來，明堂是布政之宮、敬神之所，是古代帝王朝見諸侯、宣明政教並兼行祭祀之地，是國家的標誌性建築。「太宗、高宗之世，屢欲立明堂，諸儒議其制度，不決而止」〔註43〕，在武則天之世建成明堂，可謂一件不朽盛事。明堂建成後，非常壯觀，「高二百九十四尺，方三百尺。凡三層：下層法四時，各隨方色；中層法十二辰；上爲圓蓋，九龍捧之。上施鐵鳳，高一丈，飾以黃金。中有巨木十圍，上下通貫，楠櫨撐槵藉以爲本。下施鐵渠，爲辟雍之象。號曰萬象神宮」〔註44〕。「萬象神宮從落成起就成爲萬眾矚目的焦點：一鳳馭在九龍之上的獨特設計徹底顛覆了中國傳統男權至上的觀念，它毫不隱諱地表達了武則天稱帝的勃

〔註42〕〔後晉〕劉昫等：《舊唐書》卷一三三《薛懷義傳》，北京：中華書局，1975年版，第4742頁。

〔註43〕〔宋〕司馬光：《資治通鑒》卷二○四「則天后垂拱四年正月」條，北京：中華書局，1956年版，第6447頁。

〔註44〕〔宋〕司馬光：《資治通鑒》卷二○四「則天后垂拱四年十二月辛亥」條，北京：中華書局，1956年版，第6454頁。

勃野心」〔註45〕。武則天在明堂裏「宴賜群臣，赦天下，縱民入觀」〔註46〕。
這對她樹立個人威信非常有利。

第三，薛懷義多次率軍討伐突厥，爲武則天稱帝解除了後顧之憂。武則天
稱帝前後，突厥常常威脅北部邊疆。前文已述，由於種種原因，武則天對宗室、
武氏子侄都不太信任。改朝換代之際，她對武將也心存疑慮。當時抗擊突厥的
名將程務挺已因替裴炎辯冤被殺。朝中一時無有良將抗擊突厥。這時薛懷義就
派上了用場。永昌元年（689）和延載元年（694），薛懷義先後兩次帶領大軍
討伐突厥，一次不見虜，「至單于臺，刻石紀功而退」，一次「未行虜退，乃止」
〔註47〕。這兩次「凱旋回朝」雖然有些令人捧腹，然連續兩次不戰而屈人之兵
的戰事著實鼓舞士氣，也給忙於改朝換代的武則天吃了一顆定心丸。

另外，前文提及武三思、武承嗣等武氏族員對薛懷義阿諛逢迎，顯然對
他有所深求，應與營求太子之事有關，但是薛懷義從未給他們出力。不難看
出，薛懷義不僅僅是武則天面首，還是她的私人政治力量，只忠誠於武則天
一人，並未向其他政治力量傾斜。

2. 武薛關係融洽及薛懷義厭惡入宮的原因

從上文可以看出，薛懷義的飛黃騰達離不開武則天的寵信。下面要探討
的是二人關係融洽長久的原因。上文提及二人關係性質時，其實已經涉及到
了一些，如薛懷義能滿足武則天的情感欲望，爲武則天的政治事業出力不少
等。當然他們關係長久還有一些其他原因。經過分析，現補充如下：

第一，薛懷義能讓武則天身心愉悅。在薛懷義出現之前，武則天經歷了
太宗和高宗兩位男性。一般來說，女性較男性而言，更缺少安全感，也更需
要來自異性的關注、關心和安慰。第一次進宮的十幾年裏，武則天長期受到
太宗冷落，幾乎沒有得到任何情感慰藉。二度進宮後，高宗身邊不時出現與
她分享丈夫的女子，如王皇后、蕭淑妃、韓國夫人、魏國夫人等。高宗人生
的最後二十多年裏多在養病，想必給予武則天的情感慰藉也很有限。前文已
述，武則天身體康健，情慾旺盛，性格強勢霸道，佔有欲極強。以她的性情

〔註45〕武向春：《帝王的明堂情結》，《創作評譚》，2010年第2期。
〔註46〕〔宋〕司馬光：《資治通鑒》卷二○四「則天后垂拱四年十二月辛亥」條，北
　　　　京：中華書局，1956年版，第6454～6455頁。
〔註47〕〔後晉〕劉昫等：《舊唐書》卷一三三《薛懷義傳》，北京：中華書局，1975
　　　　年版，第4742頁。

來看，多情又多病的高宗恐怕也不能滿足她的情感需求。高宗駕崩後，她又忙於政治事業，操勞無度。也就是說，在薛懷義出現之前，她的情慾在大部份時間裏都處於抑制狀態。身形偉岸、器用過人的薛懷義正好能滿足她的情感需求。再者，武則天侍奉太宗的十二年裏及與高宗交往初期都是極力取悅、小心侍奉的。這讓性格強勢霸道的她倍感壓抑。更令人沮喪的是，儘管如此，太宗也並不寵愛她，高宗身邊不時出現其他女性，還一度有過廢掉她的打算。這種長期失衡的情感關係讓她飽受情感壓迫，也缺少安全感。薛懷義就不同了。他身份低微，文化有限，城府也不深，對她有很強的依賴性，和他交往幾乎不用思考，無需小心謹慎，更不用擔心他離去或者變心。這讓她感到非常輕鬆，同時也充滿了優越感。作為面首，薛懷義還必須對她高度專一。這有利於撫慰她早年與帝王交往時產生的情感失衡心理。此外，薛懷義有豐富的宮外生活經驗，想必肚裏有不少原汁原味的市井趣味故事。她整日在深宮日理萬機，外出透氣的機會不多，身邊有一位質樸天然又對她百般逢迎的男子，對她滔滔不絕地講述宮外的大千世界，自然有清新愉悅之感。薛懷義早年在洛陽鬧市「佯狂」〔註48〕，可見他有一定的表演才能。他繪聲繪色的講述應能引得武則天開懷解頤，驅散疲憊。

第二，薛懷義身上有不少武則天喜愛之人的影子。

首先，薛懷義身上有武則天父親武士彠的影子，能撫慰武則天的早年心靈創傷。武士彠出身貧苦，後經商致富。武則天出生時，父親已是朝廷新貴。她未見過父親經商的樣子，也應聽說過一二。父親病逝給武則天的早年生活帶來了巨大變化，族人的欺凌給她幼小的心靈造成了巨大傷害。從武則天多次追封父親來看，她對父親的感情相當深厚。因此，她並不嫌棄薛懷義的出身，也很有可能對父親的發跡史頗感興趣，並從薛懷義這裡打探商業生活細節，以寄託對父親的懷念之情。武士彠的口才很好，成功地游說王威等人，讓他們打消了對李淵的猜忌。薛懷義入宮前至少在兩個地方（陝西鄠縣和洛陽）生活過，還有經商經歷。這賦予了他頭腦精明、善於言辭的特點。想必追念父親甚切的武則天非常喜愛精明健談的薛懷義。第一章已述，武士彠在武則天小時候輾轉在地方任職。武則天先後在利州、荊州、文水等地生活過。地域的遷徙、風俗的不同必然引發許多有趣的故事。武薛二人雖然遷徙地方

〔註48〕 〔宋〕歐陽修、宋祁：《新唐書》卷七六《則天武皇后傳》，北京：中華書局，1975 年版，第 3480 頁。

不同，想必在地域、氣候、風俗等差別方面有共同話題。另外，薛懷義的孤苦出身對她來說非常安全。作爲女性執政者，她仍需在意輿論聲名。薛懷義出身孤寒，沒有親友，大大減少了醜事外傳的可能性。

其次，薛懷義身上有太宗的影子，能治療她早年的情感創傷。太宗是典型的中原男子，年輕時是威風凜凜的馬上英雄，晚年還親征高麗、薛延陀。以武則天剛強果敢的性情來看，應欣賞男子氣十足的馬上英雄。縱觀她經歷的幾位男性，太宗無疑是最優秀的，也是唯一未被她征服的。這給她留下了一生的情感暗疾。前文已述，薛懷義是體魄強健、性格豪放的中原男子，還能領兵打仗，儼然市井版的太宗。此外，他還有年輕、健康、城府不深、專一等太宗不具備的優點。

最後，薛懷義以白馬寺寺主身份入宮，並未公開是武則天的「嬪妃」或者「面首」。二人關係一直處於地下狀態。這種「私密」情感與高武相戀之初有一定的相似性。前面章節已述，太宗晚年，時爲才人的武則天就與時爲太子的高宗互相愛悅，後武則天在寺廟爲尼時，二人繼續保持地下的私密戀情。這是武則天人生的低谷期。這段地下戀情是武則天人生翻盤的關鍵。她對這份感情十分投入，以至於精神恍惚、看朱成碧。這一次與白馬寺寺主的「私密」情感似乎能勾起她對往日戀情的回憶。

此外，薛懷義的佛教情結也很合武則天的脾味。兩個人都與佛教頗有淵源，但是他們都並非眞正的佛教徒。前面章節已述，武則天受母親楊氏影響，有很深的佛教情結，年輕時還有過一段青燈誦經生涯，此時又要利用佛教爲政治事業服務，需要在佛教人員中安插心腹。在她身邊眞正可信、可用之人少之又少時，薛懷義主動擔當這個任務。這也是二人關係融洽的原因之一。

第三，二人在經歷、性格上也有不少相似點，主要包括如下幾個方面：

首先，二人均早年孤苦，也都竭力改變。薛懷義早年孤寒，連正式名字都沒有。武則天喪父後家境衰落，加之族人欺凌，她們孤兒寡母越發可憐。二人有可能互憐身世，漸生情愫。武則天很容易同情無依無靠的薛懷義（前提當然是不會威脅她的政治事業）。薛懷義聞聽坐擁天下、威震朝野的武則天早年居然也如此落魄，亦易生憐惜。由於身世孤苦，二人均有改變命運的強烈需求，也有強烈的情感需求。薛懷義爲了生存經歷過至少兩次遷徙和兩次轉業。武則天少年入宮，見慣了爾虞我詐、骨肉相殘，爲了生存和發展有時不得不捨棄親情。她的親情需求常常處於抑制狀態，而薛懷義恰恰頗重情義。

從他發跡後抬舉昔日市井朋友上就可看出這一點。薛懷義對她高度專一，又絕對依賴。這在武則天眼裏非常可貴。或許武則天給他改名爲「懷義」正是對他重情義的褒獎。

其次，二人都大膽冒險，爲了達成目標不擇手段，絕不輕言放棄。武則天十幾歲入宮前就有一番豪言壯語，小小年紀就敢在太宗面前滔滔不絕地發表馴馬言論，爲了攫取權力不惜殺死親屬。她還兩度入宮，一度寄身寺廟，一生坎坷起伏。薛懷義也很有魄力。他建築經驗不足，就敢主持修建國家重大工程，沒有半點軍事經驗，就敢率領幾十萬大軍討伐突厥。

再次，二人都愛出風頭。立后之初，武則天絲毫不以曾爲太宗妃嬪和比丘尼自卑，在肅義門大方接受百官朝見。不久，她就在高宗陪同下返回老家并州，封官行賞，出盡風頭，擾嚷兩月後才返回東都，還破例參加封禪大典。薛懷義發跡以後聚結人員招搖過市，在宮中大搖大擺地從南門而入，遇到宰相也「偃蹇不爲禮」〔註49〕。武承嗣、武三思等朝貴對他低三下四的匍匐禮謁、牽馬執轡，他「視之若無人」〔註50〕。無遮會散金，他笑看爭拾者手忙腳亂，「相蹈踐有死者」〔註51〕。

又次，二人都善於攀附關係。武則天在太宗朝不甘冷落，不懼太宗威嚴和禮制束縛，躲過宮中眾多耳目，和年輕的太子搭上了關係，還成功地操控他和他的妻子將自己接入宮中蒙受恩寵。這不是一般女子能做到的。薛懷義一介市井小販，居然和皇族貴婦千金公主搭上了關係，並成功地借她之力來到了權力中心，與最高統治者相知相伴，亦可見其攀附之能。

最後，二人都性格鮮明，睚眥必報。眾所周知，武則天報復心很強。早年欺凌過她的族兄，與她爭寵的王皇后、蕭淑妃、魏國夫人，還有反對她執政的徐敬業、郝處俊、劉仁軌等人均下場悲慘。薛懷義被宰相蘇良嗣暴打後直接向武則天告狀，得知右臺御史馮思勖對他有繩劾之意，路遇時「令從者毆之，幾死」〔註52〕。

〔註49〕〔宋〕司馬光：《資治通鑑》卷二〇三「則天后垂拱二年六月」條，北京：中華書局，1997年版，第6441頁。

〔註50〕〔宋〕司馬光：《資治通鑑》卷二〇三「則天后垂拱元年十一月」條，北京：中華書局，1997年版，第6437頁。

〔註51〕〔宋〕司馬光：《資治通鑑》卷二〇五「則天后天冊萬歲元年正月」條，北京：中華書局，1956年版，第6498頁。

〔註52〕〔後晉〕劉昫等：《舊唐書》卷一三三《薛懷義傳》，北京：中華書局，1975年版，第4741頁。

　　另外，二人都有很強的自我意識和表現欲。武則天令百花寒冬盛開、貓和鸚鵡相處，這無疑違反自然規律。她為愛女太平公主擇婿，看上了已有妻室的武攸暨，竟然「潛使人殺其妻而妻之」〔註53〕，這無疑違背人之常情。薛懷義也是如此。如果說他入宮後言武則天是彌勒佛轉世、假稱用膝血畫像等行為是受到了武則天的心理輻射，他逾越面首身份和武則天任氣使性是由於情感失控，那麼入宮前他「佯狂洛陽市」〔註54〕，就說明他當時就有很強的表現欲了。

　　綜上所述，武則天寵愛薛懷義並非偶然，而是有著情感、性格、政治等諸多因素。需要指出的是，二人關係親密融洽，諸史中卻幾次三番出現了這樣的記載：《資治通鑒》中說他「頗厭入宮」〔註55〕，《舊唐書》中說他「後厭入宮中」〔註56〕，《新唐書》說他「後厭入禁中」〔註57〕。這意味著他不願入宮侍奉武則天，這是為什麼？有人認為是薛懷義恃寵生驕。筆者認為並不盡然。這可能與他入宮後面臨的人際關係壓力有關。雖然很多人都知道二人關係，外界傳聞也很多，但二人關係始終處於地下狀態。相對弱勢的薛懷義心理壓力應該很大。這種心理壓力是任何正常人都難以長期承受的。

　　前文已述，薛懷義發跡後沒有建立新的人際關係網，行為作風處處與上層社會不搭調。這與他出身市井、文化程度低有關。想必他對宮廷生活也很不適應，有強烈的拘束感和壓抑感。武則天性格強勢霸道，殺人無數，對他的生死榮辱有絕對的操控權，且二人關係沒有正當名分，很不穩定。這讓處於弱勢地位的薛懷義倍感壓力。他入宮可能會遇到朝臣。在朝臣眼中，他是一個出身卑賤、恃寵驕縱的面首。更可笑的是，他居然還偽裝成一個六根清淨的出家人。薛懷義與不少朝臣關係緊張。有一次，他從南門入宮時遇到了

〔註53〕〔宋〕司馬光：《資治通鑒》卷二〇四「則天后天授元年七月」條，北京：中華書局，1956 年版，第 6466 頁。

〔註54〕〔宋〕歐陽修、宋祁：《新唐書》卷七六《則天武皇后傳》，北京：中華書局，1975 年版，第 3480 頁。

〔註55〕〔宋〕司馬光：《資治通鑒》卷二〇五「則天后天冊萬歲元年正月」條，北京：中華書局，1956 年版，第 6498 頁。

〔註56〕〔後晉〕劉昫等：《舊唐書》卷一三三《薛懷義傳》，北京：中華書局，1975 年版，第 4742 頁。

〔註57〕〔宋〕歐陽修、宋祁：《新唐書》卷七六《則天武皇后傳》，北京：中華書局，1975 年版，第 3483 頁。

宰相蘇良嗣，被他命人「批其頰數十」〔註 58〕。薛懷義帶著滿臉傷痕和滿腹委屈向武則天告狀。武則天也沒給他撐腰出氣，最後不了了之。他自然不願入宮自找沒趣。另外，他入宮還面臨一個角色轉換問題。他在宮外是風光無限的白馬寺寺主、右衛大將軍、鄂國公，身後有一群權貴阿諛逢迎。他進宮後就是個出身卑微、人人鄙視的面首。這種巨大的角色落差也會給他帶來不小的心理壓力。與宮外舒適風光的生活相比，他當然不願入宮了。

需要特別指出的是，薛懷義雖沾染了一些市井混混氣息，然自謀出路，自強自立，仍不失爲一個上進的年輕人。這樣的年輕人一般都有強烈而敏感的自尊心。武則天移幸他人後，他情妒難忍，又是大搞佛事，又是縱火，這些過激反應足以說明他尊嚴未泯，不能簡單以愚蠢視之。如果說他早年孤寒，爲了榮華富貴將得幸武則天當做命運的垂青，如願以償後，他又經常感到尊嚴受損的精神苦痛，外在表現爲入宮積極性的降低。這與他對武則天的感情深淺無關。前文提及他傲倨人前、胡作非爲或許就有宣洩心靈苦悶之意。他參與修建國家重大工程，還三番五次地領兵打仗，或許就是想通過建功立業挽回尊嚴。武則天一再給他表現機會、施以寬容也有可能是對他尊嚴需求的理解。

三、薛懷義被殺眞相

1. 關於薛懷義之死的種種疑點

關於薛懷義的死因，史載薛懷義「厭入宮中」〔註 59〕，「日益驕倨」，武則天「惡之」〔註 60〕。薛懷義焚毀明堂、天堂後，武則天「羞之」〔註 61〕，「恥而諱之」〔註 62〕，不久就命人將他秘密處死。學界普遍認爲，薛懷義被殺是二人關係惡化所致，但各家的側重點略有不同。有人認爲，薛懷義被殺是由於

〔註 58〕 〔宋〕司馬光：《資治通鑒》卷二〇三「則天后垂拱二年六月」條，北京：中華書局，1997 年版，第 6441 頁。

〔註 59〕 〔後晉〕劉昫等：《舊唐書》卷一三三《薛懷義傳》，北京：中華書局，1975年版，第 4742 頁。

〔註 60〕 〔後晉〕劉昫等：《舊唐書》卷一三三《薛懷義傳》，北京：中華書局，1975年版，第 4743 頁。

〔註 61〕 〔宋〕歐陽修、宋祁：《新唐書》卷七六《則天武皇后傳》，北京：中華書局，1975 年版，第 3483 頁。

〔註 62〕 〔宋〕司馬光：《資治通鑒》卷二〇五「則天后天冊萬歲元年正月丙申」條，北京：中華書局，1956 年版，第 6499 頁。

他「恩漸衰，恨怒頗甚」〔註63〕，「大望」〔註64〕，「心慍」〔註65〕。武則天對他更加厭惡，縱火只是導火索而已。有人認爲，薛懷義被殺是由於縱火後不知悔改，武則天忍無可忍痛下殺手〔註66〕，不少人都沿用這種觀點〔註67〕。有人認爲，縱火才是其被殺的主要原因〔註68〕。縱火事件不僅給國家造成了重大經濟損失，還引發了外界對女皇私生活的猜疑，有損武周的政治事業。明堂被燒後不久，左拾遺劉承慶「請輟朝停以答天譴」〔註69〕。武則天被迫下「罪己詔」〔註70〕。這讓她羞惱不已，遂將薛懷義處死。還有人認爲，薛懷義被殺是由於其「對於醫道並不精通」，對她延年益壽並無用處〔註71〕。

這些觀點看似有理，然均經不起推敲。前文提及薛懷義大肆浪費國家錢財，武則天一概不聞不問。可見經濟損失不是他被殺的主因。武則天貞操觀念淡薄，立后時就因身侍太宗飽受非議，她和薛懷義的關係在郝象賢臨刑謾罵中早已流傳坊間，那時她不以爲意，此時又何須特別在意？薛懷義不受武則天控制，在縱火前已多有顯露，爲何那時武則天未動殺念？薛懷義因損害她的政治事業被殺倒是說得過去，可是明堂已毀，殺掉他又有何用？至於說

〔註63〕　〔後晉〕劉昫等：《舊唐書》卷一三三《薛懷義傳》，北京：中華書局，1975年版，第4743頁。

〔註64〕　〔宋〕歐陽修、宋祁：《新唐書》卷七六《則天武皇后傳》，北京：中華書局，1975年版，第3483頁。

〔註65〕　〔宋〕司馬光：《資治通鑒》卷二〇五「則天后天冊萬歲元年正月乙未」條，北京：中華書局，1956年版，第6499頁。

〔註66〕　如雷家驥《武則天傳》，北京：人民出版社，2001年版，第523頁。又如胡戟《武則天本傳》，北京：北京大學出版社，2011年版，第126頁。

〔註67〕　如管衛中的《大雲寺與武則天》（載於《檔案》2013年第3期）。

〔註68〕　薛懷義縱火是「爭風吃醋」所致，在學界已達成共識，如楊明揚的《話說明堂》（載於《中州今古》1994年第4期）等。

〔註69〕　〔宋〕司馬光：《資治通鑒》卷二〇五「則天后天冊萬歲元年正月」條，北京：中華書局，1956年版，第6499頁。

〔註70〕　對此，武則天做了三件事：第一，「告太廟」，去太廟祭祀祖先，向祖先檢討，報告經過。第二，「手詔責躬」，武則天親筆寫詔書，責備自己，表明火災是自己的過錯。第三，要求朝內朝外九品以上的文武官員，給皇帝上疏，直接批評朝政，提出建議。

〔註71〕　郭紹林認爲，「薛、沈同二張一樣，都在爲武則天的延年益壽效力，自然會隨時侍奉，爲她檢查身體調養健康，容易被人們看作有曖昧關係，是所謂面首。而薛懷義既然長期被用以督造工程領兵打仗，看來對於醫道並不精通，這大概是武則天決意除掉他的基本原因。兩年後，便由二張填補了他的空缺」（郭紹林：《張易之、張昌宗到底是武則天的什麼人》，《河南大學學報》，1995年第4期。）。

薛懷義被殺是由於不通醫術更是令人費解，薛懷義入宮之初就不通醫術，緣何飛黃騰達十年後才被殺？筆者認爲，在薛懷義縱火前，武則天就有意秘密除之，原因是他無意間引發了武則天的猜忌。即便他不縱火，也難逃被秘密處死的悲慘下場。下面本文通過審查薛懷義被殺時的情況來闡述這一觀點。

　　薛懷義被殺時有不少疑點。關於薛懷義之死，《舊唐書》說武則天「令太平公主擇膂力婦人數十，密防慮之。人有發其陰謀者，太平公主乳母張夫人令壯士縛而縊殺之，以輂車載屍送白馬寺」〔註72〕，《資治通鑑》說她「密選宮人有力者百餘人以防之。壬子，執之於瑤光殿前樹下，使建昌王武攸寧帥壯士毆殺之，送屍白馬寺，焚之以造塔」〔註73〕《新唐書》說她「密詔太平公主擇健婦縛之殿中，命建昌王武攸寧、將作大匠宗晉卿率壯士擊殺之，以畚車載屍還白馬寺」〔註74〕。三處記載略有差別，相同點有三：一是武則天選擇了親近之人去處理這件事情。太平公主、武攸寧、宗晉卿等都是她的心腹。二是處理這件事情非常隱秘，且警惕性很高，要採用「密詔」的形式、「密選以防之」、「密防慮之」。三是薛懷義屍首被送回白馬寺。可疑之處就在這些相同點上。首先，鑒於武薛的特殊關係，當然不便公開處死，然似乎也不用勞煩太平公主、武攸寧、宗晉卿這一干權貴。薛懷義被殺的前兩年，也就是長壽二年（693），武則天秘密處死李旦二妃是將其召入宮中，由宮僕動手，「瘞於宮中，莫知所在」〔註75〕。處理一個不聽話的面首似乎更適合用這種辦法。奇怪的是，武則天不用宮僕，反從宮外擇人，這是爲什麼？此爲疑點一。再者，薛懷義之死是在天冊萬歲元年（695）二月壬子。一個月前，也就是天冊萬歲元年（695）正月初，當時侍御史周矩懷疑薛懷義聚眾謀逆。武則天根本不信，還對薛懷義頗有情意。大約一個月後，薛懷義被殺。短時間內，武則天對薛懷義的態度爲何轉變如此之大？此爲疑點二。最後，薛懷義死後，屍體被送回白馬寺。這頗令人費解，既然是秘密處死，又爲何將屍體送往宮外白馬寺？不是又公開了嗎？此爲疑點三。

〔註72〕　〔後晉〕劉昫等：《舊唐書》卷一三三《薛懷義傳》，北京：中華書局，1975年版，第4743頁。

〔註73〕　〔宋〕司馬光：《資治通鑑》卷二〇五「則天后天冊萬歲元年二月」條，北京：中華書局，1956年版，第6502頁。

〔註74〕　〔宋〕歐陽修、宋祁：《新唐書》卷七六《則天武皇后傳》，北京：中華書局，1975年版，第3483頁。

〔註75〕　〔宋〕司馬光：《資治通鑑》卷二〇五「則天后長壽二年正月癸巳」條，北京：中華書局，1956年版，第6488頁。

　　先看這一個多月內發生的事情。天冊萬歲元年（695）正月初，根據武則天處理薛懷義「謀反」的事情來看，可推知二人產生了矛盾，但是究竟是何原因，尚不可知。前文已經引用並詳細分析了這段材料，此不重複。十來天後，也就是正月乙未，情況就不對頭了：

　　　　乙未，（薛懷義）作無遮會於明堂，鑿地爲坑，深五丈，結綵爲
　　　宮殿，佛像皆於坑中引出之，云自地湧出。又殺牛取血，畫大象，
　　　首高二百尺，云懷義刺膝血爲之。丙申，張像於天津橋南，設齋。
　　　時御醫沈南璆亦得幸於太后，懷義心慍，是夕，密燒天堂，延及明
　　　堂，火照城中如畫，比明皆盡，暴風裂血像爲數百段。〔註76〕

薛懷義如此頻繁張揚的佛事行爲非常反常，假稱佛像湧出和刺膝血畫像等行爲明顯有些妄想、狂躁、強迫症狀。一般來說，長久處於固定戀情中的人在遭到對方突然性的背叛、拋棄時，會出現屈辱、羞憤、低落、焦慮等情緒反應，繼而出現衝動、冒險等類似強迫症的症狀。薛懷義就是這種情況。很明顯，薛懷義此時已經知道武則天移幸他人了，一時接受不了，因而情緒失常，行爲失控。這既是示愛，也是反抗。據此可以大膽推測，前文提及二人慪氣的原因，估計就是薛懷義覺察武則天移幸他人，在宮中和武則天發生了不愉快，但他應該沒有捅破此事。因爲此後武則天很快就借周矩舉報之事傳遞求和信息。若是捅破了，以二人性情來看，應該會發生激烈爭吵。強勢威權又自尊霸道的武則天也不會曲意求和了。極有可能是薛懷義生悶氣出宮而去，武則天不明就裏，遂利用周矩前去傳遞求和信息。誰知薛懷義仍不解氣，武則天也有點不高興，索性不理他了。薛懷義以爲武則天不顧他的感受，更加惱怒，遂出現了一系列異常行爲。因爲以前他多次借用佛教討得武則天歡心。誰知此時武則天根本不理睬。丙申，他再次出現異常行爲，將畫像張於天津橋南，武則天仍然不理不睬。他徹底被激怒了，當夜就採取了更激烈的縱火行爲，希望引起武則天注意，或者說是對武則天無情的報復。因爲天堂、明堂是他親自爲她修建的，寄託著他對她的一片忠心。薛懷義縱火後，武則天「恥而諱之」〔註77〕，先是隱忍不發，暗中安排周詳後，在二月壬子就將他秘密處決。也就是說，從二人關係惡化到薛懷義被殺前後只有一個月左右，

〔註76〕　〔宋〕司馬光：《資治通鑑》卷二〇五「則天后天冊萬歲元年正月乙未」條，
　　　　北京：中華書局，1956 年版，第 6498～6499 頁。
〔註77〕　〔宋〕司馬光：《資治通鑑》卷二〇五「則天后天冊萬歲元年正月丙申」條，
　　　　北京：中華書局，1956 年版，第 6499 頁。

未免太快了，這究竟是怎麼回事？武則天移幸他人，常駐宮外又厭惡入宮的薛懷義如何知曉？武則天剛剛還對薛懷義情意綿綿，爲何短短十來天後又對他不理不睬？

薛懷義的縱火行爲雖然過激，但是也流露出他思維簡單、胸無城府的特點，還能看出他對武則天的一片眞情。以武則天的聰明才智，應該不會不明白這一點。筆者認爲，薛懷義之死是武則天對他另有猜忌，而且這個猜忌是致命的。縱觀武則天殺人，幾乎無一例外地與妨礙她的政治事業有關。筆者認爲薛懷義被殺也是這個原因。下面先考察這幾年的政治背景和武則天的心態，以便更好地分析薛懷義的死亡眞相。

2. 薛懷義被殺的政治背景

眾所周知，武則天經歷過不少宮廷鬥爭，見慣了勾心鬥角、爾虞我詐，也親手炮製過不少宮廷陰謀，形成了多疑猜忌的性格。薛懷義被殺的前幾年，正是她大搞恐怖統治之際。酷吏峻法和告密羅織雙管齊下，不少出人意料的事情都被抖了出來，這更強化了這種性格。薛懷義被殺的前幾年正是她猜忌心最強的幾年。那時她七十歲左右，先後使用了長壽、延載、天冊萬歲等幾個與延壽有關的年號，可見她的健康狀況大不如前，故而在年號中寄予長生之意。她駕馭天下靠的是權謀和暴力，其強硬面孔和震懾力必然隨著健康的惡化而逐漸弱化。她自己也覺出了這一點。越是剛強能幹的帝王，到了晚年就越是不服老，猜忌心也就越嚴重。英明如太宗者即是如此，武則天也不例外。任何風吹草動都有可能刺激她敏感多疑的政治神經，具體表現在如下幾個方面：

武則天對宗室多有防備。長壽二年（693），武則天偏信戶婢之言誤殺了李旦二妃。查明眞相後，武則天處死了那名戶婢，不久又將李旦諸子由諸侯王降格爲郡王，還處死了私謁李旦的前尙方監裴匪躬、內常侍范雲仙，並嚴格限制李旦的人身自由，「自是公卿以下皆不得見」〔註78〕。長壽二年（693），武則天又殺死了與琅邪王李冲有通謀嫌疑的多官尙書蘇乾等人〔註79〕。

〔註78〕〔宋〕司馬光：《資治通鑒》卷二〇五「則天後長壽二年一月甲寅」條，北京：中華書局，1956 年版，第 6490 頁。
〔註79〕〔宋〕司馬光：《資治通鑒》卷二〇五「則天後長壽二年二月」條，北京：中華書局，1956 年版，第 6492 頁。

　　武則天對朝臣、武氏族員也多有疑慮。長壽元年（692），任知古、狄仁傑、裴行本、崔宣禮、盧獻、魏元忠、李嗣眞等人被來俊臣誣告謀反。眞相大白後，武則天仍將眾臣貶往外地。李昭德對她說：「魏王承嗣權太重」，「子猶有篡弒其父者，況姪乎！」她「豐然」對曰：「朕未之思。」不久就罷免了武承嗣的宰相職務，對李昭德日漸信任，言：「吾任昭德，始得安眠。」〔註80〕幾年後，她聽他人言李昭德「專權使氣」〔註81〕，又賜死了李昭德。次年，附會李昭德的周允元、豆盧欽望、韋巨源、杜景儉、蘇味道、陸元方等人也都被貶往外地。爲了統一朝臣思想，她在長壽二年（693）「罷舉人習《老子》，更習太后所造《臣軌》」〔註82〕。書中認爲，君臣關係遠甚於父母子女，顯然有意給朝臣洗腦。

　　武則天對酷吏的態度也有所轉變。以往她任用酷吏剪除異己、震懾朝臣。現在，她開始抑制、剪除酷吏。當時「或告嶺南流人謀反」，武則天封賞「一朝殺三百餘人」的萬國俊。其他酷吏紛紛傚仿。她「頗知其濫」，下制：「六道流人未死者並家屬皆聽還鄉里。」〔註83〕在這幾年中，來俊臣、來子珣、王弘義、萬國俊等人先後在她的打壓下死去。她還命監察御史朝邑嚴善思按問舊案，「引虛伏罪者八百五十餘人。羅織之黨爲之不振」〔註84〕，但是不久嚴善思就被羅織之黨構陷流放，查明眞相後武則天又復召他爲渾儀監丞。武則天用人反覆遊移說明她對誰都不完全信任。

　　這幾年來，武則天由於猜忌心過重，還出現了一些妄想症狀。長壽元年（692），武則天「習貓，使與鸚鵡共處」，「出示百官」〔註85〕。也許她日漸衰老，對自己的能力有些不自信，要在群臣面前證明她威嚴依舊。延載元年

〔註80〕　〔宋〕司馬光：《資治通鑑》卷二○五「則天后長壽元年六月」條，北京：中華書局，1956年版，第6483～6484頁。

〔註81〕　〔宋〕司馬光：《資治通鑑》卷二○五「則天后延載元年九月」條，北京：中華書局，1956年版，第6496頁。

〔註82〕　〔宋〕司馬光：《資治通鑑》卷二○五「則天后長壽二年一月」條，北京：中華書局，1956年版，第6490頁。

〔註83〕　〔宋〕司馬光：《資治通鑑》卷二○五「則天后長壽二年二月」條，北京：中華書局，1956年版，第6491頁。

〔註84〕　〔宋〕司馬光：《資治通鑑》卷二○五「則天后長壽元年八月」條，北京：中華書局，1956年版，第6485頁。

〔註85〕　〔宋〕司馬光：《資治通鑑》卷二○五「則天后長壽元年八月」條，北京：中華書局，1956年版，第6484頁。

（694），她將「妖妄惑眾」的嵩山人韋什方任命爲正諫大夫、同平章事〔註86〕。武則天一向以用人精準稱道，如此反常可能與她衰老求壽有關。

在這種情勢下，朝臣們爲了避免猜忌，紛紛向她示忠。大臣崔宣禮得罪，他的外甥霍獻可爲表忠心，堅決要求判崔宣禮死罪。武則天不願意，霍獻可竟然「以頭觸殿階，血流沾地」，有悖常情。事後他還「常以綠帛裹其傷，微露之於襆頭下，冀太后見之以爲忠」〔註87〕，簡直可笑。補闕杜肅上表告右拾遺張德違反禁屠令，爲慶祝生子「私殺羊會同僚」〔註88〕，很不上檯面。夏官侍郎婁師德對同僚李昭德的怒罵毫不計較，還教育弟弟要「唾面自乾」，萬萬不可得罪人〔註89〕。精明強幹的李昭德面對薛懷義的無理毆打，也不得不「惶懼請罪」〔註90〕，估計就是怕薛懷義給武則天吹枕邊風，引發不必要的事端。

可見，這幾年武則天的猜忌心日益嚴重，滿朝文武都在竭力避免猜忌。在這樣的政治氛圍中，薛懷義竟然厭惡入宮，還和武則天慪氣使性！這很容易引起武則天的厭忌。下面要討論的是，薛懷義究竟引發了女皇的何種猜忌，以至於她要拋卻十年情意對他痛下殺手？

3. 薛懷義被殺真相

前文已析，薛懷義對政治沒有興趣，也搞不出什麼政治鬼把戲。武則天與他長期相處，不會不知道這一點。與此同時，武則天也知道他性格倔強張揚，自主能力很強，有強烈的改變命運的需求和尊嚴需求。這就決定了他具有不服管制的性格因子。

再回到薛懷義被殺的疑點上去。先看第一個疑點，武則天爲何從宮外擇人處死薛懷義，而不是選擇宮僕？這就要先弄明白一個問題，武則天移幸他人，薛懷義是怎麼知道的？此事並不難猜。試想，武則天移幸之事應該發生

〔註86〕 〔宋〕司馬光：《資治通鑑》卷二〇五「則天後延載元年六月」條，北京：中華書局，1956年版，第6494頁。

〔註87〕 〔宋〕司馬光：《資治通鑑》卷二〇五「則天後長壽元年壬辰一月」條，北京：中華書局，1956年版，第6481頁。

〔註88〕 〔宋〕司馬光：《資治通鑑》卷二〇五「則天後長壽元年壬辰五月」條，北京：中華書局，1956年版，第6482頁。

〔註89〕 〔宋〕司馬光：《資治通鑑》卷二〇五「則天後長壽二年一月」條，北京：中華書局，1956年版，第6490頁。

〔註90〕 〔宋〕司馬光：《資治通鑑》卷二〇五「則天後延載元年三月甲申」條，北京：中華書局，1956年版，第6494頁。

在宮內。極有可能是武則天年老體衰，又操勞國事，身體略有小恙，故而宣御醫診治，遂生私情。薛懷義常駐宮外，又厭惡入宮，當然不可能撞見此等宮闈祕事，應該是別人告訴他的。

那麼，這個「別人」究竟是誰呢？這個「別人」應具備兩個條件，一是有機會知道武則天的私生活，二是和薛懷義有接觸。這個「別人」當然不可能是武則天。以她的威儀和城府，是不太可能直接對面首言說此事的。也不可能是那名宮廷御醫。他懼於武則天威嚴，不會沒事找事。史料中關於那名宮廷御醫記載中僅此一處，可見他為人低調，並非張揚驕縱之輩。更不可能是朝臣。一般朝臣沒有機會在第一時間知道帝王的宮闈祕事，而且他們根本看不起薛懷義，不少人與他關係緊張，他們應不會摻和此事。武三思、武承嗣等人對薛懷義恭敬是看在武則天面上，沒有必要挑撥二人關係。白馬寺僧侶就更沒有可能了。僧侶們在宮外居住，進宮機會很少，不可能先於寺主知道此事。即使知道了，估計也不敢挑撥寺主和女皇的關係。那麼，只有一種可能，那就是宮僕告訴薛懷義的。以薛懷義善於攀附的性格來看，他多次入宮伴駕，想必已經和某些宮僕熟識了。以他的見識和城府來看，他應該不會在武則天身邊安插眼線。極有可能是他入宮後從宮僕口中偶然得知女皇「出軌」的消息，遂後就發生了他慍怒出宮、武則天借查辦謀反案之名曲意求和的事。此時武則天應該不明白薛懷義為何慍怒。

十來天後，武則天就發現情況不對了：薛懷義又是假稱佛像湧出，又是刺血畫像，又是張貼畫像。她明白了：薛懷義已知她移幸之事了。此刻，她表現出了一個卓越政治家的優良素質，她沒有被薛懷義的癡情感動得一塌糊塗，反而啟動了政治思維：薛懷義是怎麼知道她移幸之事的？以她的精明，她很快就能分析出這是身邊宮僕說的。因此，當她決定秘密除掉薛懷義時，為防走漏風聲，從宮外擇人而不選擇宮僕。

再看第二個疑點，一個月前武則天還對薛懷義情意綿綿，為何短短十來天後就對他的示愛行為不理不睬？

薛懷義和宮僕的對話在任何人看來都不是什麼大事，但在武則天看來就嚴重了。她多次依靠宮僕取得了宮廷鬥爭的勝利。她借助宮僕之口打消了王皇后的疑慮，成功地返回宮廷，又借助宮僕的幫助誣陷王皇后，擊敗了情敵。她也險些因宮僕之言身敗。高宗時期，她因宮僕告密厭勝之事差點被廢后，晚年受宮僕矇騙誤殺了兩個兒媳，還差一點錯殺了兒子李旦。因此，她非常

重視處理與宮僕的關係，也很在意宮僕的人心向背。薛懷義常駐宮外，居然如此之快地知道宮中秘事。這讓她感到很不安。前文已述，此時她的政治事業如日中天，猜忌心很強。任何風吹草動都有可能引發她果斷斬決的防範行為。她此時想到了宮廷陰謀等事關成敗生死的大事，立刻從一個嬌嗔賭氣的女人變成了一個精神高度緊張的皇帝。在她眼裏，薛懷義也從賭氣的情郎變成了潛在的政變分子。薛懷義與自己親密無間，身兼數職，知道不少政治內幕和她的個人隱私。他擁有眾多年輕力壯的僧徒，又有多次帶兵打仗的經驗。現在他和身邊宮僕走得如此之近。如果他利用入宮便利，聯合宮僕的力量，完全有可能發動一場宮廷政變。以她對薛懷義的瞭解，他可能沒有做皇帝的野心和本領，但他不甘心做一個被人鄙視的面首，有強烈的尊嚴需求和自我實現需求，而且自主能力很強，況且人是會變的，若是他對自己的「背叛」心懷不滿，以他的性格，很有可能做出一些不計後果的事情。這樣一分析，這場情感糾紛在武則天心裏瞬間上升到了關乎生死存亡的重大政治事件的高度，必須謹慎對待、嚴肅處理。畢竟這與橫行不法、揮霍錢財等事有本質的不同。武則天越想越覺得不能養虎為患。此前薛懷義厭惡入宮、傲視欽差、抗拒逮捕等賭氣行為在此時看來，都是謀反不順的前兆，都是該殺的理由了。所以，此時武則天對他稱佛像湧出、刺血畫像等示愛行為不理不睬，也不再讓他入宮，而在暗中緊鑼密鼓地安排除掉他的具體方案。其實，此時薛懷義的行為越是張揚，武則天就越反感。武則天一直不願公開二人關係，薛懷義的揚露行為讓她又羞又惱，更堅定了殺他之心。也就是說，天冊萬歲元年（695）乙未，武則天得知薛懷義假稱佛像湧出、刺血畫像時就已有殺他之心了，而不是在火燒明堂、天堂之後。

武則天可真是冤枉薛懷義了。此時他正沉浸在遭到背叛的苦痛中不能自拔。丙申，武則天仍不回應。夜半時分，他越想越氣，索性用縱火的方式表達了內心的不滿和反抗。此時，武則天已經明白了，薛懷義並無反心，他和宮僕的關係也沒有她想像得那麼複雜深入。這也許就是武則天後來沒有追究那名洩密宮僕的原因。再者，如果追究那名宮僕，很可能降低其他宮僕為自己效勞的積極性，宮僕近在身旁，不適合嚴懲，還是以後慢慢整肅為妥。同時，武則天也著實領教了薛懷義不計後果的行事風格。看來薛懷義已經不在她的掌控之中了，前番擔憂並不多餘。他今日膽敢火燒明堂，不知明日又要如何？再者，他只是一個面首，竟然妄想干涉女皇的情感自由，這是她絕對不

能接受的。所以，儘管薛懷義癡心一片，與她關係良久，還屢建功勳，但他此時不服操控，已是一匹待殺的師子驄。至於具體如何執行，武則天做了詳細周密的安排。鑒於二人的特殊關係，當然不便公開處死，既然他和宮僕有聯繫，究竟是誰，人員幾何，尚不明確，為防止走漏風聲，不能讓宮僕參與，只能從宮外安排可靠人員。不久，薛懷義就在武則天的周密安排下一命嗚呼了。

在此，不妨簡單總結一下薛懷義被殺的真相：武則天年紀漸老，精力減弱，薛懷義又不願入宮侍奉，她身染小恙，與宮廷御醫漸生私情。這些都落在了宮僕眼中。薛懷義入宮時從宮僕口中得知此事，和武則天生悶氣、鬧彆扭，隨後出宮去了。武則天不明就裏，仍對他存有情意。不久，也就是天冊萬歲元年（695）正月初，右御史周矩舉報薛懷義聚結僧人，有謀逆嫌疑。武則天根據她對薛懷義的瞭解，當然不信。她靈機一動，就派遣周矩以審查謀逆之名前去白馬寺「拘捕」薛懷義，意在求和。誰知薛懷義拒絕「拘捕」。武則天也有點不高興了，遂遷怒薛懷義的僧徒和周矩，但沒有追究薛懷義，只是沉溺新歡，不理他了。此時武則天仍不解其意，也沒有將薛懷義的反常情緒放在心上。誰知，正月乙未，薛懷義見武則天不召見自己，按捺不住醋意，出現了一系列假稱佛像湧地而出、刺血畫像等異常行為。武則天明白了，並且很快就分析出是身邊宮僕走漏了風聲。近幾年她身體大不如前，震懾力有所下降，猜忌心日益嚴重。根據她的宮廷鬥爭經驗，非常忌諱拉攏宮僕之事。她對薛懷義和宮僕的關係做了最壞的估計，即懷疑薛懷義在她身邊安插眼線，有謀逆誅君的想法。此時她開始醞釀誅殺薛懷義的計劃，為防止走漏風聲，她開始秘密從宮外尋找可靠人員和機會。另一方面，為防不測，她也不再讓薛懷義入宮了。正月丙申，薛懷義在天津橋南張像、設齋，大肆表演失戀的痛苦。這讓一向不願公開私生活的武則天十分反感，表面上她仍不理不睬。薛懷義得不到回應，情緒失控之下火燒明堂和天堂。此時，武則天已經明白薛懷義並無異心，先前對他與宮僕的關係估計有誤。同時，她也明白薛懷義對她有情感報復之意，他已經不像以前那樣聽話。若是繼續與他來往，他一旦萌生異心，白馬寺僧徒、身邊的宮僕都極有可能為他所用。他是有能力、也有機會發動一場弒君政變的。為防萬一，武則天安排周詳後，遂命人將他秘密處死。

也就是說，從表面來看，薛懷義死於縱火，實際上在他縱火之前，武則天就已有殺念了。他被殺的真正原因是其失寵後的瘋狂行為引發了武則天的猜忌防範之心。實際上，二人都有些風聲鶴唳。武則天的警惕性過高，然高

度的警惕性對帝王來說，是十分必要的。雖然薛懷義從未有過謀逆之心，最多是有些不服操控，其瘋狂行為並無傷害武則天之意，但他始終沒有明白，武則天不只是一個對他恩寵有加的女性，還是一名頗有猜忌心的政治家。其實，薛懷義也大可不必吃醋，那名宮廷御醫在薛懷義被殺後並未得寵多久，其受寵程度也遠在他之下。

4. 薛懷義屍首為何被送回白馬寺

關於薛懷義被殺的第三個疑點，也就是武則天為何將薛懷義屍首送回白馬寺的問題。這看起來似乎與她暗殺的初衷相矛盾。

這要從薛懷義的佛教情結說起。通過前面的討論，不難發現，發跡後的薛懷義與佛教保持著非常密切的聯繫：武則天重建洛陽白馬寺就是聽從了薛懷義的建議。薛懷義發跡後一直擔任洛陽白馬寺寺主，「多居白馬寺」，「與洛陽大德僧法明、處一、惠儼、稜行、感德、感知、靜軌、宣政等在內道場念誦」。他的很多活動也都與佛教有關，如修建明堂和天堂、偽造《大雲經》等。如果說這是出自武則天的授意，那麼他還有不少佛教行為有很強的主動性，如他為做無遮會不惜錢財，「所度力士為僧者滿千人」〔註91〕，還強烈排斥其他宗教人員，「見道士則極意毆之，仍髡其髮而去」〔註92〕。此外，薛懷義發跡後的人際關係中，除卻武則天外，未見與他交善者，甚至與不少朝臣關係緊張疏遠。薛懷義脾性不好，李昭德「嘗與懷義議事，失其旨」，薛懷義就「撻之」〔註93〕，甚至還和武則天賭氣，然史料中從未出現過他與僧侶有不愉快的記載。這說明他與佛教親近並不完全是為了迎合武則天，而是他本身就有佛教情結。在唐代寺院中，僧尼可以擁有私有財產，僧尼和寺院都可免除賦役〔註94〕。這樣一來，貧苦之人就傾向於通過剃度出家來規避賦役，僧尼也多有謀求財產的現象〔註95〕。這或許是早年衣食無著又目不識丁的薛懷義有

〔註91〕〔宋〕司馬光：《資治通鑑》卷二〇五「則天后天冊萬歲元年正月」條，北京：中華書局，1956 年版，第 6498 頁。

〔註92〕〔宋〕司馬光：《資治通鑑》卷二〇三「則天后垂拱元年十一月」條，北京：中華書局，1997 年版，第 6437 頁。

〔註93〕〔宋〕司馬光：《資治通鑑》卷二〇五「則天后延載元年三月甲申」條，北京：中華書局，1956 年版，第 6494 頁。

〔註94〕謝重光：《中古佛教僧官制度和社會生活》，北京：商務印書館，2009 年版，第 393 頁。

〔註95〕如太平公主就曾與寺廟僧侶爭碾。

濃重佛教情結的原因。他半生漂泊，最舒適安定的時光是在白馬寺度過的。白馬寺對他來說有歸宿意味。死後屍送白馬寺很可能是他的生前意願。

這樣，第三個疑點也解決了，然新的問題又出現了：薛懷義文化程度有限，行爲浮躁淺薄，爲何能與高深繁瑣的佛教糾纏半生？他的佛教情結到底從何處而來？

要解決這個問題，應尋找他與佛教的結合點。他早年孤寒，受教育程度有限，很可能根本就不識字，其種種輕薄驕縱行爲也流露出文化素質不高的特點。我們知道，佛教義理高深玄妙，參悟不僅需要一定的文化基礎，還需要寧靜和諧的心理狀態。這兩點他恐怕都不具備。因此，佛理不可能是他與佛教的結合點。再者，他以僧侶身份侍奉女皇，恃寵驕縱，胡作非爲，還借機斂財，參與戰事。這些行爲不合佛門清規。因此，佛家生活也不是他與佛教的結合點。也就是說，薛懷義並非眞心篤信佛教。那麼他與佛教的結合點到底在哪裏呢？

筆者有一個大膽的推測：薛懷義早年孤寒，可能見過寺廟施捨衣食的場景，甚至有可能接受過寺廟的恩惠，對施捨衣食的僧侶、衣食無憂又穩定體面的寺廟生活充滿了好感和嚮往。

因此，薛懷義雖未眞正參悟過佛經，也沒有認眞遵守過佛門清規，但一直對寺廟、僧侶等佛教人事頗有好感。前文提及他初次修建明堂時，非法爲僧侶謀求田宅可能就有此意。他還用大量金錢做場面火爆的無遮會，可能是他早年看到的僧侶施捨場景的誇張化重現。前文提及，他發跡後剃度了不少僧徒，還排斥異教徒，可能就是源於他簡單的思維方式、狹窄的胸襟和對佛教的一貫好感。他很有可能在宮中與武則天情濃時，說過願百年後屍留白馬寺之類的話。也有可能是他在臨終時有所表示，武則天事後從暗殺人員口中得知。無論武則天如何得知，還是念及舊情滿足了他的遺願，將他送回了白馬寺。

通過分析，不難看出，武則天這段情感經歷在很大限度上摺射出她多疑、猜忌等性格缺陷，也可看出門第不高給她留下的心理痕跡和長期宮廷生活造成的情感暗疾。這與她的人生遭際、悲劇性格及當時的政治背景密不可分。由於她的強勢地位，看似對這段感情有著絕對的操控權，也有資本不再借感情謀求功利。實際上，晚年的武則天已在權力場中縱橫捭闔了近半個世紀，政治因素早已浸入了她的血液。薛懷義不愼引發了她的猜忌防範心理，她立

刻按照一貫的馴馬思維，果斷殺死了這匹不服調馴的烈馬。她這次情感經歷再次印證了「伴君如伴虎」的古訓，不過這次悲劇的主角不是她。

第二節　武則天和二張──寵溺面首惹火上身

薛懷義被殺後，御醫沈南璆並未獲得武則天長久的青睞。大約兩年後，也就是神功元年（697），又有兩位美少年先後來到武則天身邊。他們就是張昌宗和張易之（後文稱二張）。二張是山東舊族出身，經過推薦被武則天蓄養宮中。聖曆二年（699），武則天爲他們專門設置了一個特殊的機構，叫做控鶴府（久視元年六月改名爲奉宸府），內以輕薄文士和美少年充之。爲了掩飾行跡，武則天於久視元年（700）命二張在奉宸府率領李嶠等文士修撰大型類書《三教珠英》。二張在武則天晚年生活中扮演著非常重要的角色，然而關於他們關係的眞相，目前的研究尚有不足之處，本節試探討之。這個問題可細化爲如下幾個問題：他們之間是否有親密關係？他們之間的情感是什麼性質？武則天爲何寵溺二張？二張爲何會引發讓武則天下臺的神龍政變？弄清了這幾個問題，他們之間的關係眞相也就基本清晰了。

一、武則天和二張之間是否存在親密關係？

關於二張，史載他們是面首、內寵之流。《舊唐書》言二張「俱承辟陽之寵」，《新唐書》言二張「皆幸，出入禁中」〔註96〕，《資治通鑑》言二張「皆得幸於太后」〔註97〕。岑仲勉、呂思勉、范文瀾等人也持這種觀點。陳寅恪和翦伯贊也不否認武則天與二張的這種關係，只不過認爲嚴厲指責武則天的私生活有失公允〔註98〕。

也有人認爲史書記載不實，如張家駒、吳晗、郭沫若等人認爲，武則天蓄養二張時已經七十多歲了，不大可能做出淫穢之事〔註99〕，故而二張並非

〔註96〕〔宋〕歐陽修、宋祁：《新唐書》卷一○四《張行成‧易之、昌宗傳》，北京：中華書局，1975 年版，第 4014 頁。

〔註97〕〔宋〕司馬光：《資治通鑑》卷二○六「則天后神功元年正月」條，北京：中華書局，1956 年版，第 6514 頁。

〔註98〕陳寅恪：《記唐代之李武韋楊婚姻集團》，《歷史研究》，1954 年第 1 期；翦伯贊：《翦伯贊歷史論文選集》，北京：人民出版社，1980 年版，第 455 頁。

〔註99〕張家駒：《也談武則天》，《文匯報》，1959 年 12 月 13 日；中華通訊組：《武則天在歷史上究竟起了什麼作用》，《人民日報》，1961 年 3 月 9 日；郭沫若：《我怎樣寫武則天》，《光明日報》，1962 年 7 月 8 日史學版。

面首之流。郭紹林認為，二張「為武則天的延年益壽效力，自然會隨時侍奉，為她檢查身體調養健康，容易被人們看作有曖昧關係，是所謂面首」。二張實際上是武則天「延年益壽的保健護理醫生和羽化登仙的中介」、「私人政治力量」〔註100〕，任用他們是為了求壽、防範李唐正統派。武則天與他們「過從親密或有之，燕昵嬖幸則未必」〔註101〕。

對此，亦有人針鋒相對地提出反對意見，如黃永年說：「其實人要淫亂起來哪受年齡的限制……薛懷義只是一名市井無賴，張易之、張昌宗也只是『白晳美姿容、善音律歌詞』的貴族子弟，不憑男寵怎麼能使『諸武朝貴，匍匐禮謁』，『爭執鞭轡』。」〔註102〕趙文潤指出：「武則天在74歲至77歲之間，老當益壯，用二張為男寵，主要仍為其性欲所需；至於這位老年婦女需要兩名小夥陪伴，夜晚睡覺能有個安全感，那不過是『二張』的兼職罷了。其後，『二張』的保鏢作用，才上升為第一位。」〔註103〕勾利軍認為，唐代社會環境開放，對老年人的性生活持開明態度。武則天晚年身體康健，具有性生活能力，又縱情享樂，也不大顧忌別人的看法，通過配置面首尋求性滿足的可能性很大。二張應是其男寵〔註104〕。

筆者亦認為，武則天晚年仍具有性能力，與二張存在親密關係，筆者對勾利軍的分析甚為欣賞，在此也提供一些旁證。

首先，從文獻記載來看，史書多處明確指出二張就是武則天的面首，前面已有敘述，茲不重複，還有一些史料曲折隱晦地暗示了這種關係。時二張入住宮中，奉宸府醜名在外，武則天不以為意，春心蕩漾之下，又令選美少年入宮侍奉。朱敬則直言武則天已有薛懷義、二張幾位面首，「固應足矣」〔註105〕，現在又有人以性能力強自薦入侍，影響極壞，勸武則天有所收斂。這說明朝野俱知二張和薛懷義一樣是面首之流。張昌宗推薦張易之的時候也說他「器

〔註100〕　郭紹林：《張易之、張昌宗到底是武則天的什麼人》，《河南大學學報》，1995年第4期。

〔註101〕　郭紹林：《唐高宗武則天長駐洛陽原因辨析》，《史學月刊》，1985年第3期。

〔註102〕　黃永年：《武則天真相》，《中國典籍與文化》，1994年第3期。

〔註103〕　趙文潤：《武則天的「荒淫」與「殘忍」辨析》，《唐都學刊》，1999年第1期。

〔註104〕　勾利軍：《武則天與張易之、張昌宗關係論略》，《韶關學院學報》，2003年第11期。

〔註105〕　〔後晉〕劉昫等：《舊唐書》卷七八《張行成‧族孫易之昌宗傳》，北京：中華書局，1975年版，第2706頁。

用過臣」〔註106〕，就是指性能力而言。《集異記》卷二載，南海進獻珍麗異常的集翠裘，張昌宗「侍側」，武則天「因以賜之」，「遂命披裘，供奉雙陸」。雙陸時，武則天親自爲張昌宗點籌〔註107〕。帝王賜予華麗衣飾且動作如此親昵，這是幸臣才有的待遇。再者，當時李唐宗室、諸武人員均私生活混亂，武則天蓄養面首並不爲奇。武則天以前的面首薛懷義就是宗室中人（千金公主）所獻，可見宗室不反對武則天蓄養面首。進獻張昌宗的太平公主原就私幸數人。她進獻美少年入宮，應該不會僅僅是送給母親一個才貌雙全的年輕醫護人員吧？武則天駕崩後，李顯等人雖剷除二張及其餘黨，然仍將武則天與高宗合葬。這說明李唐宗室對武則天蓄養面首一事持寬容態度。這些史書雖多是李唐擁戴者所撰，對武則天多有妖魔化的記載，但是二張是武則天面首之事應該所言不虛。

其次，從遺傳角度來看，武則天情慾旺盛，具備和二張保持親密關係的能力。第一章中已述，武則天的母親楊氏身體康健，情慾旺盛，晚年和外孫有私。第四章中亦提及武則天的幼女太平公主是一個情慾旺盛、私生活混亂的女子。從遺傳學角度看，武則天晚年仍然有情慾並通過年輕面首滿足情慾的可能性很大。實際上，身強力壯的薛懷義來到她身邊的時候，她已經六十一歲了。前文已述，他們之間存在親密關係，後武則天移幸他人，薛懷義一度因情妒行爲失控。這都説明武則天晚年情慾旺盛。

再次，從心理角度來看，武則天晚年有嚴重的色情心理，與二張不存在親密行爲的可能性很小。這一點學界已有所認識，如雷家驥就認爲武則天「已經出現了迫害、誇大、宗教、色情等妄想症狀」〔註108〕。筆者甚以爲然。其色情心理形成與其情感經歷有關。她第一次進宮的十幾年裏，正值青春年華而長期受到冷落，其情慾勢必無法得到滿足。心理學上認爲，正常的人性欲求無法得到滿足時，主體很容易產生幻想以獲得象徵性的滿足。這應是武則天產生色情心理的最初心理動因。二次進宮後，高宗身邊不時出現其他女性，她幾乎一直都在與情敵作鬥爭，或者防止情敵的出現。高宗人生的最後二十

〔註106〕〔後晉〕劉昫等：《舊唐書》卷七八《張行成‧族孫易之昌宗傳》，北京：中華書局，1975 年版，第 2706 頁。

〔註107〕〔唐〕薛用弱：《集異記》卷二《集翠裘》，北京：中華書局，1980 年版，第 9 頁。

〔註108〕雷家驥：《武則天傳》，北京：人民出版社，2001 年版，《自序》第 1 頁。

多年均在慢性疾病中度過，想必情慾大受影響。武則天身體康健，情慾旺盛，性格強勢霸道，佔有欲極強。以她的身體狀況和性格來看，多情又多病的高宗恐怕也不能滿足她的情感需求。也就是說，武則天的情感生活不僅長期得不到保證，還充滿了男性對女性的性壓迫和性奴役。這勢必會使她產生不健康的性心理。她在高宗駕崩後就配置了面首薛懷義，除卻滿足情感欲望以外，也是對前番情感壓抑的一種強烈反撥。她煞有介事地讓他出家為僧，冠冕堂皇地與之幽會，除卻掩人耳目之外，還流露出她異於常人的情感欲望和扭曲的兩性心理。她讓駙馬薛紹以季父事之，可看出她蓄養面首還有婚姻補償心理。同樣，武則天對二張也流露出了一些異常心理。武則天以男性帝王自居，將二張視作女性，令他們「皆傅粉施硃，衣錦繡服」以「承辟陽之寵」〔註109〕。這種性別角色顛倒的男女關係明顯流露出武則天嚴重變態的色情心理。一般來說，在性資源唾手可得的情況下，有嚴重變態、色情心理的人沒有性行為的可能性是很小的。

最後，從大臣對二張的態度上也可看出這一點。如《集異記》載武則天賜給張昌宗一件珍貴的集翠裘。宰相狄仁傑入宮奏事。武則天命他與張昌宗雙陸。狄仁傑表示願以所衣紫紬袍為籌碼敵張昌宗之集翠裘。武則天指出其紫紬袍價值不敵集翠裘，狄仁傑說：「臣此袍乃大臣朝見奏對之衣，昌宗所衣乃嬖幸寵遇之服。對臣之袍，臣猶怏怏。」二人遂雙陸。張昌宗「心赧神沮，氣勢索莫，累局連北」。狄仁傑贏得張昌宗的集翠裘後，「對御就脫其裘，拜恩而出。至光範門，遂付家奴衣之，乃促馬而去」〔註110〕。狄仁傑蔑視張昌宗顯然是由於他的「嬖幸」身份。魏元忠、宋璟、韋安石、桓彥範等人亦多次公開羞辱、排斥二張。這與當年蘇良嗣痛打從南門入宮的薛懷義性質相同，都是出於對幸臣的鄙視心理。

由此可見，武則天與二張存在親密關係應屬事實，對於親密關係在武則天與二張關係中的份量，筆者倒並不持樂觀態度。在和諧的男女關係中，情慾對於增進雙方感情有著非常重要的作用。若是一方出現身體背叛行為，另一方會產生強烈的屈辱感和挫敗感，情感上極難接受。薛懷義就是這種情況。

〔註109〕　〔後晉〕劉昫等：《舊唐書》卷七八《張行成・族孫易之昌宗傳》，北京：中華書局，1975年版，第2706頁。

〔註110〕　〔唐〕薛用弱：《集異記》卷二《集翠裘》，北京：中華書局，1980年版，第9頁。

情慾的排他性使他失去了理智，招來了殺身之禍。二張的情況明顯與之不同。張易之當時二十多歲，張昌宗還要小幾歲。年輕男性情慾旺盛。從生理學上講，這個年齡段的男性愛情心理發展還不太成熟，往往誤將情慾理解爲愛情。若是與年長女性交往，即便只有情慾的滿足，也往往會引發獨佔心理和排他心理。實際情況是，張昌宗主動推薦張易之一同侍奉。這說明他對武則天沒有愛情，甚至沒有「愛情的錯覺」。張易之到來後，二人也並無爭風吃醋的記載。後來，武則天又大選美少年入宮侍奉，史書中均未見二張有不悅、反對的記載，倒是這些美少年到來之後，傳出了龍陽斷袖之類的醜聞，也都能說明這個問題。同時也說明武則天儘管有享受男色之心，恐怕生理狀況已大不如前。儘管她對二張恩寵有加，但未在情慾上征服二張。

在正常情況下，人的情慾隨著年齡會有一個慢慢衰退的過程，而非突然消失。武則天一生康健，從未有過大病，隨著年邁體衰，情慾也在逐漸減退。二張來到她身邊兩年後她還生出了新眉〔註111〕，說明此時她的身體仍有活力，其性欲減退直至消失應有一個爲期不會太短的過程。她的面首從身強力壯的薛懷義到儒雅、善醫道的御醫沈南璆，再到色藝俱佳、兼工合煉的翩翩少年二張，不難看出她對面首的要求從情慾層面逐漸轉移到醫護層面和娛樂層面，恰恰說明了她的身體在漸漸衰老，情慾也在慢慢減退。因此，筆者認爲，武則天與二張有親密關係是實，但未必在其關係中佔據非常重要的份量。

二、武則天與二張的情感關係和政治聯繫

武則天與二張的關係顯然不僅僅局限於親密關係，下面要探討的是，他們之間是否有情感？若有，是愛情嗎？若非愛情，又是何種性質？史學界往往以帝王和面首的關係簡單論之，筆者認爲遠非如此簡單。

首先要確定的是他們之間是否有情？不少人認爲，帝王和面首之間是純粹的色利互換關係，不存在情感。其實不然，男女之間若僅是色利互換關係，沒有絲毫情意，關係往往很難長久。若是親密關係久長，哪怕一開始沒有感情，僅僅是由於生理需要、利益驅使，相處時間長了亦會產生種種情愫。另外，和諧的親密關係即使在毫無情感的男女中亦會生發出種種愛意。武則天是何等人物，又豈能如庸夫俗子一般貪戀色相而毫無情調？二張「善音律歌

〔註111〕〔宋〕司馬光：《資治通鑑》卷二〇六「則天后聖曆二年臘月」條，北京：中華書局，1956 年版，第 6539 頁。

詞」即是取悅她的手段之一〔註 112〕。二張陪伴武則天長達八年，武則天對他們十分寵信，任憑大臣百般攻訐仍百般迴護，甚至為其不惜孫子、孫女和孫女婿的性命，病重之際不讓兒孫靠前，僅命二張侍奉左右，朝政也由其代理，都可看出他們的關係非同尋常。

明確了這個問題，下面要討論的是他們的感情性質。他們之間是男女關係，首先要探討的是他們之間是否存在愛情？筆者認為沒有。先不說雙方的年齡、地位存在巨大差距，產生愛情的可能性不大，更何況他們以帝王和面首的關係交往，產生愛情的幾率幾乎為零。再者，愛情與其他情感最明顯的不同就是具有獨佔性和排他性，三角關係在三方都知曉的前提下往往難以持久穩定，情敵之間往往爭風吃醋，互相攻訐。武則天和二張之間的「三角關係」十分穩定。武則天未嘗特別中意二張中的某一人，二張相處也非常融洽，張易之還是張昌宗主動引薦給武則天的。根據這一點，筆者認定他們三人之間不存在愛情。既然如此，武則天對二張寵溺信任若是，那他們之間的情感又是如何？經過分析，大致總結如下：

第一，玩賞之情。玩賞之情是帝王對面首的基本情感基調。先看他們的相遇。薛懷義被殺後，沈南璆受寵不長，武則天身邊一時沒有合適的人陪伴，太平公主為了討好母親主動將美少年張昌宗奉上。後來，張昌宗推薦張易之的時候說他「器用過人」和「兼工合煉」。他們的相遇方式都非常明顯地體現出帝王和面首的關係特點。武則天對他們也確實存在狎弄玩賞之情。張易之「年二十餘」，張昌宗還要小一些。二人「白皙美姿容」，「善音律歌詞」〔註 113〕。她將二人安排在宮中伴駕，同時賜予封號和大宗財物。他們在宮中整日塗脂抹粉，美食華服，好不自在。這完全是帝王后妃的生活場景和交往模式。宴飲之際，武則天讓張昌宗「被羽衣，吹簫，乘木鶴，奏樂於庭」，頗有帝王狎賞后妃的意味。歡宴群臣之時，二張陪侍武則天左右，縱情調笑，儼然寵妃伴駕。武則天有了二張後，心情更加開朗，對遊山玩水興趣大增。從久視元年（700）到長安四年（704），她先後五次帶著二張到全國各處遊幸。這都說明了武則天對二張有玩賞之情。

〔註 112〕〔後晉〕劉昫等：《舊唐書》卷七八《張行成・族孫易之昌宗傳》，北京：中華書局，1975 年版，第 2706 頁。

〔註 113〕〔後晉〕劉昫等：《舊唐書》卷七八《張行成・族孫易之昌宗傳》，北京：中華書局，1975 年版，第 2706 頁。

　　需要指出的是，武則天對二張的寵愛並不認真。神龍政變時，張柬之等人率眾進入武則天寢殿，言二張謀反，他們已先行誅殺。當時武則天非常鎮定，對二張之死毫無反應，只淡淡地說：「乃汝邪？小子既誅，可還東宮。」〔註114〕得知政變人員不僅要誅殺二張，還要她傳位李顯時，她才有些激動地質問政變人員為何忘恩，再不提二張。可見她最關心的是她的皇位，對二張之死並無觸動。武則天退位後移居上陽宮，一年後死去，諸史中均未見她有思念二張的言行。再者，她比二張年長幾十歲，她駕崩後，離開她即「萬人擎我不能起」〔註115〕的二張將何以自處？看來她從未認真考慮過二張的處境和前途。武則天在遺詔中要求與高宗合葬，亦未提及二張，可見她對高宗的情感與二張大大不同。她與高宗是夫妻之情，對二張並不認真。她長期飽受男性帝王的性壓迫，見慣了帝王佔有數以千計的宮妃采女。一旦身居九五，她傚仿男性帝王收納面首是很正常的反撥心理，倒並非對二張有殊愛。

　　第二，武則天將二張視作愛情替代品。武則天身體康健，情慾旺盛，但她在愛情方面一直未能完全滿足。前文對太宗、高宗帶給她的情感壓抑已有論述，茲不重複。薛懷義倒是身強力壯，器用過人，但他出身卑微，言行粗陋，在精神層面恐怕與她存在一些隔閡，況且他侍寵而驕，胡作非為，與朝臣關係緊張，給她添了不少麻煩。他還不願入宮，出語不順，甚至一度情緒失控焚毀明堂。這些都讓她又頭疼又忌諱。他也不能讓武則天感到徹底的輕鬆和愜意。二張就不同了。首先，他們年少貌美，舉止文雅，城府不深，又善歌律養生，這符合一般女性對男性的審美標準，也讓武則天動心。這兩位美少年站在她的身邊，也能滿足她的女性虛榮心。史料中未見二張因爭寵內鬥或與其他女性有染的記載，也未見有觸怒武則天的記載，這讓她非常省心。可以說，二張是一向缺少愛情滋潤的武則天的最佳慰藉工具。

　　第三，武則天將二張視作親情替代品。親情能給人帶來長久的幸福感和歸屬感。武則天在親情方面存在缺失。她早年喪父，受到族人欺凌，十四歲入宮後與母親姐妹十幾年不得相見，此間妹妹早卒。二度入宮後她將母親和姐姐接入宮中，然姐姐與其女又與之爭寵，難免傷害姐妹感情。她年輕時忙於後宮鬥爭和朝廷政務，難免把兒女視作抬高自身地位的砝碼，也無暇陪伴

〔註114〕〔宋〕司馬光：《資治通鑑》卷二○七「中宗神龍元年正月癸卯」條，北京：中華書局，1956年版，第6580頁。

〔註115〕〔唐〕張鷟：《朝野僉載》補輯，北京：中華書局，1979年版，第161頁。

兒女。隨著兒女日漸成人，她感到兒女們漸漸有了獨立意志，不再服從依戀於她，且由於她的權利欲和支配欲，他們漸漸與她疏遠。高宗駕崩後，她常常感到兒子們對她政治事業的威脅。李顯即位後不遵守高宗遺詔，擅自行權，無視她的存在。她臨朝後，國內爆發了徐敬業之亂和諸王叛亂，旗號均是反對她奪取兒子的權力。她不得不將兒子們幽禁流放。她還幽禁餓死過李顯的原配妻子，即常樂公主之女趙氏，暗殺過李旦的兩位妃子，即劉、竇二妃。此外，還有不少孫子、孫女直接死於她的授意，如邵王重潤、永泰郡主蕙仙等。可以想見，兒女及子孫後代多畏懼憎恨這位專制兇殘的母親、祖母，不願與她親近。她雖非一般女性，但也是血肉之軀，其為追逐權力不得已割捨了親情，並不代表她已經完全喪失了親情需求。

二張的出現彌補了她的親情缺憾。二張入宮時，她已經是一位七十四歲的老嫗了。這個年齡的女性自然希望兒孫承歡膝下。二張既不姓李，也不姓武，對政治興趣不大，政治才能也很一般，不直接參與國家核心權力的競爭。這讓她非常放心。他們整日住在宮中，為她煉製丹藥，盡心陪伴，榮華富貴全仰仗她一手賜予，對她有著絕對的依附性，極大地滿足了她的權勢欲和支配欲。這讓她非常舒心。兩位美少年主動殷勤地向她靠近，對她無微不至地照顧和關懷，讓她感動欣慰不已。從她對二張的保護行為中也可看出這一點。二張多次涉嫌貪贓、謀反等重大罪行，引起了眾多朝臣的多次奏劾。她一改以往的鐵血面孔，毫無原則地保護他們。下面試舉一例。有人告張昌宗有謀反嫌疑，嘗召術士李弘泰占相，李弘泰「言昌宗有天子相，勸於定州造佛寺，則天下歸心」〔註116〕。武則天命韋承慶及司刑卿崔神慶、御史中丞宋璟鞠之。宋璟堅決要求追查，她先將此事攬在了自己身上，曰：「昌宗已自奏聞。」意思是張昌宗相面之事經過了她的允許，不會有謀反之心，又對宋璟的追問「溫言解之」，赦免張昌宗後又特意遣使他前去宋璟府邸謝罪。張昌宗當時是朝中三品大員，宋璟是六品官銜，她這樣做可是給了宋璟天大面子，同時說明她的心虛。她無視法律、千方百計地迴護二張，多麼像一位溺愛嬌慣孩子的慈愛祖母。

第四，武則天還將二張視作排遣寂寞的工具。晚景淒涼並不僅適用於普通人，而且年輕時越是榮寵萬千、風光無限之人，到了晚年越是覺得淒涼冷

〔註116〕〔宋〕司馬光：《資治通鑑》卷二○七「則天后長安四年十二月辛未」條，北京：中華書局，1956年版，第6575頁。

清。武則天年輕時縱橫捭闔，天下之人，莫與爭鋒。到了晚年，她也只是一個孤獨寂寞、精神缺乏寄託的單身女性罷了，也需要情感慰藉。武則天稱帝靠的是超凡的心術和強硬的手腕。執政期間，她多次運用宗教等力量將自己神化並取得了巨大成功。到了晚年，儘管她老態龍鍾，其神化形象依然在人們心中矗立。其正常的人性需求往往被一般人忽視，甚至不被理解和接納。所以，儘管其強硬面孔隨著年紀的增大而逐漸弱化，由於她被皇帝的權勢尊榮包圍著，其他人仍將她視作高高在上的帝王甚至是神化的人，對她只有尊敬、愛戴和畏懼之情。這些詞匯與老年單身女性需要的溫存、體貼、陪伴和安慰沒有半點關聯。

二張恰恰能滿足武則天的這種人性需求。老年人愛追求健康。二張精通醫術，善於煉製丹藥，「聖躬服之有效」〔註117〕。他們滿足武則天的情慾之餘，還時時提醒她注意保健養生，對她的健康非常有利。老年人愛熱鬧、愛享受。安置二張的奉宸府（控鶴府）設在金碧輝煌的瑤光殿，內部設置奢華雅致，四周盡是雕樑畫棟，後面便是御花園，園中有一個長方形的池塘，池塘裏有兩個小島，四周全是花草樹木和精雕彩繪的牌坊遊廊。年輕貌美二張在這裡著粉黛，穿錦衣，習歌律，引得武則天開心不已。他們還經常在這裡陪伴武則天進行一些娛樂休閒活動：

> 每因宴集，則令嘲戲公卿以為笑樂。若內殿曲宴，則二張、諸武侍坐，樗蒲笑謔，賜與無算。〔註118〕

武則天在此不拘泥於君主的威嚴，與眾人嘲謔逗樂，恢復了人與人之間的本真自然。這對她的身心健康大有裨益。由此可見，武則天在二張這裡得到的絕非僅僅只是情慾上的滿足和幾粒養生丹丸，更多的是精神上的放鬆和愜意。

第五，二張是武則天的私人保健護理醫生和延年益壽的吉祥物。郭紹林說：「二張是武則天延年益壽的保健護理醫生和羽化登仙的中介。」〔註119〕很多封建帝王晚年非常關注自己的身體健康，總想抵抗人之必死的自然規律，即便如秦始皇、漢武帝、唐太宗者也不能免俗，武則天亦是如此。武則

〔註117〕 〔後晉〕劉昫等：《舊唐書》卷九〇《楊再思傳》，北京：中華書局，1956 年版，第 2919 頁。

〔註118〕 〔後晉〕劉昫等：《舊唐書》卷七八《張行成・族孫易之昌宗傳》，北京：中華書局，1975 年版，第 2706 頁。

〔註119〕 郭紹林：《張易之、張昌宗到底是武則天的什麼人》，《河南大學學報》，1995 年第 4 期。

天晚年有大量的求壽活動，其政治生活中多有求壽印記〔註120〕。在這種情況下，她的醫護人員就顯得尤其重要了。張昌宗向武則天推薦張易之時提到他「器用過臣，兼工合煉」。「兼工合煉」就是指善於煉製丹藥〔註121〕。長安四年（704），武則天病重，「居長生院，宰相不得見者累月，惟張易之、昌宗侍側」。崔玄暐進言李顯、李旦「仁明孝友，足侍湯藥」〔註122〕，武則天沒有接受。這說明她讓二張侍奉左右是出自自願，李顯、李旦雖是親生兒子，但其醫護才能不能與二張相比，不適合照顧她的病體。武則天信任和依賴善於醫道養生的二張是可以理解的。

老年人擁有健康的性生活對身心大有裨益。武則天亦把滿足性需要當作保健養生的重要手段。她享年82歲，在中國歷代皇帝中名列第三（僅次於清代享年89歲的乾隆皇帝和南朝享年86歲的梁武帝）。她之所以獲得這樣的高壽，與她晚年愉悅的性生活有一定關係。二張不僅滿足她的情慾，還頗善煉丹之術，這對她的身心健康十分有益。武則天74歲那年，由於二張的出現，她竟然「生重眉，成八字，百官皆賀」〔註123〕。

還需特別指出的是，二張還是武則天長壽的吉祥物。武則天晚年多在奉宸府（控鶴府）裏召集詩人宴飲行樂，並由二張陪侍。詩人們經常在此暢飲雅聚，流連唱和，樗蒲笑謔，縱情享樂。聚會的中心人物當然是武則天和二張，詩人們也樂得在宴飲場合吟詩頌美，阿諛逢迎。武則天喜愛祥瑞，詩人們就多言「鸞」、「鳳」、「飛龍」、「仙鶴」、「赤雀」等祥瑞之物。武則天希求長生，詩人們就吟唱了大量獻壽的句子。二張年少貌美，著粉黛，穿錦衣，善歌律。閻朝隱、薛稷、員半千等眾多詩人賦詩頌揚他們風流倜儻、瀟灑飄逸。這裡的美服華食、龍鳳鸞鶴、歡聲笑語和神仙眷侶一起組成了一個讓人忘卻凡塵、樂不思蜀的神仙府邸。在這樣一種仙境中，中心人物武則天身邊自然少不了兩位神仙童子。二張也隨之成為其長壽的吉祥物。

〔註120〕　參見司海迪：《試論武則天晚年求壽行為及對文學的影響》，《社會科學論壇》，2013年第4期。

〔註121〕　〔後晉〕劉昫等：《舊唐書》卷七八《張行成・族孫易之昌宗傳》，北京：中華書局，1975年版，第2706頁。

〔註122〕　〔宋〕司馬光：《資治通鑒》卷二〇七「則天后長安四年十二月」條，北京：中華書局，1956年版，第6575頁。

〔註123〕　〔宋〕司馬光：《資治通鑒》卷二〇六「則天后聖曆二年臘月」條，北京：中華書局，1956年版，第6539頁。

　　第六，二張是武則天彰顯國力的政治工具。久視元年（700），武則天「命易之、昌宗與文學之士李嶠等修《三教珠英》於內殿」〔註124〕。《三教珠英》是一部大型類書，有一千餘卷，是在《修文殿御覽》和《文思博要》兩部大型類書的基礎上略有增減而成，本非難事，加之眾多一流文詞之士奉詔躬身參與，想必成書應該很快，然成書卻歷時四年之久，原因就是在修書期間，他們「日夕談論，賦詩聚會，歷年未能下筆」。文人們修書也不太認眞，徐堅與張說「構意撰錄」，「諸人依堅等規制，俄而書成」〔註125〕。這樣簡易快捷的成書過程，質量可想而知。如此看來，興師動眾、勞心勞力地修書並非必要之舉。修書的意義主要有三：一是借修書雅行掩飾醜跡。當然，她讓二張擔任此領導職務，也是給他們機會樹立一下正面形象，算是對「寵妃」的殊恩。二是藉此聚集文士陪伴武則天宴飲享樂。三是借盛世修書以彰顯國力。這些修書的「文學之士」有不少就是奉宸府人員，如員半千、薛稷、閻朝隱等。修書其間，文士們飲酒賦詩，切磋文藝，是初唐後期規模最大的一個宮廷詩人群會。他們所作詩編爲《珠英學士集》五卷，「體現了兼收並蓄的審美傾向，開啓了唐詩選本的一個時代」〔註126〕。從這個角度而言，二張是武則天用作誇耀盛世的政治工具。

　　第七，二張是武則天宮中的耳目。與薛懷義常駐宮外不同，二張長期居住在宮中，整日陪伴武則天。武則天年紀大了，想必對宮中事務的關注大大減少，可能委託二張代爲管理。前文多次提及武則天利用宮僕獲得宮廷鬥爭的勝利，也因誤信宮僕出了一些差錯，茲不贅述。隨著武則天逐漸老去，精力大大減退，又要處理諸多政務，其與宮僕的聯繫想必大大減少。身邊有了年輕的二張，這個問題就簡單多了。如李重潤、永泰郡主、武延基竊議二張專權被殺之事就大有蹊蹺。試想，既然是「竊議」，當事人張易之如何知曉？顯然是別人告訴他的。史載此事是李重福所構。李重福是李顯與後宮所生，與韋氏所生子李重潤存在嫡庶衝突，故而「云與張易之兄弟潛構，成重潤之罪」〔註127〕。李重福之妃是張易之的外甥女。李重福借助張易之的傳遞，羅

〔註124〕〔宋〕司馬光：《資治通鑒》卷二〇六「則天後久視元年庚子」條，北京：中華書局，1956 年版，第 6546 頁。

〔註125〕〔後晉〕劉昫等：《舊唐書》卷一〇二《徐堅傳》，北京：中華書局，1975 年版，第 3175 頁。

〔註126〕龔祖培：《崔融對唐詩的三大影響》，《長沙理工大學學報》，2010 年第 1 期。

〔註127〕〔後晉〕劉昫等：《舊唐書》卷八六《庶人重福傳》，北京：中華書局，1975 年版，第 2835 頁。

織一個私下議論的罪名，也是有可能的。可見張易之在宮中耳目之廣。與二張關係很近的奉宸府成員吉頊亦有「臣幸預控鶴，爲陛下耳目」之言〔註128〕。武則天因此對二張多加信任甚至超越骨肉至親就不難理解了。

第八，二張還是武則天的私人政治力量，與武則天是一榮俱榮、一損俱損的關係。武則天對貼身面首委以政務並不奇怪，類似於封建社會經常出現的后妃干政。相反，恰恰由於面首是男性，他們干政的可能性更大。武則天設置奉宸府（控鶴府）起初是爲了安置二張，「頗用才能文學之士以參之」〔註129〕，後又「命易之、昌宗與文學之士李嶠等修《三教珠英》於內殿」〔註130〕，可知這兩項措施另有用意。三十年前，武則天就以修撰爲名把劉禕之、元萬頃等一批文學之士召入禁中，讓他們參決政事，「以分宰相之權」。現在的做法和過去類似，是想以二張爲核心再召集一批文士，形成一個新的親信集團。在這些文士中，確實也有一些人成爲二張的黨人，如吉頊、李迴秀、李嶠、閻朝隱、沈佺期、宋之問等。神龍政變後「坐二張竄逐」的就有「朝官房融、崔神慶、崔融、李嶠、宋之問、杜審言、沈佺期、閻朝隱等……凡數十人」〔註131〕。此外，親附二張有實跡可查的有李迴秀、楊再思、蘇味道、韋承慶、韋嗣立和吉頊，參加張易之主持的控鶴監後改奉宸府爲供奉的除宋之問、閻朝隱外，還有薛稷、員半千和田歸道〔註132〕。其中李迴秀、楊再思、蘇味道、韋承慶、韋嗣立、房融在這個時期還先後充任過宰相〔註133〕。可見，二張在朝內已經逐漸形成了一股政治勢力。

在武則天的默許下，二張確實有過干政行爲，對政局也產生了不小的影響。自武則天稱帝起，太子人選就在李武兩家中來回搖擺，不少人向武則天進諫碰了釘子，二張卻能說動武則天召回李顯並立爲太子，使得李氏集團在鬥爭中重新佔了上風。他們還不時地向武則天吹枕邊風排斥異己。楊元禧「嘗

〔註128〕〔唐〕張鷟：《朝野僉載》卷三，北京：中華書局，1979 年版，第 33 頁。
〔註129〕〔宋〕司馬光：《資治通鑒》卷二○六「則天后聖曆二年正月甲子」條，北京：中華書局，1956 年版，第 6538 頁。
〔註130〕〔宋〕司馬光：《資治通鑒》卷二○六「則天后久視元年六月」條，北京：中華書局，1956 年版，第 6546 頁。
〔註131〕〔後晉〕劉昫等：《舊唐書》卷七八《張行成‧族孫易之昌宗傳》，北京：中華書局，1975 年版，第 2708 頁。
〔註132〕詳見〔後晉〕劉昫等：《舊唐書》二張、吉、員、宋、閻諸傳，北京：中華書局，1975 年版。
〔註133〕詳見〔後晉〕劉昫等：《舊唐書》李、楊、蘇、二韋諸傳，北京：中華書局，1975 年版。

忤張易之」。張易之言楊元禧父輩楊素爲「隋之逆臣」，楊家子孫「不應供奉」。
不久，武則天就令「楊素及其兄弟子孫皆不得任京官」〔註134〕。此外，因二
張被貶的還有魏元忠、元之、張說等人。二張曾因干政遭到過魏元忠、宋璟、
張說、薛季昶、韋安石、王及善等人的多次面折和奏劾。武則天極力緩和衝
突，以合神丹有功等各種理由偏袒二張。眾多朝臣對此百般不忿。如果二張
安於面首和保健醫生的身份，不參與政治，就不會引起眾多官僚如此強烈的
反感。武則天晚年病重期間，二張和宦官一樣出入宮禁，接近人主，實際上
起著「宦官專政」的作用。

綜上所述，二張對武則天的意義遠非面首二字所能概括，他們對她而言
有著不可替代的、非同尋常的象徵意義和政治價值。再來看一下二張對武則
天的情感。從生理和心理的角度而言，二張對年邁的老嫗自然不可能產生瘋
狂的情慾或愛情，心甘情願當然是貪圖榮華富貴。只不過他們頭腦簡單，政
治才能有限，沒有明白「伴君如伴虎」的道理罷了。雖然女皇對他們並無傷
害，但是身處政治高崖，稍有不慎就會粉身碎骨。他們投機選擇成功的幾率
並不大。

三、二張惹禍和女皇引火

前文對武則天和二張之間的關係已基本論述清楚，下面要探討其關係的
政治影響。爲了搞清這個問題，應先大致瞭解一下當時的政治局勢。

1. 武則天晚年的政治局面

武則天時代主要活躍著三個政治集團，分別是李氏集團、武氏集團和武
則天的私人政治集團。

李氏集團主要由李顯、李旦、李孝逸、李元嘉等宗室人員及擁戴者組成。
在宗室人員中，李顯和李旦最有資格繼承皇位。他們手中的皇權被武則天剝
奪後，自然也被武則天視爲最大的政治威脅，一直被嚴加防範。然而，他們
畢竟與武則天是母子關係，不到萬不得已，武則天不願殺害他們。其餘宗室
人員多數被武則天殺掉或幽禁，幼弱存活者也時時受到打擊排抑，處境悲慘。
李唐宗室是公認的王朝繼承人，擁有廣泛的民眾基礎。武周政權建立多年後，

〔註134〕 〔宋〕司馬光：《資治通鑑》卷二〇七「則天后久視元年閏月」條，北京：中
　　　　　華書局，1956 年版，第 6549 頁。

仍有不少人對李唐念念不忘，暗懷匡復之志。李唐宗室的擁戴者不光人員眾
多，而且職務都很高。先後擁戴李唐子孫的人有狄仁傑、劉禕之、李昭德、
張柬之、崔玄暐、敬暉、桓彥範、袁恕己、薛思行、王同皎、張錫等。他們
並未明確成黨結派，但在無形中形成了一個李氏集團。他們想方設法、或明
或暗地保存李唐血脈，阻撓武則天篡奪朝權。後來武則天改旗易幟，坐穩江
山，他們又反覆以母子親情、宗廟祭祀等理由勸說武則天傳位給李唐子孫，
間接達到匡復李唐的目的。這樣一來，武則天即使不顧及骨肉親情，僅從安
定政局出發，也不得不顧及李氏集團的利益，但若是傳位李唐子孫，那麼她
辛苦打拼一生建立的武周政權就僅此一代，不能傳至萬世了。這對任何一個
開國皇帝來說，都是一個巨大的遺憾。

　　武氏集團主要由武三思、武承嗣、武懿宗等人及擁戴者組成。其中，武
三思和武承嗣最有希望成為武周政權的繼承人。武氏兄弟和武則天是姑侄關
係，血緣關係稍微遠一點，但他們有著李唐子孫無可比擬的姓氏優勢。武則
天革命之際，武氏家族勢力迅速發展，其中武承嗣、武攸寧、武三思等人都
官至宰相。諸武大多目光短淺，猥瑣貪利，無任何專門才幹，依仗著與武則
天的族親關係身居高位，飛黃騰達，背後也有一批追隨者。這些追隨者中，
多數為酷吏、無賴等，多是些投機鑽營、牆頭搖擺之輩，幾乎沒有重量級的
老臣。武氏集團得益於武則天提拔，自然擁護武則天執政，堅決反對返政李
唐，也積極消滅匡復李唐的可能性。因為武則天執政是他們繼續生存和發展
的基本前提，匡復李唐則意味著政治生命的結束。因此，他們以「自古天子
未有以異姓為嗣者」為由不斷遣人上表、請願，要求成為武周政權的繼承
人。作為武周政權的開創者，武則天自然希望武氏基業能後繼有人並千秋萬代，
也一度對武氏兄弟青眼相加，但是若立武氏兄弟為太子，武則天百年之後的
祭祀就沒有保證，因自古「未聞侄為天子而姑於廟者也」〔註135〕。很多人一
直將諸武當道視作外戚專權，認為他們是應當剪除的異端力量。

　　李氏集團和武氏集團的矛盾鬥爭在武則天執政時期從未停止過。高宗駕
崩後，武則天逐步從李唐子孫中奪取政權，自然要打壓擁戴李唐的李氏集團，
培植武氏集團以為己用。兩集團的矛盾焦點在於是否支持武則天執政、稱帝。
武則天如願稱帝後，睿宗被降格為「皇嗣」，沒有馬上立儲。此時，武則天執

〔註135〕〔宋〕司馬光：《資治通鑒》卷二○六「則天后聖曆元年二月」條，北京：中
　　　　　華書局，1956年版，第6526頁。

政已是無可更改、普遍認可的事實，兩集團的矛盾焦點逐漸轉移到太子人選的爭奪上，也就是武則天駕崩後武周政權的歸屬問題。武則天剛從李唐子孫手中奪取政權，斷無立刻還回去的道理。所以，武則天起初屬意武氏兄弟。稱帝之初，武則天就「立武承嗣爲魏王，三思爲梁王，攸寧爲建昌王，士護兄孫攸歸、重規、載德、攸暨、懿宗、嗣宗、攸宜、攸望、攸緒、攸止皆爲郡王」〔註136〕。這是皇子皇孫才有的待遇。長壽二年（693），武則天享萬象神宮，「以魏王承嗣爲亞獻，梁王三思爲終獻」〔註137〕，李唐子孫尷尬地站在一旁。武周與突厥和親時，武則天命武承嗣之子武延秀以天子之後的身份「入突厥，納默啜女爲妃」〔註138〕。可見，一開始李氏集團在武則天和武氏集團的打擊排擠下節節敗退，一直處於下風。

武氏集團也並非無懈可擊。諸武貪婪兇殘、倚勢跋扈，引起了朝野的普遍反感，史載「諸武皆當權任，人情憤怨」〔註139〕。李昭德等朝臣三番五次地向武則天諫言諸武權重。周邊民族對諸武也沒有好感。武延秀與突厥和親就引起了突厥的拒絕和惱怒。突厥默啜不承認武延秀是天子之後，認爲此番和親是騙婚行爲，明確要求要將女兒嫁給李唐子孫，並進一步表示要出兵幫助李唐子孫匡復大業。少數民族領袖孫萬榮包圍幽州時，檄文稱：「何不歸我廬陵王？」〔註140〕可見，李唐子孫擁有廣泛的民眾基礎和支持力量，「天下士庶未忘唐德，咸復思廬陵王」〔註141〕。李唐子孫繼承武周政權面臨的主要障礙就是武則天的心不甘、情不願。同時，安排武氏兄弟繼承武周政權阻力也是很大的。

鑒於政治局勢的發展，武則天十分注意平衡兩家關係，試圖建立一個李武聯合政權。李武兩集團平分秋色已是她能爭取到的最理想的政治局面。武

〔註136〕 〔宋〕司馬光：《資治通鑑》卷二〇四「則天后天授元年九月丙戌」條，北京：中華書局，1956年版，第6468頁。

〔註137〕 〔宋〕司馬光：《資治通鑑》卷二〇五「則天后長壽元年正月壬辰朔」條，北京：中華書局，1956年版，第6488頁。

〔註138〕 〔宋〕司馬光：《資治通鑑》卷二〇六「則天后聖曆元年六月甲午」條，北京：中華書局，1956年版，第6530頁。

〔註139〕 〔後晉〕劉昫等：《舊唐書》卷六七《孫敬業傳》，北京：中華書局，1975年版，第2476頁。

〔註140〕 〔宋〕司馬光：《資治通鑑》卷二〇六「則天后聖曆元年二月」條，北京：中華書局，1956年版，第6526頁。

〔註141〕 〔宋〕司馬光：《資治通鑑》卷二〇六「則天后聖曆元年二月」條，北京：中華書局，1956年版，第6527頁。

則天安排武攸暨尙太平公主，武崇訓尙李顯女安樂公主，武延基尙李顯女永泰郡主，武延暉尙李顯女新都公主〔註142〕。這都是她有意識地把李武兩家融合成一體的措施。此外，她還用法律條文約束李武兩家：

> 太后春秋高，慮身後太子與諸武不相容。壬寅，命太子、相王、
> 太平公主與武攸暨等爲誓文，告天地於明堂，銘之鐵券，藏於史館。

〔註143〕

這些做法在一定時間內收到了預期效果。武則天稱帝八年後，也就是聖曆元年（698），她終於聽從了狄仁傑等人的建議，從房陵迎回了李顯，並將其立爲太子，李氏集團算是略占上風。但是，此時武三思等人仍然手握重權，二張也權傾朝野，人多云其有竊國之心。這都讓李氏集團無法徹底安心。直到神龍元年（705）春，李氏集團發動政變將武則天請下政治舞臺，將太子顯扶上龍椅，武則天的接班人問題才算塵埃落定。當然，此時武周政權已不復存在，又重新被李唐政權取代了。需要說明的是，武氏集團並沒有隨著武周政權的覆滅而衰落，武三思等人在中宗朝仍然橫行一時。其與李氏集團的矛盾直到開元盛世前夕才眞正結束。需要指出的是，李武兩集團雖然在武則天時代鬥爭激烈，但他們都不是此時最強大的政治集團，此時最有權勢的是武則天的私人政治集團。

　　前文已述，武則天是從後宮走向政治前臺的，在朝中並無根基，想站穩腳跟，必須要培植自己的私人政治力量同外廷朝臣抗衡。武則天先後培植的私人政治力量主要有北門學士、薛懷義、奉宸府人員、上官婉兒、太平公主等。這些人是武則天最親近的人，也是當時最有權勢的一群人。需要指出的是，這些人並沒有觸摸到武則天政權的核心權力，多倚仗武則天的權勢斂財享樂，爲她代爲耳目，核心權力仍然緊緊攫握在她一人手中。到了武則天晚年，北門學士早已被殺得所剩無幾，薛懷義也被殺了，上官婉兒和太平公主終究是女流之輩，影響相當有限，武則天最倚重的私人政治力量是奉宸府人員。奉宸府就是專門爲安置二張設置的一個特殊機構，他們的主要職能是監督、平衡和牽制李武兩集團。

〔註142〕〔宋〕歐陽修、宋祁：《新唐書》卷八三《諸帝公主傳》，北京：中華書局，1975年版，第3650～3654頁。

〔註143〕〔宋〕司馬光：《資治通鑒》卷二○六「則天后聖曆二年四月」條，北京：中華書局，1956年版，第6540頁。

　　奉宸府原名叫做控鶴府，成立於聖曆二年（699），久視元年（700）六月改名為奉宸府，起初是武則天安置面首二張的後宮機構，後來她為掩飾其後宮性質，以修撰《三教珠英》為名先後引入閻朝隱、薛稷、員半千、李迴秀等多名才能文學之士。神龍元年（705），武則天在政變中失勢，奉宸府核心人物二張被殺，其餘成員多以攀附二張之名被貶。奉宸府自動解散，前後歷時六年。

　　同時，奉宸府帶有很強的政治意味。前文對奉宸府的核心人物二張的政治角色已經描述甚詳，此不重複。其餘成員傾心依附於武則天和二張，他們和機構之外的張昌儀、張昌期、張同休等人一起聽命於武則天，平衡、防範和抑制著李武兩集團，與武則天是一損俱損、一榮俱榮的關係。

　　吉頊也是奉宸府中參政較多的一名成員。史載吉頊「有干略」，武則天對他「委以腹心」〔註144〕。他的政治行為一是向武則天奏明來俊臣「聚結不逞，誣構良善，贓賄如山，冤魂塞路」的犯罪事實〔註145〕，加速了來俊臣的覆滅，結束了酷吏橫行的政治局面，二是說服二張站在李氏集團一邊，並具陳利害勸說武則天立李顯為太子，堅定了武則天傳位李唐子孫的決心。前文所述，二張勸說武則天迎回李顯就是聽從了吉頊的建議。後吉頊因依附太子被諸武排擠出長安。

　　神龍政變後，武則天政權倒臺，二張以謀反之名被殺，其餘奉宸府人員則多以攀附二張之名被竄逐，奉宸府自動解散。中宗即位後「赦天下，惟張易之黨不原」〔註146〕，可見新政權對奉宸府人員的警惕和防範，也足見其在武則天時代的政治影響力。需要指出的是，武則天的私人政治集團成員大多是文人，沒有正式官職。他們或以撰書為名出入禁中，參決政事，或以面首身份承恩，代為耳目，干預朝政，或為武則天貼身心腹，直接聽命於武則天。他們雖官職不顯，但已隱然成為朝廷新貴。

　　不難看出，與前兩個政治集團相比，武則天的私人政治集團中所有成員均沒有資格繼承皇位，他們因武則天的需要而存在，其尊崇榮耀也完全仰仗

〔註144〕〔宋〕司馬光：《資治通鑒》卷二〇六「則天后久視元年正月」條，北京：中華書局，1956年版，第6544頁。

〔註145〕〔宋〕司馬光：《資治通鑒》卷二〇六「則天后神功元年六月」條，北京：中華書局，1956年版，第6519頁。

〔註146〕〔宋〕司馬光：《資治通鑒》卷二〇七「中宗神龍元年正月丙午」條，北京：中華書局，1956年版，第6581頁。

她一手賜予，對她有很強的依賴性。武則天的私人政治集團還有功能多元化的傾向。奉宸府原本是武則天安置面首的後宮機構。武則天還經常在此舉行休閒娛樂、歡宴吟詩等活動，其中不乏頤養身心之意，使得該機構除政治功能外，還兼有娛樂、療養、文學等功能。正是在這個意義上，奉宸府還是武則天打發閑暇時光的療養場所，是初唐後期一個重要文學機構，也是武則天的培植心腹的私人小朝廷。這些人都是武則天晚年最親近、最信任的一群人。很多得罪他們的人都付出了慘重的代價。李武兩集團人員出於政治目的，都需注意處理和他們的關係。

綜上所述，在武則天時代，李氏集團、武氏集團和武則天的私人政治集團三足鼎立，各個集團均有一定的政治優勢，並形成了多個勢力中心，身後都有不少擁戴者。如此複雜的政治局面全賴武則天一手統領和平衡。這是一種極不穩定的政治局面。隨著武則天春秋漸高，她的精力必然減弱，這種暫時的平衡局面必然會打破。武則天政權前景如何，實難預料。然而在這種複雜的政治局勢下，二張作為引線，打破了這種政治平衡，這要從他們與這兩個政治集團的關係說起。

2. 二張為何成為眾矢之的？

前文已述，二張對武則天而言意義非同尋常，武則天對他們付出了超乎尋常的愛護和信任，按說他們的生活應該非常愜意，然史料中卻常常出現二張受到朝臣攻擊的記載，魏元忠、宋璟、張說、薛季昶、韋安石、王及善等人多次奏劾二張，甚至多次與之發生正面衝突。時二張、諸武專權用事，韋安石「數面折之」。在宴飲場合，他指出張易之帶來的客人是「商賈賤類」，「不應得預此會」，「顧左右逐出之」〔註147〕。宋璟在朝貴宴集之時拒絕張易之的拉攏，並且蔑視地稱其為「張卿」〔註148〕。前文提及張昌宗言涉謀逆，武則天有意袒護，宋璟則堅持「請勒就御史臺勘當，以明國法」，表示雖知「言出禍從，然義激於心，雖死不恨」〔註149〕。張易之嘗

〔註147〕〔宋〕司馬光：《資治通鑑》卷二○七「則天后久視元年十月」條，北京：中華書局，1956 年版，第 6553 頁。

〔註148〕〔宋〕司馬光：《資治通鑑》卷二○七「則天后長安三年九月」條，北京：中華書局，1956 年版，第 6567 頁。

〔註149〕〔後晉〕劉昫等：《舊唐書》卷九六《宋璟傳》，北京：中華書局，1975 年版，第 3030 頁。

縱其家奴凌暴百姓。魏元忠「笞殺之」，在武則天面前奏稱二張是君側「小人」〔註150〕。桓彥範也上疏稱張昌宗「無德無才，謬承恩寵，自宜粉骨碎肌，以答殊造」〔註151〕。武則天晚年生病期間，朝野間競相傳言二張竊國謀反。可見，二張在朝野中已是眾矢之的。筆者認爲原因主要有如下幾個方面：

第一，中國封建社會一向有歧視倡優的傳統。在男權社會中，男性倡優侍奉女主令人更添厭嫌。這影響了中國封建社會的等級劃分，各階層排序爲士、農、工、商。商人管理物質流動，並不創造價值，往往被視作不務正業，故而排在最末。倡優面首靠出賣色藝謀生，不僅不創造價值，還在經濟上嚴重依附於他人。倡優面首之流則更在商人之下。二張塗脂抹粉，男扮女裝，向女皇兜售色相、才藝和醫術，也幫助女皇理政。朝野理所當然地從內心鄙視非正途發跡的二張。再者，武則天稱帝在封建社會可謂石破天驚。士人多受儒家思想薰陶。儒家最反對的就是女性干政，因此朝臣或多或少地對她有牴觸情緒。其私生活也易成爲異己者攻擊她的把柄。相應地，其面首二張也在被排斥鞭撻之列。更何況二張無德無才，以幸臣聚財揚露，飛揚跋扈，凌駕於一般朝臣之上，更容易招人反感。

第二，二張多次犯罪，沒有得到應有的懲罰。長安二年（702），「（張）易之贓賂事發，爲御史臺所劾下獄」〔註152〕，旋即放出。長安四年（704），司禮少卿張同休、汴州刺史張昌期、尚方少監張昌儀皆坐贓下獄。武則天命左右臺共鞫之，不久二張因「作威作福，亦命同鞫」，結果是「張昌宗強市人田，應徵銅二十斤」。對富可敵國的二張來說，區區二十斤銅根本算不了什麼。不久，御史大夫李承嘉、中丞桓彥範奏言張同休兄弟贓共四千餘緡，「張昌宗法應免官」。武則天有意迴護，問諸宰相曰：「昌宗有功乎？」楊再思曰：「昌宗合神丹，聖躬服之有驗，此莫大之功。」武則天很高興，立即赦免了張昌宗〔註153〕。同年，鸞臺侍郎、知納言事、同鳳閣鸞臺三品韋安

〔註150〕〔後晉〕劉昫等：《舊唐書》卷九二《魏元忠傳》，北京：中華書局，1975年版，第2952頁。
〔註151〕〔後晉〕劉昫等：《舊唐書》卷九一《桓彥範傳》，北京：中華書局，1975年版，第2927頁。
〔註152〕〔後晉〕劉昫等：《舊唐書》卷七八《張行成·族孫易之昌宗傳》，北京：中華書局，1975年版，第2707頁。
〔註153〕〔宋〕司馬光：《資治通鑑》卷二〇七「則天后長安四年七月乙未」條，北京：中華書局，1956年版，第6572頁。

石舉奏張易之等罪，「敕付安石及右庶子、同鳳閣鸞臺三品唐休璟鞫之，未竟而事變」〔註154〕。坊間屢有人為飛書及榜其書於通衢，云「易之兄弟謀反」，武則天「皆不問」〔註155〕。後張昌宗「召術士李弘泰占相」。李弘泰言張昌宗「有天子相，勸於定州造佛寺，則天下歸心」。此事被人以謀反之名告到了武則天那裡。武則天命韋承慶及司刑卿崔神慶、御史中丞宋璟鞫之。面對審判官的申訴，武則天「久之不應」。司刑少卿桓彥範上疏，「疏奏，不報」。崔玄暐「亦屢以為言，太后令法司議其罪」，宋璟「覆奏收昌宗下獄」，武則天反說：「昌宗已自奏聞。」對宋璟「溫言解之」，幾經周折最後還是「事未畢，太后遣中使召昌宗特敕赦之」〔註156〕。

　　第三，二張作為武則天身邊的紅人，其影響力可謂不小。令人失望的是，二張無德無行，成為不良士風的引導者。二張在迎回李顯一事上立有大功，按說李氏集團應該對其非常友好，然而李氏集團的許多人（如宋璟、魏元忠、桓彥範等人）卻對二張十分不滿。這主要是由於他們的政治品格實在難以接受二張的為人。二張身為面首，借女皇之力飛黃騰達，引得不少人眼紅。右補闕朱敬則大膽指出二張及奉宸府的美少年在外多有醜名，影響極壞，甚至有毛遂自薦者，「上舍奉御柳模自言子良賓潔白美鬚眉，左監門衛長史侯祥雲陽道壯偉，過於薛懷義，專欲自進堪奉宸內供奉」〔註157〕，勸武則天注意收斂，並及時補救。武則天表示認同，不久就安排二張帶領文士修書以掩醜跡。一般來說，臣子不便干預帝王私生活，更何況武則天還是女主。若非實在看不下去，朱敬則恐怕不會如此直言。

　　二張身邊還聚攏了大批輕薄文士。這些文士攀附二張，競相阿諛武則天和二張，在朝中形成了一股濁流。聖曆二年（699），武則天為二張「置控鶴監丞、主簿等官，率皆孌寵之人，頗用才能文學之士以參之」。這些人有二張、吉頊、田歸道、李迥秀、薛稷、員半千等。當時就有人言控鶴府「所聚多輕

〔註154〕　〔宋〕司馬光：《資治通鑑》卷二〇七「則天后長安四年七月癸丑」條，北京：中華書局，1956年版，第6573頁。
〔註155〕　〔宋〕司馬光：《資治通鑑》卷二〇七「則天后長安四年十二月」條，北京：中華書局，1956年版，第6575頁。
〔註156〕　〔宋〕司馬光：《資治通鑑》卷二〇七「則天后長安四年十二月辛未」條，北京：中華書局，1956年版，第6575～6577頁。
〔註157〕　〔後晉〕劉昫等：《舊唐書》卷七八《張行成·族孫易之昌宗傳》，北京：中華書局，1975年版，第2707頁。

薄之士」〔註158〕。他們也的確如是。武則天每內殿曲宴，二張和這些文人就陪侍左右，暢飲調笑，「欽博嘲謔」〔註159〕，無朝無儀，醜聲遠播。崔融「與納言李嶠、鳳閣侍郎蘇味道、麟臺少監王紹宗等俱以文才降節事之」〔註160〕。有人譽張昌宗之美曰：「六郎面似蓮花。」楊再思獨曰：「不然。」張昌宗問其故，楊再思曰：「乃蓮花似六郎耳。」〔註161〕武三思「又贈昌宗詩，盛稱昌宗才貌，是王子晉後身，仍令朝士遞相屬和」〔註162〕，「於緱氏山立廟，詞人才子佞者爲詩以詠之」〔註163〕。「太后命昌宗衣羽衣，吹笙，乘木鶴於庭中；文士皆賦詩以美之」〔註164〕。其中，崔融爲其絕唱，曰：「昔遇浮丘伯，今同丁令威。中郎才貌是，藏史姓名非。」〔註165〕他們極力稱讚張昌宗美貌，並給他附會上神異色彩，無非是間接阿諛武則天罷了。很多顯貴都對他們禮遇有加，「皆匍匐禮謁，武承嗣、武三思皆執僮僕之禮以事之，爲之執轡」〔註166〕。武三思、宗楚客、宗晉卿等人「皆候易之門庭，爭執鞭轡，謂易之爲五郎，昌宗爲六郎」〔註167〕。宋之問「諂事張易之」〔註168〕，甚至「捧張易之溺器」〔註169〕。不少人因附會二張仕途順利、聚斂財物，

〔註158〕〔宋〕司馬光：《資治通鑑》卷二○六「則天后聖曆二年己亥」條，北京：中華書局，1956年版，第6538頁。

〔註159〕〔宋〕司馬光：《資治通鑑》卷二○六「則天后久視元年六月」條，北京：中華書局，1956年版，第6546頁。

〔註160〕〔後晉〕劉昫等：《舊唐書》卷九四《崔融傳》，北京：中華書局，1975年版，第3000頁。

〔註161〕〔宋〕司馬光：《資治通鑑》卷二○七「則天順聖皇后長安四年七月」條，北京：中華書局，1956年版，第6572頁。

〔註162〕〔後晉〕劉昫等：《舊唐書》卷一三三《武三思傳》，北京：中華書局，1975年版，第4735頁。

〔註163〕〔唐〕張鷟：《朝野僉載》卷五，北京：中華書局，1979年版，第125頁。

〔註164〕〔宋〕司馬光：《資治通鑑》卷二○六「則天順聖皇后久視元年六月」條，北京：中華書局，1956年版，第6546頁。

〔註165〕〔後晉〕劉昫等：《舊唐書》卷七八《張行成·族孫易之昌宗傳》，北京：中華書局，1975年版，第2706頁。

〔註166〕〔宋〕司馬光：《資治通鑑》卷二○三「高宗垂拱元年十一月」條，北京：中華書局，1956年版，第6435頁。

〔註167〕〔宋〕司馬光：《資治通鑑》卷二○六「則天后神功元年正月」條，北京：中華書局，1956年版，第6514頁。

〔註168〕〔元〕辛文房撰，傅璇琮主編：《唐才子傳校箋》卷一《宋之問傳》，北京：中華書局，1987年版，第90頁。

〔註169〕〔唐〕張鷟：《朝野僉載》卷五，北京：中華書局，1979年版，第124頁。

如韋承慶「長安中爲相，附張易之」〔註170〕，又如長安中，李迥秀「恃張易
之權勢，受納貨賄」〔註171〕。朝臣們甚至犧牲名節爲他們的罪行開脫，如長
安四年（704），楊再思以張昌宗「合練神丹」〔註172〕之功爲其開脫，又如崔
神慶「嘗受詔推張昌宗，而竟寬其罪」〔註173〕。還有不少人懼於二張之勢，
對二張採取了敬而遠之的態度，如宰相豆盧欽望在二張專權驕縱時「獨謹其
身，不能有所匡正」〔註174〕，又如李嶠是奉宸府成員之一，是《三教珠英》
的修書使，經常替二張捉刀代筆，對二張等人的種種驕縱失儀行爲一概不聞
不問，任之由之，甚至曲意迎合。

　　二張還代筆盜取才名，甚爲時人所譏。《舊唐書》中多次提到二張代筆盜
名，「時假詞於人，皆有新句」〔註175〕，「如應詔和詩，則宋之問、閻朝隱爲
之代作」〔註176〕，「張易之等所作篇什，多是朝隱及宋之問潛代爲之」〔註177〕。
《朝野僉載》中也說他們的「謝表及和御製皆詔附者爲之。所進《三教珠英》，
乃崔融、張說輩之作，而易之竊名爲首」〔註178〕。

　　此時還出現了以二張爲首的文士集體自戴高帽事件：

　　　　張易之、昌宗嘗命畫工圖寫武三思及納言李嶠、鳳閣侍郎蘇味
　　道、夏官侍郎李迥秀、麟臺少監王紹宗等十八人形象，號爲《高士
　　圖》。〔註179〕

〔註170〕〔宋〕計有功：《唐詩紀事校箋》卷九《韋承慶》，上海：上海古籍出版社，
　　　　1955年版，第224頁。
〔註171〕〔後晉〕劉昫等：《舊唐書》卷一〇二《馬懷素傳》，北京：中華書局，1975
　　　　年版，第3164頁。
〔註172〕〔後晉〕劉昫等：《舊唐書》卷九〇《楊再思傳》，北京：中華書局，1975年
　　　　版，第2919頁。
〔註173〕〔後晉〕劉昫等：《舊唐書》卷七七《崔義玄傳》，北京：中華書局，1975年
　　　　版，第2690頁。
〔註174〕〔後晉〕劉昫等：《舊唐書》卷九〇《豆盧欽望傳》，北京：中華書局，1975
　　　　年版，第2922頁。
〔註175〕〔後晉〕劉昫等：《舊唐書》卷一三三《二張傳》，北京：中華書局，1975年
　　　　版，第4736頁。
〔註176〕〔後晉〕劉昫等：《舊唐書》卷七八《張行成·族孫易之昌宗傳》，北京：中
　　　　華書局，1975年版，第2707頁。
〔註177〕〔後晉〕劉昫等：《舊唐書》卷一九〇《文苑中》，北京：中華書局，1975年
　　　　版，第5026頁。
〔註178〕〔唐〕張鷟：《朝野僉載》補輯，北京：中華書局，1979年版，第172～173頁。
〔註179〕〔後晉〕劉昫等：《舊唐書》卷四〇《朱敬則傳》，北京：中華書局，1975年
　　　　版，第2915頁。

二張還「競以豪侈相勝」〔註180〕，使得朝野彌漫著一股奢靡享樂的風氣。武則天給二張封官進爵，「賞賜不可勝紀」〔註181〕。張易之為母阿臧造七寶帳，裝飾十分華貴，「金銀、珠玉、寶貝之類罔不畢萃，曠古以來，未曾聞見。鋪象牙床，織犀角簟，麗貂之褥，蛩虻之氈，汾晉之龍鬚、河中之鳳翮以為席」〔註182〕。張易之也和武則天一樣喜好土木，曾建造大堂，「甚壯麗，計用數百萬。紅粉泥壁，文柏帖柱，琉璃沉香為飾」〔註183〕。上有所好，下必甚焉。朝士很容易傚仿二張形成奢華靡費的生活觀念。奢華的生活必須要有大量的物質支撐，容易引發貪贓等吏治問題。二張還是心地殘忍的美食家。唐人筆記載他們將鵝、鴨、驢、狗等動物虐殺後做成美食。這些動物「號叫酸楚，不復可聽」，「良久乃死」〔註184〕。他們則以此為樂。這些記載未必屬實，然可見二張在坊間的負面影響。

二張的親屬也名聲不佳。二張族人中，張昌期任岐州刺史，張昌儀任洛陽令。他們以二張為靠山，胡作非為。如張昌儀賣官鬻爵，「請屬無不從」。有薛姓選人贈金求官。張昌儀收到金子後，「以狀授天官侍郎張錫」。數日後，張錫失其狀，以問張昌儀。張昌儀也忘記了，遂令張錫「索在銓姓薛者六十餘人，悉留注官」〔註185〕。

第三，二張不懂政治，處世不慎，得罪了各方政治力量。二張來到武則天身邊後，蒙受殊寵。一些政治投機者開始諂媚拉攏二張。在以二張為中心的政治勢力形成之前，武氏人員對二張極盡諂媚，無非是想讓他們在立太子之事上給女皇吹吹枕邊風，然二張從未給武氏集團出過力。相反，他們還勸武則天盡早迎回李顯，並立為太子。這無疑與武氏集團的政治利益相悖。武氏集團自然對二張有所銜怨。李顯被立為太子後，武氏集團見在二張處無利可圖，其勢力又日漸壯大，不可避免地與之發生矛盾。前文已述，二張無德無行，為李氏集團側目。這是他們不得李氏集團人心的原因之一。「二張多次

〔註180〕〔宋〕司馬光：《資治通鑑》卷二〇六「則天后久視元年六月」條，北京：中華書局，1997 年版，第 6547 頁。

〔註181〕〔宋〕司馬光：《資治通鑑》卷二〇六「則天后神功元年正月」條，北京：中華書局，1997 年版，第 6514 頁。

〔註182〕〔唐〕張鷟：《朝野僉載》卷三，北京：中華書局，1979 年版，第 69 頁。

〔註183〕〔唐〕張鷟：《朝野僉載》卷六，北京：中華書局，1979 年版，第 146 頁。

〔註184〕〔唐〕張鷟：《朝野僉載》卷二，北京：中華書局，1979 年版，第 32 頁。

〔註185〕〔宋〕司馬光：《資治通鑑》卷二〇六「則天后久視元年庚子六月」條，北京：中華書局，1956 年版，第 6547 頁。

勸說武則天，促成她召回李顯立爲太子。二張此舉完全是政治投機，而且武則天也知道是吉頊出的主意，因而絕不會懷疑二張偏離內朝政治傾向，太子也不會感激他們，正統派也不會緩和同他們的關係」〔註186〕。

其實，他們還一再觸及李武兩大集團的利益，主要體現在兩件事上，一件是永泰郡主及其夫兄竊議二張被殺事件，一件是魏元忠事件。先看第一件事：

> 太后春秋高，政事多委張易之兄弟；邵王重潤與其妹永泰郡主、主婿魏王武延基竊議其事。易之訴於太后，九月，壬申，太后皆逼令自殺。〔註187〕

李重潤、永泰郡主是李顯的子女，且李重潤是長子，永泰郡主的夫婿武延基是武承嗣的長子。也就是說，此三人是武則天的孫子、孫女和孫女婿，李重潤和武延基分別是李武兩家的第一順序繼承人。他們犯的是私議君主的大罪。武則天從重處罰三人，他人當然不敢非議。此事是張易之告狀，眾人就很容易遷怒於他。諸史關於此事的記載略有差別。有的說三人是被杖殺，有的說是被迫自殺，有的說是李顯將三人縊殺、杖殺，討論最熱烈的是永泰郡主之死。《舊唐書》、《新唐書》、《資治通鑑》等載她是被武則天殺害。六十年代初，永泰郡主墓中發掘出《大唐故永泰公主誌銘》。其死因又有了幾種新的說法：一是根據墓誌銘中「珠胎毀月，怨十里之無香；瓊蕚凋春，忿雙童之秘藥」句斷言她是因病而死，非武后殺害，即所謂的「病死說」。二是根據其墓地中出土的十一塊骨盆碎片，復原了其骨盆，經鑒定爲：「永泰郡主骨盆各部位較之同齡女性骨盆都顯狹小，顯然，如此狹小的骨盆，即使一般胎兒也難順產……」閻文鬥在《千古懸案——永泰公主死之謎》中說：「其丈夫武延基十分健壯，其胎兒不可能很小。」〔註188〕結合「珠胎毀月」句，斷定永泰郡主死於難產。這就是所謂的「難產致死說」。三是「鴆殺說」，林玉彬通過分析墓誌內容，認爲竊議事發後，永泰郡主夫兄當即遭到杖殺，她雖因孕暫時得以緩刑，然因駭懼導致流產。武則天得知此事後，派侍女送毒藥將其鴆殺〔註189〕。

〔註186〕黃永年：《說李武政權》，《人文雜誌》，1982 年第 1 期。

〔註187〕〔宋〕司馬光：《資治通鑑》卷二○七「則天后長安元年八月」條，北京：中華書局，1956 年版，第 6556 頁。

〔註188〕閻文鬥：《千古懸案——永泰公主死之謎》，《視野》，1981 年第 5 期。

〔註189〕林玉彬：《永泰公主死因淺探——兼與閻文鬥先生商榷》，《內江師專學報》，1991 年第 1 期。

　　無論如何，三人被殺給李武兩大集團的打擊很沉重。其實，當時李顯已經被立爲太子數年，政治局勢已經明朗，又剛剛經過李武兩家「鐵券盟誓」和好。邵王重潤和永泰郡主完全可以避開極刑，但李顯還是爲了自保，沒有出手解救。因此，李顯稱帝後補償二人，復位後不久就將永泰郡主「追封爲永泰公主，……歲次……與故駙馬都尉合葬於奉天之北原（即乾陵）陪葬」（《永泰公主墓誌銘》）。中宗將女兒女婿以厚禮遷葬乾陵。墓室規模之宏大，隨葬器物之豐盛，都超出了常制。邵王重潤被追封爲懿德太子，亦陪葬乾陵。

　　武承嗣是武氏集團中的核心人物，爲建立武周貢獻不少，還差點成爲武周政權的繼承人。聖曆元年（698），其子武延秀前往突厥和親，引起了突厥的惱怒。武延秀也被拘於別所，直長安到四年（704）才遣返。武承嗣在李顯立爲太子後快快病卒。武氏集團失去了一位首腦人物。積極勸武則天迎回李顯的二張當然難辭其咎。現在，其長子武延基又因張易之告發被殺，武氏集團當然更加怨恨二張。

　　再看第二件事。二張作爲武則天的私人政治力量，其職責是注視和防範李武兩集團侵蝕武則天的權力。他們因此得罪了不少人。魏元忠事件就很典型。史載魏元忠看不慣二張，雙方結怨甚深。長安三年（703），張昌宗向武則天誣告魏元忠與司禮丞高戩私議云：「太后老矣，不若挾太子爲久長。」武則天大怒，先將二人下獄，又召太子、相王及諸宰相入宮，讓魏元忠與張昌宗當場廷辯。張昌宗密引張說做僞證。時二張權勢薰天，逆者無不加禍，張說「惶惑迫懼」。宋璟表示：「名義至重，神道難欺，必不可黨邪陷正，以求苟免。若緣犯顏流貶，芬芳多矣。或至不測，吾必叩閣救子，將與子同死。努力，萬代瞻仰，在此舉也。」〔註190〕劉知幾、張廷等人也均鼓勵張說據實作證。朝堂上，張說據實作證，二張相當尷尬。武則天仍將魏元忠貶爲高要尉，高戩、張說皆流嶺表。對於這個處理結果，朝臣多有不滿。朱敬則「抗疏理之」，蘇安恒亦上疏，直斥武則天「委信奸宄，斥逐賢良」，「爲受佞之主」。二張大怒，欲殺之，「賴朱敬則及鳳閣舍人桓彥範、著作郎陸澤魏知古保救得免」〔註191〕。

〔註190〕〔後晉〕劉昫等：《舊唐書》卷九六《宋璟傳》，北京：中華書局，1975年版，第3030頁。

〔註191〕〔宋〕司馬光：《資治通鑒》卷二〇七「則天后長安三年九月」條，北京：中華書局，1956年版，第6565～6566頁。

　　魏元忠、張說、朱敬則、宋璟、劉知幾、張廷等人都屬於李氏集團。這件事由二張引起，武則天如此處理顯然加重了李氏集團對二張的怨恨。在李氏集團的力量不足以推翻武則天之前，怨恨只能先記在二張賬上。二張如此大張旗鼓地打擊李氏集團成員，罪名是有謀反之言，還語涉及太子。這很容易讓李氏集團認為二張醉翁之意不在酒，有藉此事打擊太子之嫌。其實，二張並無此意。他們挑起此事是由於魏元忠多次打擊他們，「恐太后一日晏駕，為元忠所誅」。他們的自保行為顯然很不成熟。需要特別指出的是，此案還牽涉司禮丞高戩，此人是「太平公主之所愛也」〔註192〕，也就是太平公主的情人。張昌宗經太平公主舉薦才得以侍奉女皇，榮寵若是。張昌宗如此做，顯然有忘本之嫌。也就是說，二張不經意間還大大得罪了太平公主。

　　關於此事，還要弄清楚的是二張到底有沒有誣陷魏元忠？也就是說，魏元忠到底有沒有說那些話？黃永年認為，二張誣陷的可能性不大。魏元忠性格魯莽剛直，官居要職後，數次大起大落，險遭殺頭，說明政治上不夠沉穩，一時說些冒失話並非不可能。二張和魏元忠對壘，不必有什麼顧忌；但牽扯到太子顯，則與當初他們勸女皇迎回李顯並立為太子以長保富貴的願望相悖，又何苦無中生有，搬起石頭砸自己的腳？二張若是誣陷，顯然是欺君之罪。他們雖年少無知，但與武則天如同一體，應該不敢欺騙女皇〔註193〕。記載這次事件的史書系依據劉知幾、魏元忠、張說等人所修實錄、國史而編撰。《資治通鑒》載，張說修史時見《則天實錄》記錄宋璟告誡自己證魏元忠事，明明知道是著作郎吳兢所撰，卻故意道：「劉五殊不相借！」吳兢當即聲明是自己所撰，與已故的劉知幾無關。在場同僚「皆失色」。張說不甘心，事後又「陰祈」吳兢「改數字」，但吳兢「終不許」〔註194〕。「可以推斷，張說會乘修史之便，盡最大可能在這件事的記載上做些手腳。因此，史書中不可能留下有利於二張的記載。廷辯前那麼多人給張說做工作，張說旁敲側擊時眾人又大驚失色，其中必有蹊蹺」〔註195〕。筆者認為，極有可能是魏元忠失言被二張抓住不放，引張說作證欲治其罪。張說既不願與二張為伍，也不願作偽

〔註192〕〔宋〕司馬光：《資治通鑒》卷二〇七「則天后長安三年九月」條，北京：中華書局，1956年版，第6564頁。

〔註193〕黃永年：《說李武政權》，《人文雜誌》，1982年第1期。

〔註194〕〔宋〕司馬光：《資治通鑒》卷二一二「玄宗開元九年十二月」條，北京：中華書局，1956年版，第6748頁。

〔註195〕黃永年：《說李武政權》，《人文雜誌》，1982年第1期。

證，左右爲難。宋璟等人鼓勵張說作僞證保護魏元忠。武則天何等睿智，指斥張說是「反覆小人」，遂將魏元忠、張說等人流貶。時過境遷，張說已經身居要職。不少人都知道其做僞證之事，儘管有失品行，鑒於符合李氏集團的利益，應不會對他過多詰難。修史人員都是擁戴李唐者，其修史原則是在維護李唐及其支持者利益的前提下儘量實事求是。他們將事件描述成二張「誣陷」，張說「據實作證」。這一點張說應該也是同意的，然宋璟、劉知幾等人的勸說鼓勵之言只能是在張說猶豫不決的情況下方可出現。這樣處理客觀上倒給人感覺張說懼怕二張之勢，顯然是冤枉了張說。張說當然有些不樂意，故旁敲側擊地表示不滿，眾人大驚失色就不難理解了。

　　綜上所述，二張的政治勢力在武則天的培植下日漸增大，儼然凌駕於李武兩集團之上。他們招致李武兩集團的嫉妒反感，卻不自知。其不成熟的政治行爲更加重了李武兩集團的怨恨。他們接受了武氏集團的阿諛逢迎，卻沒有爲諸武謀求太子一事出力。他們爲李顯爭取到了太子之位，卻未賺得李氏集團的感激。武則天還因他們殺死了李武兩集團第一順序的繼承人。他們爲剷除異己誣陷魏元忠，卻不想又得罪了李氏集團的重臣和太平公主。實際上，他們以後的幼稚行爲進一步引發了朝野的不良聯想，爲他們招來了殺身之禍，也給武則天帶來了空前的政治災難。

3. 神龍政變——二張引起的君臣誤會

　　武則天政權終結於神龍政變。神龍元年（705）正月，張柬之、崔玄暐、敬暉、桓彥範、袁恕己等人定策率羽林兵誅二張，進而逼迫武則天傳位太子顯。武則天被迫讓位並遷居上陽宮，結束了她的時代。

　　神龍政變的藉口是二張謀反，諸政治勢力聯合起來清君側。政變前，二張「居中用事」，張柬之等五人「謀誅之」。由於政變必須借助兵力，張柬之在動員右羽林衛大將軍李多祚時說：「今大帝之子爲二豎所危，將軍不思報大帝之德乎！」李多祚表示：「苟利國家，惟相公處分，不敢顧身及妻子。」「因指天地以自誓。遂與定謀」〔註196〕。可見李多祚與政變人員合作的前提是誅殺二張，以免武則天被其所害。政變時，張柬之等人帥左右羽林兵五百餘人至玄武門，遣李多祚、李湛及王同皎詣東宮迎太子顯。李顯隨政變人員從至

〔註196〕〔宋〕司馬光：《資治通鑑》卷二〇七「中宗神龍元年正月」條，北京：中華書局，1956 年版，第 6578～6579 頁。

玄武門，斬關而入，在迎仙宮廡下斬殺二張。進入武則天寢殿後，張柬之對她說：「張易之、昌宗謀反，臣等奉太子令誅之，恐有漏洩，故不敢以聞。稱兵宮禁，罪當萬死！」〔註197〕可見，此次政變誅二張的目的十分明確。

　　下面要討論的是，二張究竟有無謀反之心？筆者認為沒有，謀反就是「謀危社稷」〔註198〕，背叛朝廷，企圖推翻皇帝，另立新政之舉。下面據此來看二張有無謀反的動機、條件、能力和行動。

　　首先，從動機和條件上看，二張對武則天有絕對的依賴性，所謂依附武則天，則「千人推我不能倒」，離開武則天，則「萬人擎我不能起」〔註199〕。武則天及其政權的存在是二張賴以生存和繼續享受榮華富貴的前提，他們當然不希望武則天下臺。一旦武則天下臺，他們必遭李武兩大集團的清算和報復。因此，他們沒有謀反的動機。從謀反條件上看，二張原是山東舊族，族中只有一個在前朝做過宰相的張行成，在朝中並無親眷和黨人。張易之的父親張希臧只是個雍州司戶。張昌宗父輩不詳，應該並不顯赫。在地方勢力上，二張僅有的心腹就是任岐州刺史的族弟張昌期和洛陽令張昌儀。他們以二張為靠山，胡作非為，民憤極大，也不可能成為朝廷重臣。可見，二張手中並無兵權和行政大權，不具備謀反條件。

　　其次，從能力上看，張易之入宮時才二十多歲，張昌宗還要年輕一些。年少閱歷淺就限制了很多事情。張易之「初以門蔭，累遷為尚乘奉御」〔註200〕，任上並無出色的政治表現。史載張昌宗一出場就被太平公主舉薦到武則天身邊侍奉，並無政治作為。他們入宮後多關注奢華享樂、煉藥侍奉。他們按照武則天的意圖行事，捎帶著用並不高明的手段排斥異己，不經意間幾乎得罪了各方政治力量。他們雖是武則天的私人政治力量，在宮中生活了八年，然政治實力十分有限，亦無實際的政治經驗。武則天晚年仍然把持朝政，不讓二張染指核心權力。二張一生也從未任過要職，來到武則天身邊後，張昌宗先後做過雲麾將軍，行左千牛中郎將；銀青光祿大夫，賜防閤，同京官朔望朝參；左散騎常侍；司僕卿，封鄴國公；春官侍郎。張易之做過司衛少卿；

〔註197〕〔宋〕司馬光：《資治通鑑》卷二〇七「中宗神龍元年正月癸卯」條，北京：中華書局，1956 年版，第 6580 頁。

〔註198〕〔唐〕長孫無忌等：《唐律疏議》卷一，北京：中華書局，1983 年版，第 6 頁。

〔註199〕〔唐〕張鷟：《朝野僉載》補輯，北京：中華書局，1979 年版，第 161 頁。

〔註200〕〔後晉〕劉昫等：《舊唐書》卷七八《張行成‧族孫易之昌宗傳》，北京：中華書局，1975 年版，第 2706 頁。

控鶴監、內供奉；奉宸令；麟臺監，封恒國公。這些都是有名無權的職位。武則天也嚴格限制他們的仕途延伸。長安二年（702）八月「戊午，太子、相王、太平公主上表請封昌宗爲王，制不許；壬戌，又請，乃賜爵鄴國公」〔註201〕，說明他們的政治生涯已經行至終端。武則天稱帝十五年，任用宰相七十五人，二張來到武則天身邊八年，數次升遷卻均與此職務無緣。這說明二張並無謀反的能力。

最後，從行動上看，二張是有謀反機會的，但他們沒有這樣做。武則天病重時，只有他們侍奉左右，宰相累月不得見。兩個年輕人殺死一個八十多歲的病老太太可謂易如反掌。宮外政治形勢嚴峻，二張若挾天子令諸侯，假宣遺詔，或許還能爭取一線生機，至少不會這麼快就死於政變之中。這未嘗不是一個冒險的辦法，但是二張沒有這樣做。可見他們對武則天的健康還是寄予希望的，對她的政治影響力還是有信心的。他們堅信只要武則天活著，政局就不會亂。這種心態下的二張是不會有謀反行爲的。

既然如此，那麼二張的謀反之名到底從何而來呢？諸史關於二張謀反的記載很多，經過總結大致有兩條，下面逐一析之。

一是張昌宗請術士占卜一事。《資治通鑒》卷二〇七記載：長安四年（704）十二月辛未，「許州人楊元嗣，『告昌宗嘗召術士李弘泰占相，弘泰言昌宗有天子相，勸於定州造佛寺，則天下歸心』」〔註202〕。另外，《舊唐書》卷九一《桓彥範傳》、《崔玄暐傳》、卷九六《宋璟傳》，《新唐書》卷一二〇《桓彥範傳》、卷一二四《宋璟傳》中也均有大致相同的記載。

眾所周知，占卜是對人事前程的一種預測。張昌宗請李弘泰占卜是大難臨頭、坐臥不安的情況下尋求精神安慰的表現，不能證明他有謀反的動機和意識。李弘泰言張昌宗「有天子相」，不過是阿諛之詞，以求厚賞而已。況且占卜之事被告發後，武則天還親自查問過此事，弄清了事情的原委，所以宋璟等人想藉此除掉二張的計謀才沒有得逞。當時武則天年邁體衰，二張作奸犯科，又得罪了其餘政治勢力的首腦人物，他們感到害怕繼而尋求精神安慰的做法是可以理解的。我們知道，老年人往往喜怒無常，況且這個老年人還

〔註201〕 〔宋〕司馬光：《資治通鑒》卷二〇七「則天后長安二年八月戊午」條，北京：中華書局，1956年版，第6550頁。

〔註202〕 〔宋〕司馬光：《資治通鑒》卷二〇七「則天后長安四年十二月辛未」條，北京：中華書局，1956年版，第6575頁。

是濫施刑法、屠戮親眷的女皇，稍有不慎即有可能惹來殺身之禍。薛懷義被殺的前車之鑒，二張不會不知。再者，他們來到武則天身邊時，武則天已經74歲了。他們榮寵若是，「非以德業取之」〔註203〕，武則天一旦駕崩，他們年紀尚輕，前程未卜。他們占卜凶吉應視作極度焦慮下的消極自我拯救行為。

其實，二張剛剛來到武則天身邊的時候，就有些焦慮。張昌宗來到武則天身邊時非常年輕，按說侍奉一個老嫗應該不成問題，但他還是主動引薦張易之，不乏互相照應之意。後來武則天廣置美少年進入奉宸府。按說這些少年會對二張承寵造成威脅，然諸史中未見二張表示反對。極有可能是二張覺得武則天喜怒無常，倍感壓力，亦覺有必要由其他少年分散其注意力。二張也採取過積極的自我拯救措施。二張入宮後一年，吉頊就曾提醒他們：「公兄弟貴寵如此，非以德業取之也，天下側目切齒多矣。不有大功於天下，何以自全？竊為公憂之！」二張大「懼」，「流涕問計」。吉頊讓他們勸武則天迎回李顯並立為太子，迎合大勢所趨，以免災禍。二張「以為然，承間屢為太后言之」〔註204〕。可見，占卜一事不足以說明二張謀反。

二是二張在武則天病重期間代為行政之事。長安四年（704），武則天病重，二張侍奉左右，暫時代她傳達政令，其餘人等皆不得近前。《資治通鑑》卷二〇七云：「易之、昌宗見太后疾篤，恐禍及己，引用黨援，陰為之備。屢有人為飛書及榜其書於通衢，云易之兄弟謀反，太后皆不問。」〔註205〕《舊唐書》卷七八《二張傳》、《新唐書》卷一〇四《二張傳》等史料中也均有類似記載。

這也難以視為二張謀反的依據。長安末年，武則天重病在身，貼身男寵日夜照料本就在情理之中。宰相和兒子們不善醫術，照顧老年女性也多有不便。因此，他們不在身邊無可厚非。崔玄暐請求武則天用太子、相王「侍湯藥」，「不令異姓出入」〔註206〕，也就是要逐二張出宮。武則天不同意。這應是她本人的意願。再者，一直以來，武則天或將兒子們視作提高政治地位的

〔註203〕〔宋〕司馬光：《資治通鑑》卷二〇六「則天后聖曆元年二月」條，北京：中華書局，1956年版，第6526頁。
〔註204〕〔宋〕司馬光：《資治通鑑》卷二〇六「則天后聖曆元年二月」條，北京：中華書局，1956年版，第6526～6527頁。
〔註205〕〔宋〕司馬光：《資治通鑑》卷二〇七「則天后長安四年十二月」條，北京：中華書局，1956年版，第6575頁。
〔註206〕〔宋〕司馬光：《資治通鑑》卷二〇七「則天后長安四年甲辰」條，北京：中華書局，1956年版，第6575頁。

砝碼，或將其視作皇位的潛在威脅。李顯原配妻子趙氏被她活活餓死，他本人和繼室韋氏被她流放外地多年，長子重潤和女兒永泰郡主也因她而死。李旦二妃被她暗殺，自己也被多年囚禁、監視，失去了人身自由。因此，他們之間的母子之情一直籠罩著權力和血腥的陰影，很難像平常人家那樣緊密無間。兩個兒子對她甚是畏懼，或許還有仇恨。武則天此時年老體衰，對兒子們有戒備心理是可以理解的。最後，兒子們出身皇族，從小養尊處優，是否有能力侍奉母親也是疑問。二張善醫道，又多年伴駕，侍奉她當然更貼心、穩妥。此時武則天年邁體弱，想必思維能力也有所下降，沒有聽明白崔玄暐話裏的意思。她此刻恐怕只關心自己的健康和舒適，對於政治，可能有些力不從心了。對於二張來說，儘管他們和年邁的女皇在一起並非出自愛情，但是畢竟相處多年，應有一定的感情。二張將其視作唯一的依靠，當然不願她死去，因此必定盡心照顧。他們也知道自己日薄西山，因此擔心失去靠山。至於宰相等人終日不見女皇，也有可能是武則天本人的意思。因為由於精力有限等原因，絕大多數老年人不願與外人過多接觸，更何況武則天此時還在患病。二張估計擔心政務影響武則天的健康，也擔心宰相看見她病重，起了提前即位的心思，因此寧可將她幽閉宮中，也不願引朝臣與她見面。至於二張「引用朋黨，陰為之備」，可視作焦慮的表現。他們眼見武則天的健康逐漸惡化，一邊商議如何用藥，一邊為身後之事憂慮，倒並不一定是在商量謀反細節。武則天稱帝靠的是鐵腕，其強硬面孔勢必會隨著健康狀況的惡化而逐漸弱化。加之李氏集團力量日益壯大，武則天政權岌岌可危，一旦武則天身敗或死亡，二張只有死路一條，所以才不得不「陰引黨援以自固」，倒未必是謀反。對武周政權來說，只有謀害武則天，企圖篡奪皇權才可謂謀反。假若二張有此野心，憑藉他們日夜侍奉女皇的便利，殺死老態龍鍾的武則天豈不易如反掌？街頭巷尾的謀反之辭可視作政變人員對二張的人身攻擊和政變前的輿論造勢。

　　既然二張並無謀反之心，武則天又心甘情願傳位太子顯，那麼為何會出現以剪除謀逆二張為名、實則匡復李唐的政變呢？本文認為，這主要是由於二張不成熟的政治行為引發了朝臣對武則天傳位意圖的誤解。

　　此時武則天已是垂垂暮年，精力大不如前，終日以保健養生為務，已無力震懾群臣，故張柬之等五人才敢於政變。令人生疑的是，當時武則天早已

立李顯為太子，且她年事已高，李顯即位遲早的事情，為什麼張柬之等人非要通過政變加快李顯即位的速度呢？這就要看武則天與朝臣的關係了。武則天一向對朝臣威嚇有餘，寬厚稍欠，加之推行過一系列恐怖政策，朝臣們都將她視作一位強勢君主，而沒有將她視作一位孤獨的、精神缺乏寄託的女性。一般來說，陷入兩性情感的女性智商較低，富於犧牲精神。作為陷入情感中的女性，武則天源源不斷地對二張施以信任和恩寵。這是符合正常人的情感邏輯的。如同一切被男女情感衝昏頭腦的男性帝王一樣，她在二張營造的溫柔鄉裡也漸漸迷糊起來。此時武周政權鞏固已久，她也倦怠起來，不似往日那樣用心經營帝業了，漸漸忙於從二張身上彌補情感遺憾。前文已述，她對二張付出甚多，除卻錦衣玉食、大宗財物和爵位封號以外，還極力保護二張。二張以面首身份貴盛，非以德業取之，本就令天下側目，他們的干政行為更是令滿朝文武反感之至。二張和外廷朝臣關係緊張，多次發生正面衝突。魏元忠、宋璟、張說、薛季昶、韋安石、王及善等人曾對二張多次面折和奏劾。二張還犯過幾次比較嚴重的錯誤，涉及貪贓，誣陷、賣官鬻爵、強市人田、謀逆等多項重罪，很多朝臣想就此剪除二張。武則天明知錯在二張，卻極力祖護，以各種理由使之免受處罰，反將與朝臣們或調離原職，或貶黜外地。這種毫無原則的情感行為在她一生中是極少見的。

需要指出的是，武則天的這種情感行為在朝臣眼中有些反常。在群臣眼中，武則天是一位高度理性的強權政治家。這種印象一時是難以改變的。因此武則天的情感行為很容易被朝臣誤解為政治行為。

二張貪贓斂財、強市人田等行為都引起了眾多朝臣的怨忿。武則天仍不管不顧，對二張寵信有加。聖曆二年（699），李顯被召回長安，不久就被立為太子，武周政權的繼承人問題按說已經非常明朗了。按照常制，武則天應委政於太子，或者朝中有聲望的老臣，然而她偏偏委託給兩個少不更事的面首。二張無論是從才能聲望上，還是從血統姓氏上，都沒有干政的理由，然而她偏偏讓他們理政。這不能不讓人產生武則天名立太子而實欲傳位二張的猜測。武則天一生給人帶來的意外實在太多了，頻繁更改年號、地名、官稱等，宰相等重要職位也是頻繁換人。滿朝文武已經適應了她專斷又多變的執政作風了。在繼承人問題上，也難保她會按常規出牌。此時武則天春秋已高，各大政治集團必然密切關注她的思想波動。她的一舉一動都會引發種種猜測。長安元年（701），永泰郡主及其夫兄竊議被殺事件給外界的聯想是很豐

富的。邵王重潤和魏王武延基分別是李武兩家下一代的第一順序繼承人。武則天僅因他們對二張的幾句非議就下令處死，處罰實在過重。如此反常的舉動引起了外界的恐慌和猜測。看來，二張在她心中的地位已經遠遠超過李武兩家親人了，難保她沒有要傳位給二張的心思。當年武則天就是通過控制高宗，從龍榻一步步走向了龍椅，二張也未必沒有傚仿的想法。

再看一下魏元忠事件。前文已述，二張想除掉魏元忠，不料語涉太子顯，很容易讓李氏集團認為他們醉翁之意不在酒，有藉此事打擊太子顯、爭奪皇位繼承權之嫌。武則天亦未注意到這一點。神龍政變前夕，時人多云二張謀反，張昌宗又出了相面事件，被術士說成有天子相。術士之言往往順應政治局勢言之，以求賞賜，實際上未必可信。二張卻沒有察覺危險。武則天也不以為意，面對眾人的追究，極力為張昌宗開脫。這就很容易讓人猜測武則天有傳位張昌宗之意。既然有意傳位，當然也就不必追究了。後武則天健康逐漸惡化，不見宰相累月，卻讓二張侍奉左右，政令皆由二張出。這對外界來說，無疑又是一個傳位不明的信息。崔玄暐建議讓太子和相王近前服侍湯藥。武則天只回應一句「德卿厚意」了事〔註207〕，仍令二張侍奉左右。這就更令外界疑心二張是幽禁天子別有他圖。以往武則天寵信二張已引起多方反感和生疑，正好給了外界「清君側」的兵變理由。武則天此時年歲已高，無力震懾群臣，張柬之等人又貪擁立之功，順勢將討伐二張的兵變轉化為匡復李唐的政變。政變的結果是二張及親屬被殺，武則天退位，太子顯即位，其他依附二張之人多被竄逐。

其實，神龍政變大可不必。武則天早已從房陵迎回李顯並立為太子，明確表示將其視為武周政權的繼承人。武氏集團中爭奪太子的強勁對手武承嗣也因「恨不得為太子」抑鬱身亡〔註208〕。前文提及神龍政變後，武則天被迫退位，不久移居上陽宮，李顯前去探望，武則天泣曰：「我自房陵迎汝來，固以天下授汝矣，而五賊貪功，驚我至此。」〔註209〕可見她當初無意傳位二張。

〔註207〕〔宋〕司馬光：《資治通鑑》卷二〇七「則天后長安四年十二月」條，北京：中華書局，1956年版，第6575頁。

〔註208〕〔宋〕司馬光：《資治通鑑》卷二〇六「則天后聖曆元年八月」條，北京：中華書局，1956年版，第6532頁。

〔註209〕〔宋〕司馬光：《資治通鑑》卷二〇八「中宗神龍元年五月甲午」條《考異》引《統紀》，北京：中華書局，1956年版，第6591頁。

　　通過以上分析，筆者認爲，神龍政變的表層原因是武則天對二張寵溺過盛，干預朝政，被其他政治力量視爲謀逆誅之。深層原因是武則天年歲已高，健康逐步惡化，精力日漸衰頹，對朝政日益倦怠，關注點轉向延壽和享樂，已無暇顧及政局的微妙變化，對複雜的政治局面缺少監督和管理，導致李氏集團力量暗自壯大。武則天晚年孤獨寂寞，寵溺二張。外界一向懾於武則天威權，沒有正確理解她的情感行爲，二張不成熟的政治行爲又加劇政治恐慌。李氏集團先發制人，聯合其他政治勢力一起發動了以討伐謀逆二張爲名的兵變。張柬之等人貪功，又將兵變順勢演化爲逼宮政變。可見，神龍政變的本質原因是武則天晚年執政能力減弱，沒有平衡好各大政治集團之間的關係。從這個意義上來說，神龍政變實際上是一場君臣誤會。

　　武則天晚年的私生活及惡果已基本敘述完畢。不少人緣此給她扣上了「荒淫」、「淫蕩」的帽子。這顯然是不公平的。有人專門撰文進行批駁〔註210〕，甚至認爲這是對男權社會的反抗，是女權進步的表現。筆者認爲不然，武則天肆意玩弄男性，並讓他們穿著女裝，無視他們的情感和生命，是對男權社會的一種過激報復，是從一個極端走向了另一個極端，仍然沒有走出性別奴役的窠臼，是對女性解放的誤讀。對此學界已討論甚多，茲不贅述。從她晚年的私生活來看，她晚景凄涼更甚於普通人。這是由於她早年閹割人性的結

〔註210〕如清人趙翼在《廿二史劄記校正》（北京：北京市中國書店，1987年版。）
　　　　中言道：「武后之淫惡極矣」（卷一九《武后納諫知人》，第258頁。），又
　　　　說：「后（武則天）既身爲女主，而所寵幸不過數人，固亦無足深怪。」（卷
　　　　一九《武后納諫知人》，第260頁。）陳寅恪在《記唐代之李武韋楊婚姻
　　　　集團》（載於《歷史研究》1954年第1期）中指出：「武曌乃皇帝或女主，
　　　　而非太后，既非太后，而是皇帝，則皇帝應具備之禮制，武曌亦當備有之，
　　　　區區易之昌宗懷義等男寵，較之唐代之皇帝及後宮人數猶爲寡少也。」趙
　　　　文潤在《武則天的「荒淫」與「殘忍」辨析》（載於《唐都學刊》，1999
　　　　年第1期）、《武則天及其評價》（載於《山東圖書館學刊》2009年第1期）
　　　　兩篇文章中均提到此事，後文言：「關於武則天私生活的議論，武則天在
　　　　給太宗做才人期間，並無其他男子，與太子眉目傳情乃是由於太宗的長期
　　　　冷落。武則天給高宗做妃嬪、皇后期間，並無其他男子。高宗死後一年多，
　　　　她開始有一個男寵。在那時候，婦女貞潔觀還是很淡薄的。受到胡風影響，
　　　　受北部鮮卑後裔、突厥族的影響，武則天此舉都很難說成是荒淫。」何磊
　　　　在《無字碑上豈無「字」——試評以往人們對武則天的毀譽褒貶》（載於
　　　　《雲南教育學院學報》1990年第4期）一文中指出：「自古哪一個皇帝的
　　　　春宮是乾淨的？」「武后男寵加起來也不超過10人，並不足怪。並且武后
　　　　男寵對於當時社會發展的進程並無多大影響。況且史書記載也未必可靠。
　　　　原因是史家對武則天有偏見。」

果。在中國歷史上，有些人爲了得到富貴自我閹割做太監。武俠小說中，東方不敗、岳不群等人爲了絕世武功和武林地位自我閹割。這種自戕行爲使他們在短期內獲得了巨大成功，但他們無一不面對失去天倫之樂和身敗名裂的可悲下場。武則天在精神上無時無刻不在閹割自己。如果說她初次入宮忍受漫長的寂寞是爲了改變命運，那麼她二度入宮後不擇手段打擊情敵、屠戮親屬則是爲了攫取權力，以滿足自己變態的權力欲望。她已經放棄了人性中的真和善，逐漸疏離了親情、友情等許多正常人的情感。武則天晚年，權柄尊榮等已無法抵消人性閹割給她帶來的巨大苦痛。她不自覺地從二張身上尋求補償，以至於逐漸失掉了理智，反而加速了她的滅亡。其昏聵與一般老太太並無二致，哪裏還有往日女皇的風采？煊赫一世的女皇晚景也不過如此。

結　語

　　武則天無疑是中國歷史上最具魅力和光彩的女性之一，關於她的研究一直是學界的熱點之一。關於其人，學界討論甚多，大體認定她具有權威、自信、進取、殘酷、專制等典型權威人格特徵。二十世紀九十年代以來，受西方女性主義的影響，學界開始從女性主義角度重新研究武則天。不少學者運用心理分析法、精神分析法等現代科學方法重新審視武則天，取得了不少研究成果。有人認爲她的思考方式以理性思維爲主，偏於男性氣質，有人則認爲她具有「男女雙性氣質」〔註1〕，也有人認爲她有妄想、焦慮等精神症狀，是一個人格失調患者〔註2〕。通過上述幾章的探討，筆者認爲她的女性氣質非常濃鬱，並不因是帝王而有絲毫減損。誠然，她受到家庭和社會文化的薰染，自幼就有非常濃重的崇男意識，成人後爲了在後宮立足不擇手段地爭寵、固寵，掌權後又重用酷吏，濫用酷法，殺戮無數，如同男性一樣狠辣果決。筆者認爲，這雖與剛猛酷烈的男性氣質在強度上相近，說到底仍是封建女性受到男權社會壓抑的結果，包括父母對生子的渴望、家族對女性的歧視和欺凌、帝王對后妃命運的操控等。她獨特的女性氣質是她特殊的童年遭際、長期的宮廷生活和她倔強好鬥的人格互相作用的結果。其行爲性質是女性在逆境中的自救、自強行爲，也是封建女性、後宮女性生存智慧的一種變形和演化，仍屬於女性氣質範疇。她在其人際關係中就流露出了非常濃鬱的女性氣質，主要表現在如下幾個方面：

〔註1〕勾利軍：《武則天的自卑心理與性格特徵》（載於《史學月刊》1998 年 1 月第
　　　1 期）一文認爲武則天具有「男女雙性化氣質」，即「同時具有男性氣質和女
　　　性氣質的心理特徵」。
〔註2〕雷家驥：《武則天傳》，北京：人民出版社，2001 年版，《自序》第 1 頁。

第一，武則天愛美。愛美是女性最典型的心理行為特徵之一。一般來說，與男性相比，女性更在意自己的容貌體態，更願意在化妝修飾上花更多的時間、心思和金錢，也更容易追求愛慕美好事物，如精美服飾、年輕美貌之人等。武則天在這一點上表現得非常明顯。

提起武則天的形象，我們一般都會在眼前浮現出一個頭戴鳳冠、身披錦繡的女皇形象。武則天天生麗質，其良好的文史修養豐富了她的精神內涵，其雄視天下的女皇之尊更增添了她的女王氣質。當然，其良好的個人形象與她的打扮修飾也有很大關係。

武則天一生都對自己的容貌體態非常在意。史書中多處提及她的美貌，說她長得「方額廣頤」〔註3〕、「龍睛鳳頸」〔註4〕，因「美」〔註5〕、「美容止」〔註6〕獲得太宗賜名。太宗身為封建帝王，肯定見過不少絕色女子，如此讚美足可見其美貌。十餘年後，年輕的太子治亦被她深深吸引，史載李治對她見而「悅之」〔註7〕。征服這位充滿文藝氣質的年輕太子單憑美貌是不成的，但是少了美貌卻是萬萬不行的。可見這十幾年來，武則天並沒有因備受冷落而心如死灰、自暴自棄，放棄了對美麗的追求。相反，她十分注意修飾打扮，仍保持嬌媚可愛的容顏和姣好迷人的身段。其《如意娘》一詩以淚染石榴裙表達思念之苦，詩中提到的紅、碧兩種顏色皆是當時流行色〔註8〕。可見她雖深閉宮中多年，飽受寂寞之苦，仍保持著對美麗服飾的關注，對時尚流行色十分瞭解。武則天入寺為尼時，初登帝位的高宗身邊佳麗環繞，妃嬪們因爭寵鬥得天翻地覆。高宗不顧倫理和佛門禁忌將武則天接入宮中，並為其廢黜十幾年的結髮妻子，將其立為皇后。前文已述，高宗愛她的原因很複雜，美貌是原因之一。這說明她即使出家為尼有些時日，年華漸長，也沒有因此放

〔註3〕〔宋〕司馬光：《資治通鑒》卷二〇四「則天后天授元年七月」條，北京：中華書局，1956年版，第6466頁。

〔註4〕〔後晉〕劉昫等：《舊唐書》卷一九一《方伎傳》，北京：中華書局，1975年版，第5094頁。

〔註5〕〔宋〕歐陽修、宋祁：《新唐書》卷七六《則天武皇后傳》，北京：中華書局，1975年版，第3474頁。

〔註6〕〔後晉〕劉昫等：《舊唐書》卷六《則天皇后本紀》，北京：中華書局，1975年版，第115頁。

〔註7〕〔宋〕司馬光：《資治通鑒》卷一九九「高宗永徽五年三月」條，北京：中華書局，1956年版，第6284頁。

〔註8〕唐人喜愛雍容華貴的牡丹，婦女裙裝以紅、紫、青、黃四色為主，多數婦女喜紅色。

棄美容養顏。咸亨三年（672），武則天已年近五十，爲建造洛陽龍門「捐助脂粉錢兩萬貫」〔註9〕。不難看出她在美容養顏上的巨額花銷。武則天晚年經常服用丹藥以駐顏，野史記載她爲增容澤面，命人將益母草煉製成益母草澤面方。唐代的《外臺秘要》因此將益母草題名爲「則天大聖皇后煉益母草留顏方」，又名「天后煉益母草澤面方」〔註10〕，還有人稱爲「武則天留顏方」〔註11〕。她在晚年依舊喜好塗澤打扮，有一套高超的化妝技術，「左右不悟其衰」〔註12〕。可見她在晚年仍有一顆愛美的女兒心。

武則天對容貌才情突出的人也甚是喜愛。如「方額廣頤，多權略」的太平公主，小小年紀就「有文詞，明習吏事」的上官婉兒〔註13〕，青春貌美、善詩歌賦的二張等。縱觀這幾個人，不難發現，他們都有年輕、貌美、多才等特點，可謂人中龍鳳。武則天對他們的喜愛當然有親情、惜才、情慾等心理因素，也有喜愛美好事物的女性心理。此外，關於武則天愛美的傳說爲數不少，有傳說說她是中國裙子的發明者。這都說明她是一位愛美的女性。

第二，武則天愛與出眾的異性交往。喜愛出眾的異性是典型的女性心理特徵之一。武則天這種心理也非常明顯。

武則天在與兩位皇帝的交往中都非常積極主動。太宗英明神武，才華橫溢，武則天入宮之初就對其充滿了嚮往愛慕之情，入宮後也積極爭取他的寵愛。太宗高堂端居，烈馬難以調馭，群臣面面相覷，一旁不起眼的武才人竟然主動向前言曰：「妾能制之！」〔註14〕頗有引起太宗注意的意思。從生物學上講，這是一種求偶行爲。武則天得遇太子治後也是處處主動，不僅眉目傳情，還大膽寫詩表露心意，甚至不顧祭祀先帝的隆重場合，擁到人前，在他面前哭泣起來。

她的幾位面首均相貌出眾，或壯碩偉岸，或儒雅俊秀，且都有一技之長，或善於佛事建築，或長於歌律養生。武則天對他們都非常喜愛，賜予了大宗

〔註9〕 〔清〕王昶：《金石萃編》，北京：北京市中國書店，1985年版。

〔註10〕 〔唐〕《外臺秘藥》，《文淵閣四庫全書》本，子部，醫家類，第736～737冊。

〔註11〕 王曉虹：《中藥趣聞》，《首都醫藥》，2003年第9期。

〔註12〕 〔宋〕歐陽修、宋祁：《新唐書》卷七六《則天武皇后傳》，北京：中華書局，1975年版，第3482頁。

〔註13〕 〔後晉〕劉昫等：《舊唐書》卷五一《后妃上》，北京：中華書局，1975年版，第2175頁。

〔註14〕 〔宋〕司馬光：《資治通鑒》卷二〇六「則天后久視元年正月」條，北京：中華書局，1956年版，第6544頁。

財物和榮耀封號。她對薛懷義百般呵護，只要不威脅她的根本利益，對他的種種不法行為一概不聞不問。薛懷義情妒縱火時，一向驕縱自大的她也感到很不好意思，體現了內斂羞澀的女性心理。朝臣欲治二張之罪，她不顧法律百般阻撓，處處迴護。她還讓二張組織編纂規模龐大的《三教珠英》，頗有改善二張公眾形象的意思，可視為她對兩位面首的殊恩。即使如此，她仍嫌不足，還要廣置面首以娛晚年。這種毫不顧忌李唐家族顏面的行為在某種程度上是一種性別反壓抑，是用崩潰宣洩的生理欲望來反抗男性、尤其是李唐皇族（主要是太宗和高宗）曾經給她帶來的心理壓迫。這是封建社會飽受男性壓迫的女性常見心理。

武則天還在奉宸府中蓄養了一批形貌清俊、文采斐然的文士，如李嶠、沈佺期、蘇味道、崔融等。這些文人是當時最優秀的文人。他們的職責之一就是陪伴武則天縱情文墨、歡宴行樂。武則天與他們也有曖昧嫌疑。唐代孟棨的《本事詩・怨憤》載，宋之問曾做《明河篇》向武則天表明心跡：「明河可望不可親，願得乘槎一問津。」然他「患口疾」、「口常臭」，武則天當眾表示不能接受，不願與之親近。可見她與文士們相處時是很親密隨便的，不然不至於瞭解宋之問的個人隱私。他們「多輕薄之士」〔註15〕，文采風流，在二張的領導下供職於奉宸府，與美少年們一起侍奉武則天，也難免令人生疑。武則天喜歡與這些男性接近，是女性對優秀男性的正常愛慕心理。

此外，武則天欣賞重用的朝臣也多是相貌俊美、氣質超然、才幹出眾的男子。如她早年倚重的李義府眉清目秀，溫文爾雅，文采風流，晚年信用的酷吏來俊臣也是儒雅雍容，風流俊俏，一度重用信任的李昭德性格強硬果敢，男子氣十足，被她尊奉為「國老」的狄仁傑不拘小節，頗有名士風度。

不難看出，武則天對男性的審美標準是相當寬泛的。這些男性或英明神武，或儒雅仁孝，或文采風流，或青春年少，或堅毅陽剛。武則天一生與男性周旋，其中固然有改變命運、治國需要等因素，也不乏女性對優秀男性的愛慕心理。

第三，武則天心存慈愛友善。較男性來說，女性天性敏感，情感豐富細膩，富有同情心和犧牲精神，往往對親友和弱小者充滿了友善慈愛。武則天在這方面也有所體現。

〔註15〕 〔宋〕司馬光：《資治通鑑》卷二○六「則天后聖曆二年正月甲子」條，北京：中華書局，1956 年版，第 6538 頁。

武則天非常孝順父母。入宮前夕，母親「慟泣與訣」，武則天的那句「見天子庸知非福，何兒悲乎？」〔註 16〕是勸慰田親，貼心懂事的女兒形象躍然而出。與男性相比，女性的依賴性更強，也更需要安全感。女性也會從同性朋友身上尋找依賴感和安全感。女性朋友之間由於角色定位相同，容易產生共鳴，彼此可以無話不談，有時親密感更甚於異性之間。武則天也交了不少感情融洽的同性朋友，如越王貞之母燕太妃、千金公主、張易之之母阿臧、紀國韋太妃之女臨川長公主、裴光庭母庫狄氏等。她們時常相聚暢談，相處非常融洽。如在封禪大典中，武則天擔任首獻，讓一向交好的燕太妃擔任終獻。燕太妃死後，武則天爲之親製銘繡，有「弟子緬懷平昔，姻好特隆。今古忽殊，追愴何極」之言〔註 17〕。千金公主爲武則天物色面首，甚至「抗疏請以則天爲母，因得曲加恩寵」。武則天「改邑號爲延安大長公主，加實封，賜姓武氏。以子克乂娶魏王武承嗣女，內門參問，不限早晚，見則盡歡」〔註 18〕。武則天對面首張易之之母阿臧也非常友好，甚至令文采風流的大才子李迥秀做她的私夫。

武則天對親生子女心存慈愛，不可以「燕啄皇孫」一言蔽之。只要孩子們不觸及她的政治利益，她對孩子們還是不錯的。早年孩子們享受著大唐最好的教育和最溫情的眷顧。她非常重視孩子們的教育，史載她讓「以孝著稱」的元讓擔任太子司議，並對他說：「卿既能孝於家，必能忠於國。今授此職，須知朕意。宜以孝道輔弼我兒。」〔註 19〕李弘自幼體弱多病，武則天對他多有照顧，甚至在延康坊立寺爲他祈福。李顯出生時，武則天擔心難產，找來了高僧玄奘，承諾讓孩子出生後皈依佛門，後來李顯被封爲佛光王。武則天因代夫參政暫時離開孩子們，那時李旦年幼，曾天眞地說：「不能去阿母」〔註 20〕，可見小李旦對她的依戀之情。太平公主更是她

〔註 16〕〔宋〕歐陽修、宋祁：《新唐書》卷七六《則天武皇后傳》，北京：中華書局，1975 年版，第 3474 頁。

〔註 17〕〔清〕陸心源撰，吳鋼主編：《全唐文補遺・大唐故越國太妃燕氏墓誌銘》第二輯，西安：三秦出版社，1995 年版，第 240～242 頁。

〔註 18〕〔後晉〕劉昫等：《舊唐書》卷一三三《薛懷義傳》，北京：中華書局，1975 年版，第 4742 頁。

〔註 19〕〔後晉〕劉昫等：《舊唐書》卷一八八《元讓傳》，北京：中華書局，1975 年版，第 4923 頁。

〔註 20〕〔宋〕王溥：《唐會要》卷七二《單于都護府》，北京：中華書局，1955 年版，第 1309 頁。

的心肝。武則天不僅給她超越公主常制的待遇，還非常關心她的個人問題。太平公主初嫁薛紹，婚禮排場盛大，以至於「自興安門南至宣陽坊西，燎炬相屬，夾路槐木多死」〔註21〕。武則天拼命打壓門第，卻不願太平公主與田舍女爲妯娌，竟然想到逼人出妻。武則天長女暴夭時，她哭得很傷心，「泣數其罪」〔註22〕。十年後，也就是麟德元年（664）三月，她追封長女爲「安定公主」，「諡曰思，其鹵薄鼓吹及供葬所須，並如親王之制」〔註23〕。不難看出她對長女的一片痛惜之情。後來宗室中有一個公主與武則天關係頗善，武則天給她賜姓武氏，還封她爲安定公主〔註24〕。可見她一直未曾忘懷長女。

關於李弘之死，武則天確有責任，但是政治鬥爭是殘酷無情的。李弘性情剛烈，堅決與她爲敵，這是任何一個政治家都絕對不能容忍的。李弘之死是政治鬥爭的必然結果。李顯和李旦也是她稱帝的阻礙。她心懷惻隱，多年以後仍不忍加害他們。後在狄仁傑、李昭德等人的勸說下，她不僅消除了對二子的猜忌，還不顧武週一世而斬的巨大遺憾，將皇位留給了他們。

第四，武則天好嫉妒。嫉妒是人的弱點之一，女性尤甚。這與男權社會中女性對男性的依賴有關。男性掌握政治經濟大權，女性作爲男性的附屬品，往往擔憂失去男性的寵愛或者被男性拋棄。因此，在男權社會中，女性的嫉妒大部份屬於情妒。身陷情妒的女性在奪取男性寵愛和權力的過程中，往往會表現出超乎尋常的心計，對情敵和異己表現出超乎尋常的敵意和殘忍。如果這種情妒發生在後宮，摻雜上一些政治因素，其殘忍和危險程度往往小則波及王侯族系，大則影響政局。這種嫉妒心理往往在性格剛強、有權勢欲望的女性身上表現得更加明顯。有時，女性嫉妒僅僅源於某種被破壞的優越感。任何漂亮的、地位優越的、生活幸福的女性在其他女性心中，都很容易引起妒恨之情，表現爲冷漠、貶低、排斥、甚至是敵視的心理狀態，嚴重者可產生攻擊行爲。

〔註21〕〔宋〕司馬光：《資治通鑒》卷二〇二「高宗開耀元年七月」條，北京：中華書局，1956 年版，第 6402 頁。

〔註22〕〔宋〕司馬光：《資治通鑒》卷一九九「高宗永徽五年十月」條，北京：中華書局，1956 年版，第 6287 頁。

〔註23〕〔後晉〕劉昫等：《舊唐書》卷四《高宗本紀上》，北京：中華書局，1975 年版，第 85 頁。

〔註24〕〔宋〕歐陽修、宋祁：《新唐書》卷八三《安定公主傳》，北京：中華書局，1975 年版，第 3644 頁。

武則天就是一個嫉妒心很強的女子，所謂「入門見嫉，峨眉不肯讓人」〔註25〕。這一點在她與高宗的交往中體現得尤爲突出。二度入宮之初，她「卑辭屈體以事後」，並出色地完成了離間蕭氏之寵的任務。王皇后對她甚「愛之，數稱其美於上」〔註26〕。兩人看似相處十分融洽，但武則天很快就在暗暗地對付她，積極拉攏她身邊的宮僕，監視她的舉動。她將長女暴亡推在她身上，又誣陷她有厭勝之罪。立后不久，高宗嘗探望王、蕭二人，她嫉妒心大發，用骨醉之刑虐殺了王、蕭二人。王、蕭二人身敗後被貶爲庶人，賜以惡姓「蟒」、「梟」。這或許就與武則天嫉妒她們出身高貴有關。她甚至遷怒於二人的後代，王皇后養子李忠被廢太子後遭到幽禁監視，嚇得精神失常，終死非命。蕭氏之子李素節被逐出京外十餘年不得與高宗相見，給高宗寫的信也被她查獲，後被誣陷縊殺。蕭氏的兩個女兒被幽禁掖庭，老大不嫁。在李弘的要求下，她隨便將她們嫁給身份卑賤的守城衛士。武則天的姐姐韓國夫人和外甥女魏國夫人得幸高宗，她也不能放過。有人認爲《資治通鑒》中記載麟德元年（664）武則天宣郭行眞入宮行厭勝之事，就是在詛咒韓國夫人和魏國夫人〔註27〕。韓國夫人早卒，原因不詳。魏國夫人死於她的蓄意鴆殺。她將妃嬪改爲女官，限制高宗和其他女性親近都是這種心理作怪。武則天入宮後，其他妃嬪沒有生育記錄說明了她的防範工作還是卓有成效的。

第五，武則天愛出風頭、愛熱鬧、愛奢華、愛享樂。與男性相比，女性更感性一些，也更傾向於從日常生活中尋找樂趣。這就注定了女性比男性更愛出風頭、愛熱鬧、愛奢華、愛享樂。

武則天顯然從小就有這樣一種人格特質。太宗時期，面對難以調馭的寶馬，百官皆沉默不語，她小小年紀就站出來滔滔不絕一番〔註28〕，可見其有強烈的表現欲。永徽六年（655）十一月，武則天立后。她當然不肯放過這個出風頭的機會。「是日，百官朝皇后於肅義門，臨軒命司空李勣齎璽綬冊皇后

〔註25〕〔唐〕駱賓王：《代李敬業討武氏檄》，見〔清〕董誥：《全唐文》卷一九九，北京：中華書局，2009 年版，第 2009 頁。

〔註26〕〔宋〕司馬光：《資治通鑒》卷一九九「高宗永徽五年三月」條，北京：中華書局，1956 年版，第 6284 頁。

〔註27〕雷家驥認爲武則天廢后風波中，被告發召道士入宮行厭勝之事，雷家驥推測可能就是在詛咒韓國夫人母女。詳見雷家驥：《武則天傳》，北京：人民文學出版社，2001 年版，第 151 頁。

〔註28〕〔宋〕司馬光：《資治通鑒》卷二〇六「則天后久視元年正月」條，北京：中華書局，1956 年版，第 6544 頁。

武氏」〔註29〕。這種朝拜皇后的儀式是她首開先例。顯慶五年（660），她在高宗陪同下返回老家并州，封官行賞，出盡風頭，「宴親戚故舊鄉里於朝堂，婦人於內殿，班賜有差」〔註30〕，如此擾嚷兩月後才返回東都。麟德二年（665）二月，武則天奏請高宗封禪泰山，並成為第一個參加泰山封禪大典的女性。武則天借封禪之機大搞改革，擴大個人影響之意非常明顯。儀鳳三年（678）正月，「百官及蠻夷酋長朝天后於光順門」〔註31〕。這顯然是一種炫耀權力的政治行為。

武則天為皇后的 28 年間，一共親蠶四次，這在唐代 8 位皇后中算是比較頻繁的了。親蠶是春季三月的典禮，她率領內外命婦祭祀先蠶，也象徵性地採桑、餵蠶。其無非是樹立自己母儀天下的公眾形象，昭告天下她是參與政治生活的公眾人物，而不僅僅是宮闈中養尊處優的母妻。

武則天還經常以吟詩、編書、慶功、賀喜等藉口聚攏人員飲酒行樂，歌舞歡宴，有時竟然要在正殿進行。如開耀元年（681），武則天以「初立太子」，「敕宴百官及命婦於宣政殿，引九部伎及散樂自宣政門入」〔註32〕。席間賓主暢飲調笑，各盡其歡。武則天晚年更是縱情享樂，經常在奉宸府裏和二張、文人一起暢飲雅聚，流連唱和，樗蒲笑謔，調笑無度。一時間，宮廷裏到處都是歡聲笑語，歌舞昇平。

她還經常舉辦詩歌競賽活動。她高居端坐，喜觀群臣冥思苦想、競相呈詩，在眾人簇擁中一一觀覽品評，好不愜意。她在龍門遊玩的時候，以一件錦袍為賞，詔群臣賦詩，「左史東方虯詩先成，后賜錦袍。之問俄頃獻，后覽之嗟賞，更奪袍以賜」〔註33〕。這件事除卻說明武則天愛好詩歌外，也不難看出她以詩歌評論家自居的得意心態。

〔註29〕〔宋〕司馬光：《資治通鑒》卷二○○「高宗永徽六年十一月丁卯朔」條，北京：中華書局，1956 年版，第 6294 頁。

〔註30〕〔宋〕司馬光：《資治通鑒》卷二○○「高宗顯慶五年三月丙午」條，北京：中華書局，1956 年版，第 6319 頁。

〔註31〕〔宋〕司馬光：《資治通鑒》卷二○二「高宗儀鳳三年正月」條，北京：中華書局，1956 年版，第 6384 頁。

〔註32〕〔宋〕司馬光：《資治通鑒》卷二○二「高宗開耀元年正月庚辰」條，北京：中華書局，1956 年版，第 6399 頁。

〔註33〕〔元〕辛文房撰，傅璇琮主編：《唐才子傳校箋》卷一《宋之問傳》，北京：中華書局，1987 年版，第 88 頁。

　　奢侈浪費幾乎是所有封建帝王的通病，只是程度有所不同罷了。在男權
社會，男性處於主導地位，成功欲望更強烈，女性處於從屬地位，物質欲望
更強烈。同時，女性由於情感細膩，心理空間小，性別職務主要在家庭生活
上，其對生活的舒適要求也更高。武則天的成功欲望自不待言，她作爲女性，
其物質欲望和享樂欲望也是不容忽視的。她的生活非常奢華。僅從她對面首
的態度來看，薛懷義侵佔公私田宅，「用財如糞土」，常作無遮會，「用錢萬緡」，
又散錢十車，使路人爭拾。這些行爲武則天聽之，「一無所問」〔註34〕。武則
天對二張「賞賜不可勝紀」〔註35〕，二張也「競以豪侈相勝」〔註36〕。前文
提及張易之爲母親製造裝飾華貴的七寶帳，還建造了富麗堂皇的大堂。不用
說，他們的奢華生活都與女皇的奢靡心態有莫大關係。

　　武則天晚年追求享樂。爲滿足她的享樂需要，千金公主、太平公主先後
進獻面首。她仍嫌不足，還要在天下選美少年侍奉左右，朝野上下無所不知。
武則天畢竟是女性帝王，私生活還是引起了外界議論。她又令眾多詩人編書
加以掩飾。其實詩人們編書也是託辭，陪伴她縱情享樂才是眞正目的。

　　第六，武則天情緒化嚴重。一般來說，女性比男性更加敏感，也更善於
表達情緒變化。也就是說，女性比男性更加情緒化。

　　武則天就很情緒化。她經常即興修改年號、官稱、人名等，處理朝政也
往往隨性所至。年號是封建權力的象徵。年號下達範圍的大小，意味著中央
集權權力的大小。用不用某一個年號，意味著臣屬關係的存在與否。一般來
說，帝王在其統治時代僅用一個年號。修改年號非同小可，武則天操作起來
輕鬆隨意。她從臨朝稱制到政變下臺的 21 年中，一共使用了 17 個年號，是
中國使用年號最多、更迭年號最頻繁的皇帝。頻頻修改年號說明她情緒不穩
定。麟趾、大足等年號都是她一時興起所改，學界對此早有論述〔註37〕。其
中比較有意思的是公元 692 年，她兩次更換年號，即天授三年、如意元年和
長壽元年都在一年裏。

〔註34〕　〔宋〕司馬光：《資治通鑒》卷二〇五「則天后天冊萬歲元年正月」條，北京：
　　　　　中華書局，1997 年版，第 6498 頁。

〔註35〕　〔宋〕司馬光：《資治通鑒》卷二〇六「則天后神功元年正月」條，北京：中
　　　　　華書局，1997 年版，第 6514 頁。

〔註36〕　〔宋〕司馬光：《資治通鑒》卷二〇六「則天后久視元年六月」條，北京：中
　　　　　華書局，1997 年版，第 6547 頁。

〔註37〕　詳見梁樺《淺談武則天改元》，《南都學壇》，1990 年第 4 期。

武則天喜歡修改官稱。前文提及龍朔二年（662）二月，她「以義訓」改百官名，「而職任如故」〔註38〕。光宅元年（684），她又「以義類」修改了一次官稱，除了簡潔易記外，不少官稱有非常濃鬱的女性色彩，如「六曹爲天、地、四時六官；門下省爲鸞臺，中書省爲鳳閣」〔註39〕。

武則天還喜歡給人賜姓改名。皇子李賢、李顯、李旦均幾易其名，李顯、李旦、太平公主、千金公主等人均被賜予武姓。她還給不少人賜予惡姓，如王皇后被賜姓蟒氏，蕭淑妃被賜姓梟氏，堂兄武惟良、武懷運被賜姓蝮氏。

女性情緒化的心理特點在女性的敘述方式中也有所體現。一般來說，男性敘述一般比較簡略，缺少主觀情緒帶入。女性則喜歡將情緒帶入敘述中，將故事敘述得活靈活現，生活對她們來說也更有滋味。武則天的不少言論就有這種特點。其馴馬言論直接敘述當年場景，君主向群臣徵詢馴馬方法，群臣庸碌無能，面面相覷，她語出驚人，句句狠絕，太宗驚訝之餘，嘖嘖讚賞。整個場面有聲有色、活靈活現。她的敘述很有感染力，產生了很強的震懾力量，聽者吉頊「惶懼流汗，拜伏求生」〔註40〕。最有意思的是，她這一番高山流水般的生動敘述裏也有謊言，她不提當時爲太宗才人，只說「侍側」，又流露出其內斂婉約的女性心理。

第七，武則天缺乏安全感。女性的生理結構與社會定位往往使她們傾向於安靜、柔順、細膩，具有依賴性，從小就希望有父母、兄弟、丈夫等人來保護自己。若是缺乏這種與女性角色相匹配的男性人際資源，女性就很容易缺乏安全感。武則天就是這種情況。她早年喪父，受到族兄欺凌，她的丈夫一個長期忽視冷落她，一個不斷地結交新歡，抑制她的權力增長。這都使她正常的心理需求得不到相應的滿足，從而引發安全感的缺失。武則天和其他親屬的關係也大多不正常。絕大多數親屬對她充滿畏懼之情。武承嗣、武三思和幾位面首對她倒是很親近。這與他們的功利需求大有關係，情感真誠度是很值得懷疑的。她長期在爾虞我詐的宮廷中生活。她陰謀頻出，殺人過多，這都會加重她的這種負面感受。她經常處於緊張焦慮的精神狀態已是學界共

〔註38〕〔宋〕司馬光：《資治通鑒》卷二〇〇「高宗龍朔二年二月甲子」條，北京：中華書局，1956 年版，第 6326 頁。

〔註39〕〔宋〕司馬光：《資治通鑒》卷二〇三「則天后光宅元年九月甲寅」條，北京：中華書局，1956 年版，第 6421 頁。

〔註40〕〔宋〕司馬光：《資治通鑒》卷二〇六「則天后久視元年正月」條，北京：中華書局，1956 年版，第 6544 頁。

識。她經常求教於佛道，除卻政治因素外，也有自我救贖之意。徐敬業叛亂平息後，她「疑天下人多圖己，又自以久專國事，且內行不正，知宗室大臣怨望，心不服，欲大誅殺以威之」，「乃盛開告密之門」〔註41〕。這與她缺少安全感有關。武則天在用人上也是反覆猶疑，多懷猜忌防範之心，晚年又對二張過度依賴，都能看出這一點。

　　第八，武則天迴護娘家。武則天雖身爲帝王，也如一切出嫁的女兒一樣，一有機會就抬高娘家的地位。顯慶三年（658），她借修改《氏族志》之際，將武氏門第列爲第一等，並先後給予族人不同的榮譽封號和官職。「楊氏號榮國夫人，越石妻號韓國夫人，惟良自始州長史超遷司衛少卿，懷運自瀛州長史遷淄州刺史，元慶自右衛郎將爲宗正少卿，元爽自安州戶曹累遷少府少監」，「韓國尋卒，其女賜號魏國夫人」〔註42〕，其子賀蘭敏之「爲士彟之嗣，襲爵周公，改姓武氏，累遷弘文館學士、左散騎常侍」〔註43〕。高宗後期，高宗、太子和朝臣們聯合抵制她繼續擴大個人勢力。她如一切在婆家受到傷害的女子一樣，想起了娘家人。這時她開始重用族人，先後將族人召回京師任職。在武周政權的繼承人問題上，她一度青睞武氏兄弟，經朝臣勸說和反覆考慮後才打消了這個念頭，但仍不准別人對武氏族員不敬。吉頊與武懿宗爭功，吉頊身形魁岸，蔑視武懿宗，滔滔不絕，聲氣凌屬。武則天甚是不悅，呵斥吉頊曰：「頊在朕前，猶卑我諸武，況異時詎可倚邪！」〔註44〕武周政權後期，她試圖通過聯姻、盟誓等方式讓娘家勢力在朝中佔有一席之地，和李唐子孫平起平坐。儘管這個計劃最終失敗，但是武家族人政治才能有限，能在朝中勢力如此之大，當然離不開她的培養扶植。

　　第九，武則天也有「公主病」。永徽六年（655），高宗欲廢王立武，遭到群臣反對。高宗又欲爲她「特置宸妃」，位列皇后之下，四個一品妃嬪之上〔註45〕。

〔註41〕〔宋〕司馬光：《資治通鑒》卷二〇三「則天后垂拱二年三月」條，北京：中華書局，1956年版，第6438頁。
〔註42〕〔宋〕司馬光：《資治通鑒》卷二〇一「高宗乾封元年八月」條，北京：中華書局，1956年版，第6349頁。
〔註43〕〔宋〕司馬光：《資治通鑒》卷二〇二「高宗咸亨二年四月」條，北京：中華書局，1956年版，第6366頁。
〔註44〕〔宋〕司馬光：《資治通鑒》卷二〇六「則天后久視元年正月」條，北京：中華書局，1956年版，第6544頁。
〔註45〕〔宋〕司馬光：《資治通鑒》卷一九九「高宗永徽六年六月」條，北京：中華書局，1956年版，第6288頁。

宸，北宸也，即北極星，後引申爲帝王之所居，是帝王的象徵。以「宸」爲特設封號，彰顯其地位的尊貴與超然，隱隱有傲視群倫之意。這恐怕就是武則天的主意。此舉意在自比星辰，非同一般妃嬪，其自命不凡的心態可見一斑。這年三月，她剛剛完成了一本書，名爲《內訓》。這類女子教育書籍一般都是由皇后著述，作爲母儀天下的懿德佐證。時爲昭儀的武則天儼然已以皇后自處。武則天晚年覺得所有的字都不配作自己的名字，特造字「瞾」並以此爲名〔註46〕，取日月凌空、澤披萬物之意。可見其強烈的自我意識。

　　由此可見，武則天性格中不僅有強悍狠辣的一面，還有陰柔仁愛的一面，二者相互包容，互相滲透，呈現出多面的人格特徵。目前學界對前者強調過多，對後者重視不夠。筆者認爲，對武則天人格的研究應回歸到女性研究上來，至少不應該偏離過遠。筆者在撰寫論文期間，還發現了武則天研究中的一些薄弱環節。其一，學界關於武則天的文學成就、文學地位、文藝政策等有所提及，但研究明顯不夠深入，有待繼續挖掘。關於武則天對文學和文士的影響，近年來陸續有一些文章發表，但前者僅限於籠統的描述，缺乏細緻深入的闡述，後者也僅限於上官婉兒、陳子昂、駱賓王等人，缺少全面系統的觀照。學界對武則天執政時期的文士群體狀況也沒有全面的總結。其二，武則天執政時期的政治形態有別於唐朝的其他時期，她的文化政策也有自己的特色。因此，此時的文化精神應該有別於唐朝的其他時期。遺憾的是，目前學界對此並無全面精到的論述。這兩點亦是本人在定題時的寫作計劃，由於學識有限未能完成，只能有待於以後了。

〔註46〕〔宋〕歐陽修、宋祁：《新唐書》卷七六《后妃上》，北京：中華書局，1975年版，第3481頁。

附錄：中國大陸武則天研究百年綜述

　　武則天是中國封建社會爲數不多的女性執政者之一，也是在中國歷史上影響最大的女性之一。早在武則天生活的時代，人們就對她十分關注，對她或驚歎、或謾罵，或讚賞，或詆毀。近百年來，關於她的小說、野史、傳記數不勝數，關於她的論著也紛紛而出，武則天研究因此呈現出前所未有的繁盛局面。百年來武則天的研究歷史大致可以分爲如下三個階段：

一、初級階段——二十世紀二十年代至八十年代初期的武則天研究

　　二十世紀二十年代至八十年代初期是武則天研究的初級階段。該時期的武則天研究多與政治運動相結合，側重從總體上評價武則天，研究成果不多，質量也不高。

　　1919 年「五四」運動後，不少進步知識分子爲了配合婦女解放運動，開始重新評價武則天，雖然沒有深入展開討論，但意見不盡一致。陳寅恪、范文瀾、呂振羽等人傾向於肯定武則天，另一些史學家的著述中有「武后之亂」、「武韋之禍」等章節，可見其全盤否定的態度。當時學界還有《我國女權運動者——武曌》、《偉大的革命政治家武則天》、《武則天新論》等十多篇文章〔註1〕。

　　文學界也開始關注武則天，對她傾向於全面肯定。三十四年代出現了兩部以武則天爲題材的文學作品，即宋之的的多幕劇《武則天》和田漢的京劇

〔註 1〕 《我國女權運動者——武曌》見《婦女雜誌》1929 年 12 月 15 卷第 12 期；《偉大的革命政治家武則天》、《武則天新論》分別見《婦女月刊》1943 年 7 月 3 卷第 1 期及 1947 年 11 月 6 卷第 5 期。

《武則天》。這兩部文學作品都把武則天塑造成了正面人物。前者重點描述了武則天對男權社會的反抗，後者描繪了她的雄才大略和歷史功績，也沒有因此否認她的殘酷兇狠。總體來看，建國前的武則天研究屬於起步階段，其研究成果並不令人滿意。

1949 年建國後，學術研究獲得了新的生機與活力，逐漸走向正軌，武則天成爲學界最受關注的歷史人物之一。爲了重新評價武則天，學界開始廣泛討論武則天的是非功過和歷史貢獻。

五十年代至六十年代前半期，不少人對武則天進行了評價。1951 年 9 月 22 日，羅元貞在《光明日報》上發表《武則天問題批判》一文，對武則天立后、稱帝、歷史作用等問題作了深入探討，認爲她儘管有些反動措施，但在歷史上還是積極的作用大。這是第一篇比較公正全面地評價武則天歷史功過的論文。此後，陸續有人發表文章評價武則天。1954 年，陳寅恪發表《記唐代之李武韋楊婚姻集團》一文，考察了武則天的出身、立后、男寵、評價等問題，認爲她「在歷史上實有進步之意義」〔註2〕。同年，岑仲勉在《隋唐史》中對武則天的政績做了全盤否定，認爲她「即使撇去私德不論，總觀其在位二十一年，實無絲毫政績可紀」〔註3〕。1955 年，楊志玖在《隋唐五代史綱要》〔註4〕中說武則天的主要歷史貢獻是打破了關隴貴族集團的政治壟斷。1958 年，吳楓在《隋唐五代史》〔註5〕中指出，武則天促進了中央集權政治的發展，其統治政策對當時來說有一定的積極意義。1959 年，呂思勉在《隋唐五代史》〔註6〕中全盤否定武則天，說她是暴君，存在濫刑殺人、殘酷異常、大興土木、用人不當、奢侈腐化等政治污點。

1959 年，越劇《則天皇帝》在上海藝術劇場首演。武則天以正面形象在劇中出現。該劇引起了學界廣泛的討論。翦伯贊、吳晗、呂振羽、田漢、尚鉞等人觀看此劇後，於同年 10 月 31 日在《文匯報》上發表《武則天應該是正面人物》一文，一致認爲武則天在執政期間鞏固了貞觀之治，並爲開元盛世打下了物質基礎〔註7〕。翦伯贊指出，該劇雖然旨在爲武則天翻案，實際

〔註 2〕陳寅恪：《記唐代之李武韋楊婚姻集團》，《歷史研究》，1954 年第 1 期。
〔註 3〕岑仲勉：《隋唐史》，北京：高等教育部教材編審處，1954 年版。
〔註 4〕楊志玖：《隋唐五代史綱要》，北京：新知識出版社，1955 年版。
〔註 5〕吳楓：《隋唐五代史》，北京：人民文學出版社，1958 年版。
〔註 6〕呂思勉：《隋唐五代史》，北京：中華書局，1959 年版。
〔註 7〕翦伯贊等：《武則天應該是正面人物》，《文匯報》，1959 年 10 月 3 日理論版。

上卻並不成功〔註8〕。呂振羽提出了幾點不應該對武則天肯定的地方。吳晗撰文認為，劇作的美中不足是說她是失敗的歷史人物〔註9〕。這次討論影響頗大。隨後，吳澤在《文匯報》上發表《關於武則天在歷史中的作用》一文，在肯定武則天反世族鬥爭勝利和武周政權的基礎上，對其晚年豪奢專斷等缺點進行了揭露和批判〔註10〕。張家駒也在《文匯報》上發表《也談武則天》一文，認為武則天的統治頗有貞觀遺風，並為開元之治打下了基礎，堪稱偉大的政治家〔註11〕。

1960 年 5 月，郭沫若在《人民文學》上發表了四幕歷史劇《武則天》〔註12〕。該劇用戲曲藝術的形式對武則天的一生作了高度評價，引發了學界討論。繆鉞、若思等人認為武則天雖然有應當肯定之處，但也有不少缺點。1961 年 5 月 15 日，繆鉞在《光明日報》上發表《關於武則天評價的問題》一文，認為武則天的統治上承貞觀之治，下啟開元盛世，是應該肯定的，但也有重用酷吏、濫殺無辜、崇信佛教等政治污點〔註13〕。6 月 21 日，若思在《光明日報》上發表《關於評價武則天的幾個問題》一文，認為武則天的統治政策沒有緩和統治者與人民的矛盾，她在用人上既有破格用人、廣開引薦之門的進步意義，也存在重用酷吏等弊政〔註14〕。8 月 12 日，趙呂甫在《四川日報》上發表《對〈關於武則天評價的問題〉一文的兩點意見》〔註15〕一文，提出了與繆鉞相反的看法。同年，韓國磐的《隋唐五代史綱》〔註16〕出版，書中對武則天作肯定評價，說她的改革順應了社會發展的客觀趨勢，她統治時期的社會經濟是繼續向前發展的。1962 年，汪籛進一步指出，武則天幫助普通地主階級的興起，打擊大地主和豪強地主，基本上消滅了關中地區部曲、佃客制，為封建社會的進一步發展開闢了道路。這兩點足以充分肯定武則天，「後來的唐玄宗順著武則天的路子走，才

〔註 8〕 翦伯贊：《歷史的真實與藝術的真實》，《戲劇報》，1959 年第 21 期。
〔註 9〕 吳晗：《關於評價歷史人物的一些初步意見》，《歷史教學》，1959 年第 12 期。
〔註 10〕 吳澤：《關於武則天在歷史中的作用》，《文匯報》，1959 年 12 月 6 日。
〔註 11〕 張家駒：《也談武則天》，《文匯報》，1959 年 12 月 13 日。
〔註 12〕 郭沫若：《武則天》，《人民文學》，1960 年第 5 期。
〔註 13〕 繆鉞：《關於武則天評價的問題》，《光明日報》，1961 年 5 月 15 日。
〔註 14〕 若思：《關於評價武則天的幾個問題》，《光明日報》，1961 年 6 月 21 日。
〔註 15〕 趙呂甫：《對〈關於武則天評價的問題〉一文的兩點意見》，《四川日報》，1961 年 8 月 12 日。
〔註 16〕 韓國磐：《隋唐五代史綱》，上海：三聯書店，1961 年版。

在歷史上出現了『開元之治』」〔註17〕。董家遵認爲武則天政權雖然存在一些缺點，但在歷史上所起的進步作用是主要的，「有利於生產，有利於人民，也有利於社會發展」，並進一步認爲「武則天在封建時代裏確是值得肯定的歷史人物」〔註18〕。當然，也有不少人評價《武則天》劇作，如同年王爾齡就對該劇作了高度評價〔註19〕。張穎認爲郭沫若劇中塑造的人物都非常成功〔註20〕。李超認爲劇中的裴炎寫得還不夠陰險毒辣〔註21〕。

此後，大陸上關於武則天的討論仍在繼續，不過逐漸側重於生年、生地、改制等具體問題的考證。如唐長孺對武則天統治末年的浮逃戶做了研究〔註22〕，這在當時並非學術主流。另外，考古界的新發現也爲武則天研究提供了一些便利。1960 年 8 月，唐永泰公主墓開始發掘，永泰公主墓誌銘隨之出土。武伯綸對永泰公主墓誌銘做了整理〔註23〕，並提出了關於永泰公主及其夫兄之死的新觀點。

不難看出，新中國之初至文革前，由於新中國的成立和兩部武則天劇作的影響，武則天研究逐漸呈現出新的活力。此時學界側重於對武則天的總體評價，大多數學者對武則天趨於肯定。武則天作爲中國古代傑出政治家的地位逐漸確立。這一時期的學者已經逐步擺脫了封建思想的藩籬，開始依據武則天的階級屬性來對其進行評價。這給武則天研究帶來了簡單化、片面化的弊端。此時還有人關注武則天研究的其他方面，像胡如雷的《論武周的社會基礎》〔註24〕、劉淩的《論武則天》〔註25〕這樣論及具體問題的文章可謂鳳毛麟角。

1966 年至 1984 年，由於政治因素的影響，武則天研究遭受嚴重挫折並在文革結束後被迫進行反思。這一時期的武則天研究多與政治運動相結合，甚至一度淪爲政治的婢女，研究成果不僅數量少，而且總體水平不高。

〔註17〕 汪籛：《汪籛隋唐史論稿》，北京：中國社會科學出版社，1981 年版。

〔註18〕 董家遵：《略論武則天政權在歷史上的作用問題》，《學術研究》，1962 年第 5 期。

〔註19〕 王爾齡：《略論郭沫若的歷史劇》，《上海戲劇》，1962 年第 3 期。

〔註20〕 張穎：《漫談話劇〈武則天〉》，《戲劇報》，1962 年第 8 期。

〔註21〕 李超：《武則天的再創造》，《光明日報》，1962 年 3 月 17 日。

〔註22〕 唐長孺：《關於武則天統治末年的浮逃戶》，《歷史教學》，1961 年第 6 期。

〔註23〕 武伯綸：《唐永泰公主墓誌銘》，《文物》，1963 年第 1 期。

〔註24〕 胡如雷：《論武周的社會基礎》，《歷史研究》，1955 年第 1 期。

〔註25〕 劉淩：《論武則天》，《山東大學學生科學論文集刊》，1956 年第 1 期。

　　1966 年「文革」開始後，武則天研究進入沈寂期。直到 1974 年，韓國磐在《廈門大學學報》上發表《評武則天》〔註 26〕一文，才重新展開了對武則天的討論。但是，這一討論很快就因政治影響偏離了學術軌道。「四人幫」的御用文人為了吹捧江青，給江青執政營造輿論氛圍，極力肯定並拔高武則天，把武則天打扮成了「尊法反儒」的女政治家。在他們的影響下，1974 年至 1975 年的短短兩年時間裏，出現了大量關於武則天「尊法反儒」的研究文章。在這些文章裏，武則天立后、稱帝及其統治政策等問題均被納入「儒法鬥爭」的路線中，並對武則天本人及其「尊法反儒」的方針一概給予高度肯定。如趙文潤的《從曹操到武則天》〔註 27〕、施鍾文的《大有作為的政治家武則天》〔註 28〕、韓國磐和鄭學檬的《評武則天》〔註 29〕、周曉瑜的《論武則天》〔註 30〕、丁荇和唐滌的《略評武則天鎮壓反動叛亂》〔註 31〕、李錦山的《談武則天的反儒精神》〔註 32〕、張祥光和朱俊明的《武則天在歷史上的進步作用》〔註 33〕、黎時的《武則天——唐代尊法反儒的女政治家》〔註 34〕、韓玉珠和同春的《淺談武則天打擊世族地主的法治路線》〔註 35〕、吳蛇成和楊秀花的《武則天——尊法反儒的女政治家》〔註 36〕等。其中，梁效的《有作為的女政治家武則天》〔註 37〕一文影響最大。

　　不難看出，文革時期的武則天研究一度沈寂，在政治的影響下又一度出現評論熱潮，表面看似繁榮，實則武則天形象被嚴重歪曲，武則天研究也因此走上了歧途。

〔註 26〕　韓國磐：《評武則天》，《廈門大學學報》，1974 年第 1 期。

〔註 27〕　趙文潤：《從曹操到武則天》，《陝西師大學報》，1974 年第 4 期。

〔註 28〕　施鍾文：《大有作為的政治家武則天》，《西北師大學報》，1974 年第 3 期。

〔註 29〕　韓國磐、鄭學檬：《評武則天》，《廈門大學學報》，1974 年第 1 期。

〔註 30〕　周曉瑜：《論武則天》，《蘭州大學學報》，1974 年第 2 期。

〔註 31〕　丁荇、唐滌：《略評武則天鎮壓反動叛亂》，《江蘇師院學報》，1975 年第 1 期。

〔註 32〕　李錦山：《談武則天的反儒精神》，《破與立》，1974 年第 3 期。

〔註 33〕　張祥光、朱俊明：《武則天在歷史上的進步作用》，《貴陽師院學報》，1975 年第 1 期。

〔註 34〕　黎時：《武則天——唐代尊法反儒的女政治家》，《中山大學學報》，1974 年第 4 期。

〔註 35〕　韓玉珠、同春：《淺談武則天打擊世族地主的法治路線》，《陝西師範大學學報》，1974 年第 3 期。

〔註 36〕　吳蛇成、楊秀花：《武則天——尊法反儒的女政治家》，《山西師大學報》，1974 年第 3 期。

〔註 37〕　梁效：《有作為的女政治家武則天》，《北京大學學報》，1974 年第 4 期。

　　「文革」後至七十年代末，「四人幫」已經下臺。針對「四人幫」御用文人掀起的武則天評論風潮，學界開始了撥亂反正的批判熱潮。此時學界普遍承認文革時期武則天形象被嚴重歪曲的事實，也認識到了武則天研究走上歧途的惡劣影響，因此紛紛撰文批判文革時期的武則天研究，針鋒相對地批判當時武則天研究中的論點和論據，揭露當時的寫作目的。其中，直接批判梁效《有作爲的女政治家武則天》一文的文章就有數十篇，如烏廷玉的《武則天辨——兼批〈有作爲的女政治家武則天〉》〔註38〕、酈實的《江青召喚武則天的亡靈就是要當現代的女皇——評梁效〈有作爲的女政治家武則天〉》〔註39〕、熊德基的《武則天的眞面目——梁效〈有作爲的女政治家武則天〉一文的批判》〔註40〕、倉修良和魏得良的《利用歷史進行反黨的黑標本——評江青及其御用文人吹捧武則天的罪惡目的》〔註41〕、張澤咸等人的《江青皇帝夢的徹底破滅——評〈有作爲的女政治家武則天〉》〔註42〕、田澤濱的《關於武則天同門閥士族的鬥爭問題——兼評梁效〈有作爲的女政治家武則天〉》〔註43〕、陳美林的《武則天以周代唐與儒釋道之爭的關係——兼評梁效〈有作爲的女政治家武則天〉》〔註44〕等。這些「撥亂反正」的文章雖然也有一定的學術價值，但多與「四人幫」相聯繫，欲借批判武則天來達到批判「四人幫」的目的。由於對「四人幫」的義憤，學界對武則天的否定評價多存在矯枉過正的現象，即對武則天採取了全盤否定的態度。如何汝泉、熊德基、魏良弢等人認爲武則天是「野心家」、「陰謀家」，她的所作所爲完全是倒行逆施，並認爲唐朝全盛時期的到來比兩漢、明、清都要推遲三五十年，正是武則天

〔註38〕 烏廷玉：《武則天辨——兼批〈有作爲的女政治家武則天〉》，《吉林大學社會科學學報》，1977 年第 7 期。

〔註39〕 酈實：《江青召喚武則天的亡靈就是要當現代的女皇——評梁效〈有作爲的女政治家武則天〉》，《中山大學學報》，1977 年第 1 期。

〔註40〕 熊德基：《武則天的眞面目——梁效〈有作爲的女政治家武則天〉一文的批判》，《社會科學戰線》，1978 年第 1 期。

〔註41〕 倉修良、魏得良：《利用歷史進行反黨的黑標本——評江青及其御用文人吹捧武則天的罪惡目的》，《杭州大學學報》，1978 年第 1 期。

〔註42〕 張澤咸等：《江青皇帝夢的徹底破滅——評〈有作爲的女政治家武則天〉》，《文史哲》，1977 年第 1 期。

〔註43〕 田澤濱：《關於武則天同門閥士族的鬥爭問題——兼評梁效〈有作爲的女政治家武則天〉》，《吉林師大學報》，1978 年第 1 期。

〔註44〕 陳美林：《武則天以周代唐與儒釋道之爭的關係——兼評梁效〈有作爲的女政治家武則天〉》，《南京師大學報》，1977 年第 1 期。

統治的惡果〔註45〕。又如賀世哲認為武則天利用佛教製造宗教神學預言，粉飾她的野心家面目，為其篡權行為辯護〔註46〕。這些觀點顯然有偏離學術軌道的傾向。

不難看出，文革後初期，學界普遍認識到，文革時期對武則天的吹捧是為了美化江青，為其篡權製造輿論。此時的武則天研究雖然對文革時期有所糾正，對後來的武則天研究起到了先鋒作用，但仍因政治因素的影響，未能真正走上學術正途。

八十年代初期，學術界逐漸冷靜下來，對以往的武則天研究進行了深刻的反思。文革結束後至改革開放時期，學者們紛紛發文批判文革時期的武則天研究。從此時開始，武則天研究逐漸開始呈現出百花爭豔的局面。

首先，八十年代初，學者們開始重新評論郭沫若的《武則天》，與六十年代普遍讚揚的態度不同，此時學者們普遍關注劇本所用史料的真實性。1980年，黃永年發表《評郭沫若同志的武則天研究》一文，對郭沫若肯定武則天的各個方面逐一進行了「商榷」，用大量的史料和推理證明武則天存在濫殺、任用酷吏和男寵、奢侈浪費等問題，推翻了其「得到人民擁護」、其統治「深得人心」等各種看法，甚至得出了相反的結論〔註47〕。羅繼祖在《也談武則天（之二）》一文中認為該劇將裴炎處理為反面人物、把李賢之死歸在裴炎名下都很牽強〔註48〕。1981年，曾立平說該劇「以今天無產階級領袖的標準去裝飾封建帝王」，「隨心所欲地臆造歷史，以古媚今」，「粉飾太平」，「把武則天抬高到一個嚇人的高度」〔註49〕。1982年，李端科《也談武則天的出生地》一文對該劇中提到的武則天出生於四川廣元一說提出異議，認為其生在長安〔註50〕。白堅認為該劇對武則天及其政績的歌頌超越了特定的時代界限和階級界限，也誇張了她和反對派的差異，忽略了他們的共同點〔註51〕。

〔註45〕 何汝泉：《關於武則天的幾個問題》，《歷史研究》，1978年第8期；熊德基：《武則天的真面目》，《社會科學戰線》，1978年創刊號；魏良弢：《論武則天》，《新疆大學學報》，1979年第1～2期。

〔註46〕 賀世哲：《武則天與佛教》，《西北師大學報》，1978年第2期。

〔註47〕 黃永年：《評郭沫若同志的武則天研究》，《陝西師大學報》，1980年第3期。

〔註48〕 羅繼祖：《也談武則天（之二）》，《社會科學戰線》，1980年第1期。

〔註49〕 曾立平：《評歷史劇創作中的反歷史主義傾向》，《戲劇藝術》，1981年第1期。

〔註50〕 李端科：《也談武則天的出生地》，《學術月刊》，1982年第4期。

〔註51〕 白堅：《評歷史劇〈武則天〉——兼談為武則天翻案問題》，《陝西師大學報》，1983年第3期。

這無疑顯示出武則天研究開始從總體評價走向具體問題研究，也說明了學者們在武則天研究遭到挫折後逐漸萌生了求真務實的意識。當然，此時也有人仍對該劇持肯定態度，如高國平就認為該劇在思想上和藝術上取得了重大成就〔註52〕。

其次，學者們總結了以往武則天研究中存在的問題，並提出了一些具體看法和建議。羅繼祖指出，上官儀被武則天殺害，其孫女上官婉兒卻成為她的得力助手，「說明武則天本質上還是英明的」〔註53〕。高光晶、戴承杭認為武則天打擊的是反對她的人，不僅僅局限於士族，因此不能將打擊士族視作她的主要功績，而且她破格用人的對象並非全是人才，還有酷吏、佞臣、庸臣等，她重視農業生產的詔令沒有付諸實施，武周王朝和少數民族的關係也不如以前，「她的倒行逆施激化了社會矛盾，阻礙或延緩了社會經濟的發展」，「她是一個應該基本否定的歷史人物」〔註54〕。李必忠、陳賢華認為，對她的個人品德和時代局限不能要求過高，她的統治雖然存在殺人、淫亂、浪費等問題，但基本上順應了歷史的發展，上承貞觀，下通開元，「應得到基本肯定」，並進一步指出，她用人基本上是實用主義〔註55〕。鄭寶琦認為，評價武則天沒必要糾纏於出身門第，他提出「評價武則天應該根據她的所作所為及由此而產生的客觀效果而定」。他指出了以往武則天研究中的一個大問題——從出身門第出發評價武則天，從方法論的角度否定了過去絕大多數從出身門第出發對武則天進行的研究與評價，其提議也更符合馬克思歷史唯物主義的基本要求〔註56〕。李荷先指出，武則天研究與當時的政治、經濟形勢密切相關。當政治經濟形勢穩定時，武則天研究就活躍。當強調階級鬥爭時，武則天研究就變得沉悶。他道出了以往武則天研究出現問題的最根本外因，為以後學界處理武則天研究與政治的關係打了一劑預防針。他還提出要用馬克思主義的認識論來指導武則天研究，要在前人的基礎上「開闢新領域，探討新問題，揭示武則天活動的諸因素，把她置於普通聯繫中加以考察，進行多層

〔註52〕高國平：《「翻案何妨傳粉多」——讀郭沫若歷史劇〈武則天〉》，《河南師大學報》，1982年第5期。

〔註53〕羅繼祖：《也談武則天（之一）》，《社會科學戰線》，1980年第1期。

〔註54〕高光晶、戴承杭：《武則天不是肯定的歷史人物》，《求索》，1983年第1期。

〔註55〕李必忠、陳賢華：《有關武則天評價的幾個問題》，《四川大學學報》，1982年第2期。

〔註56〕鄭寶琦：《關於武則天的評價問題》，《上海師院學報》，1983年第1期。

次、多角度的立體研究和分析」〔註 57〕。他的觀點無疑對以後的武則天研究具有指導作用。

最後，學者們找到了不少研究武則天的新角度，具體表現為對武則天的評價開始由總體評價轉向具體評價，即對武則天具體政策、具體問題的評價。此時有人開始注重研究武則天執政時期的具體政治舉措。如張先昌認為，武則天用人賞罰嚴明，信用重用大臣；重視地方官吏的選拔；不必親仇，唯才是舉；懲罰犯罪，嚴明法紀；控制親信，保護直臣，「不愧是封建社會明君中最能納諫者之一」〔註 58〕。時重實認為，武則天大開告密之門，濫選官吏，任用酷吏，對百姓羅織罪名、酷刑逼供，殘酷虐待〔註 59〕。此時還出現了一些關於武則天具體問題的研究。有人關注武則天在嵩山投放的金簡，如呂樹芝的《武則天金簡小釋》〔註 60〕等；有人關注武則天造字的情況，如施安昌的《從院藏拓本探討武則天造字》、《關於武則天造字的誤識與結構》〔註 61〕等；有人關注武周時期的服飾問題，如秀澤的《從武則天式的服裝談起》〔註 62〕等；有人關注武則天處死永泰公主及其夫兄的問題，如廖彩梁的《〈大唐故永泰公主誌銘〉新釋及永泰公主之死》〔註 63〕、曾立人的《關於永泰公主之死》〔註 64〕等；有人關注武則天的君臣關係，如趙光賢的《裴炎謀反說辯誣》〔註 65〕、黎虎的《劉知幾為武則天「製造輿論」嗎？》〔註 66〕等。

不難看出，八十年代初，學界重評郭沫若的歷史劇《武則天》，總結並糾正了以往武則天研究中存在的問題，並開始關注武則天的一些具體問題，為以後的武則天研究進行了理論探索和實踐嘗試，同時也說明八十年代初武則天研究已經開始走向正軌。

〔註57〕 李荷先：《武則天研究的歷史回顧與探索》，《華中師範大學學報》，1985 年第 5 期。

〔註58〕 張先昌：《武則天的用人與納諫》，《殷都學刊》，1984 年第 3 期。

〔註59〕 時重實：《武則天與酷吏》，《北京政法學院學報》，1981 年第 1 期。

〔註60〕 呂樹芝：《武則天金簡小釋》，《歷史教學》，1983 年第 3 期。

〔註61〕 施安昌：《從院藏拓本探討武則天造字》，《故宮博物院院刊》，1983 年第 4 期；
施安昌：《關於武則天造字的誤識與結構》，《故宮博物院院刊》，1984 年第 4 期。

〔註62〕 秀澤：《從武則天式的服裝談起》，《天津師院學報》，1976 年第 6 期。

〔註63〕 廖彩梁：《〈大唐故永泰公主誌銘〉新釋及永泰公主之死》，《文博》，1984 年第 3 期。

〔註64〕 曾立人：《關於永泰公主之死》，《人文雜誌》，1980 年第 5 期。

〔註65〕 趙光賢：《裴炎謀反說辯誣》，《北京師範大學學報》，1982 年第 4 期。

〔註66〕 黎虎：《劉知幾為武則天「製造輿論」嗎？》，《歷史研究》，1978 年第 8 期。

二、發展階段——二十世紀八十年代中後期至二十世紀末的武則天研究

二十世紀八十年代中後期至二十世紀末，隨著改革開放的不斷深入，國內學術氣氛日趨寬鬆活躍，武則天研究也隨之升溫，具體表現為新角度、新思維、新方法、新領域逐漸增多，武則天研究的各個方面均有較大發展和突破，出現了不少高質量的論著。

鑒於武則天在中國歷史上的重要地位及長期以來人們在評價武則天問題上存在的重大分歧，中國唐史學會成立了武則天研究會，並於 1985 年 10 月 22 日至 27 日在陝西咸陽召開了首屆全國武則天學術研討會。來自全國的 50 多名學者代表參加了會議。會上，代表們回顧並總結了武則天研究的成果和經驗，重點討論了武則天稱帝的社會歷史條件以及其執政時期的政治、經濟、軍事、文化等問題，普遍對其持肯定態度，認為她是中國封建社會傑出的女政治家。會議共收到論文 28 篇，會後，三秦出版社將其編輯整理成《武則天與乾陵》一書，並於 1986 年出版。

1985 年武則天研究會在陝西咸陽首次召開武則天學術研討會後，截至二十世紀末，1986 年在四川廣元，1987 年在河南洛陽，1988 年在山西太原、文水，1994 年在陝西乾陵博物館，1996 年在河南偃師，1997 年山西太原，1999 年在陝西咸陽，中國唐史學會又陸續組織召開了七次武則天學術研討會，出版了《武則天與洛陽》、《武則天與文水》、《武則天與乾陵文化》、《武則天與偃師》、《武則天研究論文集》、《武則天與咸陽》等六本書集，共收錄了兩百多篇高質量的論文，占該階段武則天研究成果的一半以上，極大地推動了武則天研究工作的深入發展。這八次武則天學術研討會的召開是本階段武則天研究中的重大事件。首次武則天學術研討會的召開也隨之成為武則天研究進入深入發展階段的標誌性事件。

在這八次會議中，值得一提的是 1997 年在太原召開的第七屆武則天學術研討會。會議共收到論文 37 篇，提交論文數量之多、質量之高，都超過以往幾屆。從這次會議開始，武則天研究會從中國唐史學會中分離出來，靠掛在政府民政部門，成為中國武則天研究會〔註67〕。這次會議聘任了四位外籍專

〔註67〕 根據民政部有關文件精神，全國性的社會團體只允許下設分會，不再掛靠與本團體名稱不同的社會組織，武則天研究會從中國唐史學會中分離出來，成為單獨的社會團體。

家任學會理事，標誌著武則天研究開始走上國際化的道路〔註68〕。

另外，本階段還陸續舉辦了一些與武則天相關的活動，如1996年9月，大型文物展《女皇武則天與唐代女性》在陝西歷史博物館開展。這些活動在一定程度上使得武則天研究繼續升溫。

本階段關於武則天研究的論文和專著爲數不少。以往武則天評價之所以出現紛繁複雜的局面，與有關武則天的史料有限又記載不一有很大關係。因此，要想對她有一個準確精到的評價，首先要對相關史料進行一番考證。八十年代初期，學界已經注意到了這個問題。本階段學界繼續致力於與武則天有關的考證工作，並以此作爲評價武則天的基礎。經過總結，本階段的武則天研究主要包括如下幾個方面：

第一，學者們對與武則天有關的史料和傳統觀點做了不少考證、甄別、補充和辨析工作。這對還原武則天的眞實面貌具有重要意義。

有人對武則天的個人生活做了認眞的考證、辨析和補充工作。如李興榮、鄧勇通過考證，一致認爲武則天出生在廣元〔註69〕。寧志新認爲武則天在太宗駕崩後入寺爲尼，由於高宗的緣故並未削髮〔註70〕，又通過考證李弘和李賢的生年，認爲武則天在二子之間不可能生育一女，因此斷定武則天扼嬰一事根本不存在，並指出李弘並非武后鴆殺，其早亡是由於多年疾病纏身〔註71〕。崔曙庭認爲，武則天在永徽二年（652）二度入宮，而非范文瀾說的永徽五年（655）〔註72〕。郭紹林認爲，高宗、武后長駐洛陽與洛陽具備作爲都城的條件有關〔註73〕。馬文良通過還原墓誌描述了武則天登基時的一次宮廷歌舞晚會的情況〔註74〕。另外，何萍、趙強、賀潤坤、程宗才等人也就一些具體問題做了深入細緻的考證辨析工作〔註75〕。

〔註68〕 王雙懷編：《武則天與神都洛陽》前言，北京：中國文史出版社，2008年版。

〔註69〕 李興榮：《武則天出生時間地點考辨》，《史學月刊》，1992年3月第3期；鄧勇：《武則天的出生地是廣元》，《內江師範學院學報》，1989年第2期。

〔註70〕 寧志新：《武則天削髮爲尼一事考辨——與臺灣學者李樹桐商榷》，《華中師範大學學報》，1990年3月第1期。

〔註71〕 寧志新：《舊說武則天扼嬰、殺子失實之補證》，《晉陽學刊》，1987年第4期。

〔註72〕 崔曙庭：《武則天是何時入高宗宮的——讀史札記一則》，《漢中師院學報》，1994年第2期。

〔註73〕 郭紹林：《唐高宗武則天長駐洛陽原因辨析》，《史學月刊》，1985年第3期。

〔註74〕 馬文良：《武則天登基時的一次宮廷舞會》，《當代戲劇》，1994年第5期。

〔註75〕 何萍：《「武后改倭國爲日本」考》，《貴州文史叢刊》，1990年第2期；趙強：《唐中宗政變日期考》，《煙臺大學學報》，1996年第2期；賀潤坤：《「二聖」

有人對一些史料記載和傳統觀點提出了質疑。不少人對高宗昏庸懦弱的觀點提出了質疑。歐遠方認爲，在承認武則天政治影響的同時，應該肯定高宗的政績〔註76〕。趙文潤認爲，高宗即位後「頗爲能幹」，「自顯慶以後武后是受高宗的委託參與政事，並非從此執掌朝政」，並進一步分析了高宗給人留下昏懦印象的原因〔註77〕。趙克堯指出，廢王立武並非政治集團之間的利益鬥爭，而是高宗解決君相矛盾的特殊手段〔註78〕。秦川認爲，顯慶四年（659）《姓氏錄》頒行、許敬宗等人倒向武則天等事都擴大了武則天的政治勢力，上官儀成爲高武鬥爭的犧牲品〔註79〕。趙強對史料中二張因謀反被誅的記載提出了質疑，認爲二張並無謀反的動機、條件和行爲，所謂「謀反」只是政變藉口〔註80〕。郭紹林認爲，二張並非面首之流，而是武則天延年益壽的保健護理醫生、羽化登仙的中介和私人政治力量〔註81〕。

此外，本階段還湧現出一批關於武則天的名字、石碑、造字、花草、建築、體育活動、美容、養生、考古等細節問題的研究文章，在一定程度上反映了武則天研究的深入發展。

第二，學者們對武則天的政治舉措等做了深入研究，並以此作爲評價武則天是非功過和歷史地位的基本依據。

有人關注武則天的具體政治舉措，並對其進行評價。如符慶如考證了武則天時期的銅匭制〔註82〕。劉煥曾指出，武則天對唐朝法律中的官吏任免制度、訴訟制度和審判制度造成了嚴重破壞〔註83〕。賈三強提出，武則天時代各種行之有效的廉政制度和措施是當時政治穩定、經濟繁榮的重要原因，但

史謂何人？》，《西北大學學報》，1985年第4期；程宗才：《張柬之何以不殺武三思》，《新疆大學學報》，1992年第4期。

〔註76〕 歐遠方：《李治和武則天——讀史札記》，《安徽師大學報》1996年第2期。

〔註77〕 趙文潤：《唐高宗「昏懦」說質疑》，《人文雜誌》，1986年第1期；趙文潤：《唐高宗再評價》，選自史念海主編《唐史論叢》第七輯，西安：陝西師範大學出版社，1998年版。

〔註78〕 趙克堯：《武后之立與君相權力之爭》，《溫州師院學報》，1988年第1期；趙克堯：《關於唐高宗永徽間皇后廢立的問題》，《阜陽師院學報》，1986年第4期。

〔註79〕 秦川：《論唐高宗與武則天的矛盾和鬥爭》，《甘肅社會科學》，1993年第2期。

〔註80〕 趙強：《張易之、張昌宗死因考辨》，《煙臺師範學院學報》，1995年第4期。

〔註81〕 郭紹林：《張易之、張昌宗到底是武則天的什麼人》，《河南大學學報》，1995年第4期。

〔註82〕 符慶如：《武則天行「銅匭制」考略》，《史學月刊》，1990年第2期。

〔註83〕 劉煥曾：《武則天對唐朝法制的破壞》，《錦州師範學院學報》，1999年第2期。

酷吏橫行等問題也相當嚴重〔註84〕。

更多的人關注武則天時期的宗教政策。寇養厚詳述了武則天佛教居先政策的具體表現〔註85〕。陳美林指出，武則天利用佛教爲周唐更迭服務〔註86〕。牛志平認爲，武則天重視佛教，對儒教和道教也有興趣，對唐朝三教合一的宗教政策有開創之功〔註87〕。趙克堯指出，武則天晚年對佛道態度的微妙變化與其對李唐的政治態度有關〔註88〕。何磊從唐代政治、經濟、文化等角度考察武則天的宗教政策，指出其宗教政策都是爲了政治鬥爭的需要，既有促進中外政治、經濟、文化交往的積極作用，也有加重人民負擔、激化階級矛盾的消極作用〔註89〕。

第三，學者們對武則天時期的政治、經濟、軍事、文化等問題做了深入研究。關於武則天時期的政治形勢，陸慶夫認爲，武則天廣開仕路、放手招官，開啓了有唐一代的冗官政治〔註90〕。馬俊民通過分析武則天執政時期宰相的出身、任期等狀況，否認了以前關於武則天代表普通地主的利益及其「知人善任」、「務取眞才實賢」的說法，認爲其奪權稱帝是角逐權力，其用人以個人專權爲核心，良莠不齊〔註91〕。馬馳從蕃將這一新角度研究武則天政權的成敗，認爲武則天借助蕃將的力量稱帝，但是由於猜忌和誅殺蕃將，又在「蕃叛不息、蕃心思唐乃至蕃將逼宮的統治危機中被逐出歷史舞臺」〔註92〕。秦川運用心理分析法研究了武則天的恐怖統治對官吏的影響，認爲其長期恐怖統治在維護武周政權的同時，也離間了君臣關係，造成了更大的政治危機〔註93〕。關於武則天時期的教育禮制狀況，孫鈺華詳述了武則天時期儒學教育的發展概況，並指出其對盛唐文化繁榮局

〔註84〕 賈三強：《武則天時代的廉政建設》，《西北大學學報》，1997年第2期。

〔註85〕 寇養厚：《武則天與唐中宗的三教共存與佛先道後政策——唐代三教並行政策形成的第二階段》，《陝西師範大學學報》，1999年第3期。

〔註86〕 陳美林：《周唐政權的更迭與儒道釋興衰》，《河北師院學報》，1997年第3期。

〔註87〕 牛志平：《武則天與宗教》，《社會科學戰線》，1990年第1期。

〔註88〕 趙克堯：《唐前期的佛道勢力與政治鬥爭》，《浙江學刊》，1990年第1期。

〔註89〕 何磊：《武則天的宗教政策》，《雲南教育學院學報》，1989年第3期；何磊：《武則天宗教政策初探》，《曲靖師專學報》，1989年第2期。

〔註90〕 陸慶夫：《說武則天時期的冗官政治》，《蘭州大學學報》，1990年第3期。

〔註91〕 馬俊民：《武則天朝宰相考——兼論武則天政權性質及用人政策》，《天津師大學報》，1987年第4期。

〔註92〕 馬馳：《蕃將與武則天政權》，《許昌師專學報》，1991年第4期。

〔註93〕 秦川：《武則天朝政治及其對官吏的影響》，《社會科學》，1990年第4期。

面的形成起到了奠基作用〔註 94〕。趙瀾指出，武則天利用禮儀制度爲她的統治服務〔註 95〕。關於武則天時期的軍事狀況，李必忠和秦川分別就武則天的邊防政策做了深入探討〔註 96〕。這些研究有利於還原武則天時期的政治、經濟、文化眞貌，也有利於將武則天放在一個具體的歷史背景中考察，爲武則天評價工作打下了良好的基礎。

在以上研究成果的基礎上，有人開始分析武則天現象的成因。郭培貴認爲晉唐間女性地位的提高是出現武則天現象的歷史條件〔註 97〕。郭紹林則認爲是「政治形勢、政治派別、封建秩序、正統觀念和傳統意識等因素作用所致」〔註 98〕。譚昌壽認爲，武則天參政與唐初政權的過渡性特點、高宗初年統治集團的內部矛盾及武則天的主觀條件有關〔註 99〕。徐嫩棠認爲，這與貞觀末年的社會矛盾、高武婚姻和庶族地主階級的支持有關〔註 100〕。潘興、范永平認爲，武則天的政治措施是其稱帝並鞏固政權的根本原因〔註 101〕。不難看出，本階段多數人主要從客觀因素上尋找武則天政治成功的原因。

第四，學者們在以上研究成果的基礎上，開始重新評價武則天。與以往多爲總體評價不同，此時不少人開始評價一些具體問題。

武則天的誅殺政策一直是學界關注的焦點，以前學界往往從歷史作用的角度對該政策進行簡單的肯定或否定。此時學界開始從新的角度來重新審視這個問題。如有人注重誅殺政策的個案分析。張先昌對裴炎、程務挺、劉褘之、魏玄同、李昭德、閻知微等人被殺事件逐一進行了個案分析，指出武則天並非濫殺〔註 102〕。楊西雲則認爲，武則天殺裴炎等人是濫殺，對其恐怖統

〔註 94〕 孫鈺華：《武則天時期儒學教育簡論》，《西部學刊》，1998 年第 2 期。

〔註 95〕 趙瀾：《武則天時代的禮儀與政治》，《福建學刊》，1998 年第 2 期。

〔註 96〕 李必忠：《論武則天執政時期的西北邊防》，《四川大學學報》，1986 年第 3 期；秦川：《武則天時期邊防及其與兵募的關係》，《社會科學》，1989 年第 4 期。

〔註 97〕 郭培貴：《試從晉唐間的社會習俗簡析武則天秉政稱帝的歷史條件》，《包頭師專學報》，1986 年 4 月第 1 期。

〔註 98〕 郭紹林：《論古人的武則天地位觀》，《洛陽師專學報》，1996 年第 3 期。

〔註 99〕 胡如雷：《關於武則天研究中的幾個問題》，《社會科學戰線》，1993 年第 1 期。

〔註 100〕 徐嫩棠：《武則天稱帝原因淺析》，《史學月刊》，1995 年第 6 期。

〔註 101〕 潘興、范永平：《武則天改唐爲周政治舉措之述略》，《洛陽大學學報》，1999 年第 1 期。

〔註 102〕 張先昌：《關於武則天殺害文武大臣的幾個問題》，《史學月刊》，1996 年第 1 期；張先昌：《武則天殺裴炎非濫殺說——答楊西雲先生》，《殷都學刊》，1999 年第 1 期。

治應該予以否定和批判〔註103〕。有人研究了武則天對酷吏的態度，馬曉麗認為，武則天對酷吏政治不應負有全部責任〔註104〕。王雙懷認為，武則天只是利用酷吏打擊政敵，並沒有委以重任，不能以此來否定武則天〔註105〕。有人分析了武則天誅殺政策的危害。胡戟指出，武則天政權倒臺與她的濫刑、濫選政策有密切關係〔註106〕。也有人仍從歷史作用的角度來談這個問題。趙建坤指出，武則天的誅殺政策在客觀上打擊了門閥士族勢力，使大量的庶族地主登上政治舞臺，但也對政局造成了不利影響〔註107〕。湯蓉嵐認為，酷吏政治是武則天的主要統治政策，具有很嚴重的消極作用〔註108〕。孫炳元認為，武則天的誅殺政策在一定程度上打擊了舊士族勢力，促進了社會發展，也擴大了統治階級的內部矛盾，影響了政局穩定和經濟發展〔註109〕。

　　武則天的用人政策也一直是學界關注的焦點。王朝彬認為，武則天的用人政策經歷了一個從主要任用佞臣、酷吏、裙帶到任人唯賢的變化過程〔註110〕。勾利軍運用比較分析法研究了武則天與慈禧用人特徵的差異〔註111〕，馬俊民運用統計分析法分析了武則天時期的宰相情況，研究了武則天的用人問題〔註112〕。葉哲明高度評價了武則天的選士制度〔註113〕。胡軍哲認為，武則天的用人舉措和其性格密切相關〔註114〕。

　　武則天的政治改革也引起了學界注意。趙克堯指出，武則天利用祥瑞、天命論、佛教來為武周革命製造輿論，但沒有擺脫傳統的儒學思想體系〔註115〕。

〔註103〕楊西雲：《也談武則天殺文武大臣——與張先昌先生商榷》，《史學月刊》，1996年第6期。

〔註104〕馬曉麗：《關於武則天重用酷吏的幾點看法》，《煙臺大學學報》，1991年第3期。

〔註105〕王雙懷：《武則天與酷吏的關係》，《唐都學刊》，1999年第1期。

〔註106〕胡戟：《武則天與酷吏政治》，《炎黃春秋》，1994年第7期。

〔註107〕趙建坤：《武則天的誅殺政策芻議》，《河北學刊》，1995年第2期。

〔註108〕湯蓉嵐：《武則天的酷吏政治評析》，《台州師專學報》，1999年第4期。

〔註109〕孫炳元：《武則天誅殺政策的社會歷史影響》，《鹽城師專學報》，1988年第2期。

〔註110〕王朝彬：《試論武則天的用人政策》，《菏澤師專學報》，1989年第4期。

〔註111〕勾利軍：《論武則天與慈禧用人特徵的差異》，《河南師範大學學報》，1995年第6期。

〔註112〕馬俊民：《武則天朝宰相考——兼論武則天政權性質及用人政策》，《天津師大學報》，1987年第4期。

〔註113〕葉哲明：《武則天稱帝和選士制度政策的革新——兼評科舉殿試的歷史作用》，《台州師專學報》，1997年第1期。

〔註114〕胡軍哲：《武則天用人舉措探析》，《益陽師專學報》，1996年第1期。

〔註115〕趙克堯：《武則天立周、繼周成敗論》，《學術月刊》，1992年第4期。

李志賢指出，武則天改制在安定社會、發展經濟、加強國防、促進外交等方面都有很大貢獻〔註116〕。陳海濤、劉惠琴認為，武則天進行遠循周禮的各項改革同隋唐以來恢復漢制、歸於正統的趨勢相一致〔註117〕。高光晶認為，武則天打擊士族有一定的積極作用，但是也產生了破壞社會生產、激化階級矛盾、挑動民族不和等消極作用〔註118〕。還有人探討了武則天政治改革的文化意義，如許總認為，武則天打擊士族、提高庶族地位、獎勵宮廷詩歌創作等措施在客觀上促進了文化的發展〔註119〕。

武則天時期的文化政策及影響在以往的研究中有所提及，但不受重視，在本階段則是學界關注的重點之一。尚定認為，進士科的勃興是當時政治鬥爭的必然產物，這必然會影響唐詩的發展〔註120〕。吳格言認為，武則天時期的科舉改革對文化繁榮和詩歌發展具有重要影響〔註121〕。葛曉音指出，包括武則天執政在內的唐初女性專權使唐初文學呈現出浮靡的傾向，這是盛唐詩歌高潮到來的一個前兆〔註122〕。吳格言指出，武則天抑明經、揚進士、試詩賦的科舉改革促進了初唐詩歌的發展〔註123〕。還有人對此進行了個案分析，如周嘯天認為，武后時代壓制了陳子昂的政治才華，也成就了他的詩歌藝術〔註124〕。

從總體上評價武則天一直是武則天研究中的重要議題。在本階段，大多數學者認為，武則天總體上還是有功績的。如胡如雷認為，對武則天應當持基本肯定的態度，但不宜評價過高〔註125〕。值得一提的是不少人用新角度、新方法來重新評價武則天。有人用新方法得出了老結論，如劉希為分別將武則天與與中世紀時期世界上的二十八位女皇、中國的其他幾位女性執政者及

〔註116〕李志賢：《武則天的「改制」及其評價》，《歷史教學》，1998年第3期。

〔註117〕陳海濤、劉惠琴：《論武則天改革與隋唐社會之正統化趨勢》，《蘭州學刊》，1995年第2期。

〔註118〕高光晶：《關於武則天「打擊士族」的性質問題》，《湖南師範大學社會科學學報》，1989年第3期。

〔註119〕許總：《武則天治政的文化意義》，《學海》，1994年第6期。

〔註120〕尚定：《論武則天時代的「詩賦取士」》，《中國社會科學》，1991年第6期。

〔註121〕吳格言：《武則天執政對初唐詩歌發展的影響》，《齊魯學刊》，1999年第6期。

〔註122〕葛曉音：《論初唐的女性專權及其對文學的影響》，《中國文化研究》，1995年秋之卷。

〔註123〕吳格言：《武則天執政對初唐詩歌發展的影響》，《齊魯學刊》，1999年第6期。

〔註124〕周嘯天：《武后時代與陳子昂的政治諷喻詩》，《成都師專學報》，1986年第1期。

〔註125〕胡如雷：《關於武則天研究中的幾個問題》，《社會科學戰線》，1993年第1期。

唐前期皇帝相比，認為她是「世界中世紀史上名符其實的第一女皇」，她與馮太后兩人各有千秋，她比呂后要高明得多，比慈禧太后要進步開明，比高宗、中宗、睿宗都要出色〔註126〕。此後不斷有人用比較分析的方法研究武則天。如有人把她與慈禧太后、吐蕃女王赤瑪倫進行比較〔註127〕。有人拋棄以往的道德、階級觀點，用事實來對武則天進行評價，如趙文潤通過大量史實深入分析了關於武則天「荒淫」與「殘忍」的說法，認為這不能成為否定武則天的理由，並指出評價武則天應當主要依據社會標準，而非道德標準〔註128〕。也有人持有其他意見，如劉炬、劉鴻雁就認為她是一位失敗者〔註129〕。

針對以往武則天評價紛繁複雜的局面，有人開始總結武則天的評價問題。如王雙懷《歷代對武則天的評價》一文總結了古代、現代對武則天的評價，並分析了這些評價存在差異的原因〔註130〕。有人總結了某一特定視角和領域下的武則天形象，如陶瑞芝的《論杜甫眼中的武則天》〔註131〕、李奇林的《論〈鏡花緣〉的武則天形象》〔註132〕、王滌武的《王船山對武則天的評價》〔註133〕、陳遼的《中國文學中的「武則天現象」》〔註134〕等。還有人提出了評價武則天的標準問題，將武則天的評價研究推向了一個新的理論高度，如范若蘭的《古代女政治家研究中的道德和政治標準》〔註135〕等。

第五，學者們一改以往關注武則天總體評價和政治生活的傳統套路，開始開闢武則天研究的新領域。

有人研究武則天的思想，這是以往不曾有過的。如賀潤坤分析了她的法律思想〔註136〕。李荷先通過分析《臣軌》，認為她有五種君臣倫理思想，並

〔註126〕劉希爲：《關於武則天的比較研究》，《社會科學戰線》，1987年第4期。
〔註127〕高虹：《則天女皇與慈禧太后》，選自《武則天與乾陵文化》，咸陽：乾陵博物館，1995年版；陳崇凱、劉淼：《一代女皇和一代女王——武則天與赤瑪倫生平及藏漢關係評議》，《西藏大學學報》，2008年第1期。
〔註128〕趙文潤：《武則天的「荒淫」與「殘忍」辨析》，《唐都學刊》，1999年第1期。
〔註129〕劉炬、劉鴻雁：《武則天是成功者嗎？》，《社會科學戰線》，1998年第5期。
〔註130〕王雙懷：《歷代對武則天的評價》，《人文雜誌》，1996年第3期。
〔註131〕陶瑞芝：《論杜甫眼中的武則天》，《杜甫研究學刊》，1997年第3期。
〔註132〕李奇林：《論〈鏡花緣〉的武則天形象》，《明清小說研究》，1990年第Z1期。
〔註133〕王滌武：《王船山對武則天的評價》，《船山學刊》，1987年第1期。
〔註134〕陳遼：《中國文學中的「武則天現象」》，《江蘇社會科學》，1995年第6期。
〔註135〕范若蘭：《古代女政治家研究中的道德和政治標準》，《婦女研究論叢》，1992年第4期。
〔註136〕賀潤坤：《論武則天的法律思想》，《陝西廣播電視大學學報》，2003年第3期。

指出這是她統治長久的原因之一〔註137〕。何磊認為她的經濟思想對唐前期社會經濟具有促進作用，並認為其經濟貢獻不遜於太宗和玄宗〔註138〕。崔明德認為她未形成完整的民族思想體系，這是導致她統治時期民族關係緊張的重要原因〔註139〕。

　　有人深入探討了武則天的文化素養。以前學界對這個問題雖然也有提及，但無專門深入的研究。該時期這方面研究開始多了起來。蘇者聰指出她不但倡導詩文創作，而且積極創作詩歌〔註140〕。王昌煥論述了她在文學、書法、經學、史學等方面的修養，並指出其文化修養促進了文化發展〔註141〕。康定以《如意娘》、《臘日宣詔幸上苑》兩首詩為例，認為應在中國文學史上佔有一席之地〔註142〕。

　　有人開始分析武則天的內心世界，這是武則天研究的一個全新領域。不少人運用心理分析法對她的個性、心理、性格等問題進行研究。王靈善認為她「是一個自我意識十分強烈的女性」，其無神論意識、唯我至上的處世原則和女權意識是她政治成功的重要原因〔註143〕。勾利軍與之觀點相反，認為她有強烈的自卑心理，並因此呈現出權力欲強、殘酷毒辣、遲疑多變等性格特徵，早年家庭不睦、出身低微及曾為太宗才人是主要原因〔註144〕，她當政後追封長女等事透露出殺女後的愧疚、補償心理〔註145〕。有人從心理學的角度來分析武則天的統治政策，如梁樺認為她改元與其特殊的心理因素有一定關係〔註146〕。陳景富論述了她不同階段的崇佛心態〔註147〕。也有人從她的執政狀況反過來分析她的心理特徵，如沈星棣通過分析武則天時代政

〔註137〕李荷先：《從〈臣軌〉看武則天的君臣倫理思想》，《華中師範大學學報》，1986年第5期。

〔註138〕何磊：《武則天的經濟思想及其對唐前期社會經濟的影響》，《雲南民族學院學報》，1990年第1期。

〔註139〕崔明德：《論唐高宗和武則天時期的民族關係思想》，《煙臺大學學報》，1994年第1期。

〔註140〕蘇者聰：《簡論武則天其人其文》，《武漢大學學報》，1991年第5期。

〔註141〕王昌煥：《論武則天的文化素養》，《南都學壇》，1997年第4期。

〔註142〕康定：《武則天在文學史上應佔有一席之地》，《中國文學研究》，1993年第3期。

〔註143〕王靈善：《武則天心態研究》，《山西大學學報》，1990年第3期。

〔註144〕勾利軍：《武則天的自卑心理與性格特徵》，《史學月刊》，1998年第1期。

〔註145〕勾利軍：《武則天殺女應屬事實》，《史學月刊》，1996年第4期。

〔註146〕梁樺：《淺談武則天改元》，《南都學壇》，1990年第4期。

〔註147〕陳景富：《武則天崇佛心態三段論》，《五台山研究》，1989年第2期。

治環境的複雜性和官吏退出政治舞臺的數據，認爲「武后之忍」說是不可能的〔註148〕。

　　本階段武則天研究的最大亮點是以女性視角來研究武則天。二十世紀九十年代初出現了幾部以武則天爲題材的文學作品和影視劇，大陸隨之掀起了武則天的評價熱潮。受西方「新女性主義」觀念的影響，學者們意識到國內對武則天的評價缺乏女性意識，開始運用女性視角來評價武則天。松楠在《武則天新論》中說，她的所作所爲「無疑是女性人才對傳統的男權統治大膽的挑戰和成功的反叛。是一次女性人才實現自我價值的偉大的歷史實踐。儘管封建時代的女性帝王並不能解決女性人才群體『抑制』的歷史悲劇，但卻振聲發聵地實現了個體精英的『歷史奏鳴』。僅僅這一點，就是任何一個順應『傳統』的男性帝王所無法比擬的」〔註149〕。此後，不斷有人從女性視角來研究武則天。如1995年8月18日，韓森、蔣採萍、李湜、羅麗、禹燕等三十餘名女學者著重從女性立場出發，對她進行了多維視角的分析和研討〔註150〕。

　　本階段出版的武則天專著非常多，基本上都對武則天持肯定態度。在此僅介紹比較重要的幾部。胡戟的《武則天本傳》〔註151〕生動簡潔地敘述了武則天的一生，從總體上肯定了武則天。吳楓、常萬生的《女皇武則天》〔註152〕對其人生、業績和性格做了生動的描述，對其政績做了較高評價，認爲她的統治「上承『貞觀之治』，下啓『開元盛世』，國力未墜，人心穩定」。楊劍虹的《武則天新傳》〔註153〕認爲她是一位震爍古今的女皇帝，她的統治爲開元盛世的到來奠定了基礎。趙文潤、王雙懷的《武則天評傳》〔註154〕從史實出發，以嚴肅的態度再現了她的一生，充分肯定了她的政績，認爲她「是一位應該肯定的歷史人物，是當之無愧的傑出的女政治家」。此外，還有郁賢皓、方義兵的《女皇帝武則天》〔註155〕、王滌武的《武則天時代》〔註156〕、何磊

〔註148〕沈星棣：《「武后之忍」說的斟酌》，《南昌大學學報》，1992年第3期。
〔註149〕松楠：《武則天新論》，《貴陽師專學報》，1994年第1期。
〔註150〕徐琛、羅麗：《女學者論武則天》，《婦女研究論叢》，1995年第4期。
〔註151〕胡戟：《武則天本傳》，西安：三秦出版社，1993年版。
〔註152〕吳楓、常萬生：《女皇武則天》，瀋陽：遼寧人民出版社，1985年版。
〔註153〕楊劍虹：《武則天新傳》，武漢：武漢大學出版社，1993年版。
〔註154〕趙文潤、王雙懷：《武則天評傳》，西安：三秦出版社，1993年版。
〔註155〕郁賢皓、方義兵：《女皇帝武則天》，上海：上海人民出版社，1987年版。
〔註156〕王滌武：《武則天時代》，廈門：廈門大學出版社，1991年版。

的《武則天傳》〔註157〕、梁恒唐的《武則天探秘》〔註158〕、劉曼春和梁恒唐的《大周女皇武則天》〔註159〕、劉連銀的《武則天傳》〔註160〕等。

另外，還有人回顧了武則天研究歷史，並總結了其中的成績和不足。如王雙懷的《本世紀以來的武則天研究》〔註161〕、李荷先的《武則天研究的歷史回顧與探索》〔註162〕等。

不難看出，改革開放以來，寬鬆的政治氣氛和良好的經濟發展態勢給武則天研究帶來了勃勃生機。武則天研究已經從八十年代初的反思階段走上了良性軌道。在本階段，學者們一注重基礎研究，重視用事實來代替概念化的空洞評價，學術根基更加紮實；二注重從國外引進新的理論方法，如比較分析法、心理分析法、統計分析法、遺傳學方法、人才學方法等，學術思路更加寬廣；三注重用新角度來看待傳統問題，如用情感的角度來分析政治事件，用政治的角度來反觀情感事件，學術視野更加寬闊；四注重用新思維來思考傳統問題，如用女性化的視角來重新審視武則天，學術思維更加靈活和人性化。

總之，改革開放以來，學者們對武則天進行了多角度、多方面的論證，與以往相比，本階段武則天研究成果的數量和質量都有了很大的飛躍。

三、繁榮階段——二十一世紀以來的武則天研究

二十一世紀以來，武則天研究沿著上個世紀末的軌道繼續向前發展，並呈現出全面繁榮的景象。

2002 年在河南登封，2007 年在河南洛陽，2013 年在中國廣元，學界又陸續召開了三屆武則天學術研討會，出版了《武則天與嵩山》和《武則天與神都洛陽》兩本書集。迄今為止，學界共召開了十一屆武則天學術研討會，共出版了九本武則天論文集，收錄論文 400 多篇，占當時武則天研究全部成果的三分之二，為推動武則天研究的發展起到了非常重要的作用。

〔註157〕 何磊：《武則天傳》，昆明：雲南大學出版社，1992 年版。
〔註158〕 梁恒唐：《武則天探秘》，太原：山西古籍出版社，1997 年版。
〔註159〕 劉曼春、梁恒唐：《大周女皇武則天》，太原：山西古籍出版社，1997 年版。
〔註160〕 劉連銀：《武則天傳》，武漢：長江文藝出版社，1997 年版。
〔註161〕 王雙懷：《本世紀以來的武則天研究》，《史學月刊》，1997 年第 3 期。
〔註162〕 李荷先：《武則天研究的歷史回顧與探索》，《華中師範大學學報》，1985 年第 5 期。

武則天研究會的成立和武則天學術研討會的不斷召開提高了武則天研究的整體水平，凝聚了武則天研究的主要成果，具體有以下幾個方面：

第一，武則天研究會的成立爲高水平研究成果的出現創造了便利條件。武則天研究會和中國唐史學會等研究機構聯合，組織了包括國內會員、國外專家學者等人在內的一大批學者共同進行武則天研究，使各家互相交流、切磋，從整體上提高了武則天研究者的學術水平。

第二，武則天研究會不僅總結了上一階段的研究成果，還有利於不同觀點、不同學風的學者互相交流心得，共同提高，有利於武則天研究工作的進一步開展。幾乎每一次武則天研討會結束後，都會整理出版一本武則天論文集。這些論文集共收錄了數百篇與武則天有關的論文，占當時武則天研究成果的一半以上。這些論文除了評價武則天外，還從不同側面研究了武則天的一些具體問題，如她的生年、生地、出身、立后、參政、稱帝、納諫、情感、心理、人格等問題。這些研究成果基本上能代表當時武則天研究的最高水平，極大地推動了武則天研究工作的縱深發展。

第三，有組織、有計劃地召開年會促進了武則天研究的深入發展。每次召開年會，學者們都會就會議的主要議題進行深入討論，會上有人發言，有人質疑，可以辯論，可以商榷。這樣集中討論的研究形式、民主自由的學術氛圍活躍了學界思維，開啓了武則天研究的新門徑，當然也有利於推進武則天研究繼續深入發展。

第四，國外學者、青年學者參與武則天研討會給武則天研究吹進了一股清新之氣。國外學者的研究成果往往選題角度新穎，論證方式也多與國內學者不同，見解頗有獨到之處，給國內學者不少啓示。青年學者在前人的指導下加入武則天研究隊伍，更容易全面瞭解武則天研究的最新發展狀況，也更容易在此基礎上推陳出新。同時，青年學者的踊躍加入也爲武則天研究儲存了後備力量。

除此之外，本階段與武則天有關的研究論文共有數百篇，比上個階段還要多，基本沿著上個世紀末的方向繼續向前發展，主要包括如下幾個方面：

第一，有人從新的角度繼續對與武則天有關的史料做了不少甄別、考證和補充工作。如張延峰以順陵爲切入點，深入探索了武則天與母親楊氏的感情〔註163〕。杜文玉認爲，武則天的直系祖先是秦末跟隨劉邦起義的沛人武儒，

〔註163〕張延峰：《武則天與唐順陵》，《咸陽師範學院學報》，2001 年第 6 期。

並詳細考證了武氏世系的繁衍情況〔註164〕。韓昇通過考證，認爲武則天之母楊氏出身並不寒微，其年齡記載亦有誤，並認爲武則天出生於廣元〔註165〕。胡阿祥指出，武則天借用周禮爲武周革命尋找禮制依據，同時由於無法突破血祭與儒教的傳統制約不得不返政李唐。趙和平將三篇保存於敦煌寫本中的武則天佚文（武則天爲父母和李弘所作）加以復原，並進一步探討了一些相關問題〔註166〕。

不少人對與武則天有關的人和事做了深入的辨析工作。如盧向前認爲，武則天「畏貓說」與隋唐時期的「貓鬼」信仰有關〔註167〕，頗具新意。付婷則認爲，武則天畏貓與「貓鬼」信仰並無聯繫〔註168〕。潘民中考證了顯慶二年（657）、咸亨二年（671）高宗和武后兩度多狩許州葉縣之事，指出這是武則天欲將政治中心由長安轉向洛陽的政治運作〔註169〕。曾現江認爲，高宗遺詔有被武后篡改的可能，並對高宗死後不到一年內發生的重大政治事件作出了新的闡釋〔註170〕。朱家平通過考證，認爲武則天未能立武承嗣爲太子是由於岑長倩、李昭德等人的反對，與狄仁傑無關〔註171〕。朱成實認爲，武則天遺制係武三思僞造〔註172〕。

本世紀以來，關於武則天人際關係的研究比以往要多。這是本階段武則天研究的一個重要內容。以前學界多關注她與高宗、二張關係，現在她與太宗的關係、親子關係、與詩人的關係等方面的研究都有了較大進展。

關於武則天與太宗的關係，學界以往沒有論及，本階段也僅有寥寥數篇文章，一是由於史料有限，二是二人關係本來就不深入。蒙曼認爲，武

〔註164〕杜文玉：《武則天家族源流述略》，《陝西師範大學學報》，2002年第2期。
〔註165〕韓昇：《武則天的家世與生年新探》，《廈門大學學報》，2002年第1期。
〔註166〕趙和平：《武則天爲已逝父母寫經發願文及相關敦煌寫卷綜合研究》，《敦煌學輯刊》，2006年第3期。
〔註167〕盧向前：《武則天「畏貓說」與隋室「貓鬼之獄」》，《中國史研究》，2006年第1期。
〔註168〕付婷：《武則天「畏貓說」再探——兼論唐代「貓」的形象》，選自杜文玉主編《唐史論叢》第十五輯，西安：陝西師範大學出版社，2012年版。
〔註169〕潘民中：《唐高宗、武皇后兩度冬狩葉縣探微》，《平頂山學院學報》，2007年第3期。
〔註170〕曾現江：《唐高宗遺詔的產生及其與政局的關係》，《貴州文史叢刊》，2002年第1期。
〔註171〕朱家平：《武則天立嗣考》，《中華女子學院學報》，2002年第3期。
〔註172〕朱成實：《武則天遺制辨僞》，《邢臺學院學報》，2005年第1期。

才人不得寵一是由於武王代李的傳言，二是由於武才人的性格並非太宗所愛〔註173〕。後者是可信的，但是前者明顯存在問題。

武則天與高宗的關係一直備受關注，牽涉的問題也比較多。關於高宗的性格，這一時期有了新的觀點。孟憲實認為，高宗性格外圓內方、膽大心細、堅定有為，頗有政績，並進一步指出史書對其貶損是由於他培養的武則天篡唐所致〔註174〕。關於二人的相識，蒙曼認為，二人是在太宗病榻前產生戀情的〔註175〕。此觀點流傳很廣，但經不起推敲。盧向前認為，二人關係確定於太宗出征遼東之時，並直接導致了劉洎之死。武則天係太宗賞賜給李治〔註176〕。該觀點頗新穎，但沒有得到學界的廣泛認同。關於武則天二度入宮的真相，介永強認為，武則天一度在感業寺出家為尼〔註177〕。日本學者氣賀澤保規認為，武則天在太宗駕崩後並未出家感業寺，而是棲身於長安母親家中。關於武則天長女暴夭一事，孟憲實認為，武則天殺女記載不實，其女之死當另有原因〔註178〕。臧嶸通過考證，認為該女實際上並不存在，武則天殺女一事更是子虛烏有〔註179〕。關於廢王立武事件的性質，本階段又有了新的看法，楊增強認為，廢王立武是一場由個人感情糾葛引起的、後轉化為政治鬥爭、最後仍按照家事來處理的政治事件〔註180〕。賀潤坤則以李勣在廢王立武事件中態度為切入點，認為其立場與其性格、報復太宗昔怨、與長孫無忌的矛盾等因素有關〔註181〕。關於武則天參政後與高宗的權力分配問題，學界爭議最多。曾現江、於華東認為，高宗後期武后掌權，高宗被架空〔註182〕。

〔註173〕蒙曼：《唐太宗不愛武則天》，《領導文萃》，2008年第15期。

〔註174〕孟憲實：《武則天及後宮鬥爭》，《全國新書目》，2008年第10期。

〔註175〕蒙曼：《蒙曼說唐：武則天》，桂林：廣西師範大學出版社，2008年版，第26頁。

〔註176〕盧向前：《武則天與劉洎之死》，《浙江大學學報》，2007年第3期。

〔註177〕介永強：《論武則天與感業寺的幾個問題———與氣賀澤保規先生商榷》，《廈門大學學報》，2012年第3期。

〔註178〕孟憲實：《「武則天殺死自己的親生女兒」有無其事？》，《中華讀書報》，2007年12月5日第011版《文化週刊》。

〔註179〕臧嶸：《武則天「扼嬰」事件考疑》，《邯鄲學院學報》，2012年第3期。

〔註180〕楊增強：《唐高宗廢立皇后事件新論》，《西北大學學報》，2005年第5期。

〔註181〕賀潤坤：《李勣為何支持武則天登上皇后寶座》，《陝西廣播電視大學學報》，2007年第3期。

〔註182〕曾現江：《唐高宗新論》，《許昌師專學報》，2001年第4期；於華東：《略述武則天在歷史上的積極作用》，《武漢大學學報》，2006年第6期。

趙文潤認爲，高宗朝武后雖有一定的政治影響力，但用人大權仍掌握在高宗手中〔註183〕，武后權力增長是高宗讓權，而非武則天奪權〔註184〕。韓昇則認爲高武二人存在激烈的權力鬥爭，並大膽推測上元年間發生過武后逼宮一事〔註185〕。

關於武則天的親子關係，學界多關注武則天和李弘、李賢的關係。本階段對李弘之死、李賢的身世等問題均有不同看法。如趙英華認爲李弘、李賢英年早逝與武后的權力欲有關，母子關係惡化是導致他們死亡的主要原因〔註186〕。這是大抵成立的。趙文潤認爲，李弘因肺結核等疾病加操勞過度而死，與武則天沒有直接關係。李賢並非韓國夫人所生，是武則天於永徽五年（655）在赴京兆禮泉縣途中所生，死於丘神勣逼殺〔註187〕。洪海安亦認爲，李賢的生母是武則天，他被廢的主要原因是其品行缺陷，並進一步指出他是自殺而非武則天逼殺〔註188〕。關於《黃臺瓜辭》的內涵，學界幾乎一致默認該詩影射武則天殺子，如王海文的《李賢〈黃臺瓜辭〉賞析》〔註189〕等。這種說法經不起推敲，本文正文中有詳述，茲不重複。學界關於武則天和其他子女的關係論述很少，僅蔡榕津在《武則天在唐前期的影響》一文中提到了武則天對李顯、李旦和太平公主的影響〔註190〕。關於武則天與庶出子女的關係，學界並無專門研究。

本階段學界對武則天和面首的關係探討不多，也不深入。邵治國考證了明堂大火一事，但沒有繼續探究武則天和薛懷義的關係〔註191〕。勾利軍認爲，二張與武則天存在親密關係，是其男寵無疑〔註192〕，但未分析他們的感情性質及政治影響。

〔註183〕趙文潤：《武則天及其評價》，《山東圖書館學刊》，2009年第1期。
〔註184〕趙文潤：《武則天及其評價》，《山東圖書館學刊》，2009年第1期。
〔註185〕韓昇：《上元年間的政局與武則天逼宮》，《史林》，2003年第6期。
〔註186〕趙英華：《武則天與李弘、李賢之關係探微》，《遼寧行政學院學報》，2008年第3期。
〔註187〕趙文潤：《武則天與太子弘、李賢的關係考釋》，選自杜文玉主編《唐史論叢》第九輯，西安：三秦出版社，2007年版。
〔註188〕洪海安：《唐章懷太子研究》，陝西師範大學碩士學位論文，2006年4月。
〔註189〕王海文：《李賢〈黃臺瓜辭〉賞析》，《社科縱橫》，2006年第1期。
〔註190〕蔡榕津：《武則天在唐前期的影響》，廈門大學碩士學位論文，2008年5月。
〔註191〕邵治國：《武則天明堂政治和明堂大火考》，《唐都學刊》，2005年第2期。
〔註192〕勾利軍：《武則天與張易之、張昌宗關係論略》，《韶關學院學報》，2003年第11期。

學界對武則天和詩人的關係也有論述，如朱家平指出，陳子昂既支持武則天的政治改革，又反對武則天的恐怖政治及佞佛靡財的政策〔註193〕。張昆厚認爲，武則天和陳子昂價值觀不同，這是君臣不遇的主要原因〔註194〕。此外，還有人論及武則天和宗教人士的關係，如陳寒的《「致拜君親」事件中之玄奘——兼論玄奘晚年與唐高宗、武則天之關係》〔註195〕等。

關於武則天現象的成因，上個階段學界注重探討客觀因素，本階段開始從主觀層面來重新討論這個問題。趙文潤認爲，武則天穩坐天下主要與其選拔、使用人才的機制有關〔註196〕。栗莎認爲，武則天稱帝與其精通儒家、法家的治國之道密不可分〔註197〕。李治勤認爲，武則天參政與當時女子地位上升、她本人的參政願望和能力、高宗的性格特點有關〔註198〕。趙世明認爲，武則天奪權成功與庶族地主地位上升、兼容並包的大唐文化和武則天的權術有關〔註199〕。當然，也有人繼續從客觀層面來談這個問題，如張菁通過分析唐人墓誌，認爲唐代士人對女性違禮、參政的寬容態度對出現武則天現象有助推作用〔註200〕。朱新屋認爲，唐初儲君制度的空隙是武則天稱帝的重要客觀條件〔註201〕。段塔麗認爲，唐初的彌勒信仰是武則天稱帝的民衆基礎〔註202〕。

第二，學者們繼續深入研究武則天時期的政治、經濟、軍事、文化等問題。

〔註193〕朱家平：《試析陳子昂對武則天的態度問題》，《北京教育學院學報》，2002年第4期。

〔註194〕張昆厚：《從陳子昂與武則天的隔膜看陳子昂悲劇的時代性》，《綿陽師專學報》，1994年第2期。

〔註195〕陳寒：《「致拜君親」事件中之玄奘——兼論玄奘晚年與唐高宗、武則天之關係》，《聊城大學學報》，2002年第3期。

〔註196〕趙文潤：《「女皇」武則天緣何執掌天下》，《人民論壇》，2007年第1期。

〔註197〕栗莎：《論武則天的知識基礎與其稱帝之關係》，《齊齊哈爾大學學報》，2012年第2期。

〔註198〕李治勤：《武則天參政原因探析》，《重慶科技學院學報》，2010年第8期。

〔註199〕趙世明：《武則天后、帝之爭及原因探析》，《玉林師範學院學報》，2005年第6期。

〔註200〕張菁：《唐士大夫的女性觀與武則天現象的產生——以墓誌爲中心》，《江海學刊》，2011年第5期。

〔註201〕朱新屋：《制度的空隙：唐初的儲君制度與武則天的上臺論略》，《黑龍江史志》，2009年第12期。

〔註202〕段塔麗：《武則天稱帝與唐初社會的彌勒信仰》，《中國典籍與文化》，2002年第4期。

　　關於武則天時期的政治形勢，陳習剛簡要介紹了武則天時期重視關津尤其是神都洛陽關津建設的概況〔註203〕。關於武則天時期的經濟形勢，王雙懷認為，武則天當政後採取了一系列有利於經濟發展的措施，對開元盛世的到來有重要作用〔註204〕。

　　本階段關於武則天的對外政策和對外交流的論述很多。畢曉輝指出，武則天的對外政策柔中帶剛，對東西方各個國家的政策各有不同，有別於前代的強硬政策〔註205〕。紀宗安、姜清波肯定了武則天的東北邊疆政策〔註206〕。馬丁認為，武周時期的北疆政策成果有限，以後的唐王朝繼續採取保守路線，最終演變為藩鎮體系〔註207〕。盧向前認為，武則天與突厥和親在當時有一定的積極意義〔註208〕。艾沖指出，武則天忙於改朝換代是其對北疆突厥叛亂採取退讓放任、希圖苟安政策的原因〔註209〕。陳崇凱、劉淼論述了武則天和吐蕃女王赤瑪倫為唐蕃友好所作的歷史貢獻〔註210〕。此外，還有人考證了武周時期的重要戰役，如朱建華的《武則天聖曆元年唐與突厥戰役考》〔註211〕、李永的《一次被遺忘的戰役——武則天萬歲通天年間的冀州之戰》〔註212〕等。

　　本階段對武則天時期文化政策及影響的研究比上個世紀明顯增多。這是新世紀武則天研究的一個重點內容。有人闡述了武則天執政時期的文化氛圍。如胡可先分析了影響武則天時期文學環境變化的諸多因素〔註213〕。司

〔註203〕 陳習剛：《論武則天時期關津的職能及其興廢》，《中州學刊》，2007 年第 5 期。

〔註204〕 王雙懷：《論武則天當政時期的經濟形勢》，《唐都學刊》，2005 年第 6 期。

〔註205〕 畢曉輝：《武則天時期的對外政策》，吉林大學碩士學位論文，2008 年 4 月。

〔註206〕 紀宗安、姜清波：《論武則天與原高麗王室和權臣泉氏家族》，《陝西師範大學學報》，2004 年第 6 期。

〔註207〕 馬丁：《武則天執政時期的北疆政策及其影響》，中國社會科學院碩士學位論文，2012 年 4 月。

〔註208〕 盧向前：《武則天和親突厥辯》，選自杜文玉主編《唐史論叢》第十三輯，西安：三秦出版社，2011 年版。

〔註209〕 艾沖：《論唐高宗、則天兩朝應對突厥叛亂的基本方針之差異及原因》，《唐都學刊》，2008 年第 2 期。

〔註210〕 陳崇凱、劉淼：《一代女皇和一代女王——武則天與赤瑪倫生平及藏漢關係評議》，《西藏大學學報》，2008 年第 1 期。

〔註211〕 朱建華：《武則天聖曆元年唐與突厥戰役考》，《赤峰學院學報》，2012 年第 4 期。

〔註212〕 李永：《一次被遺忘的戰役——武則天萬歲通天年間的冀州之戰》，《燕趙歷史文化研究之三‧冀州歷史文化論叢》，2009 年 9 月 18 日。

〔註213〕 胡可先：《論武則天時期的文學環境》，《陝西師範大學學報》，2005 年第 6 期。

海迪描述了武則天時代文士群體中阿諛風氣的表現，並分析了成因〔註214〕。馮敏結合史料著錄情況，論述了武則天當政時期的學術發展〔註215〕。有人描述了武則天執政時期文化政策的影響及文士概況。如吳蔚指出，武則天鼓勵提拔文學之士、以個人文學成就引領文學潮流等行爲都促進了文學的發展〔註216〕。張瑞芳指出，武則天的一系列政治文化政策對於促進當時詩壇發展有很大的推動作用，並簡述當時詩人群體的類型及貢獻〔註217〕。趙小華亦認爲，武則天的政治措施直接影響了當時的文學家隊伍和文學創作〔註218〕。張劍平認爲，武則天時代對劉知幾完成《史通》意義重大〔註219〕。另外，苗雨論述了武則天時期的禮法狀況〔註220〕，吳麗娛論述了《顯慶禮》的內容主旨與武則天的關聯〔註221〕。

第三，本階段關於武則天政治舉措的研究很多，研究內容也更加細化。本階段關於武則天封禪嵩山的論文就有數篇，如唐明貴的《武則天封禪嵩山論略》〔註222〕、李鋒敏的《淺談武則天嵩山封禪與道佛兩教的興盛》〔註223〕、何磊的《武則天選擇嵩山封禪原因初探》〔註224〕等。他們分別從不同的角度闡述了武則天封禪嵩山的原因、目的、意義、與道教的互動等問題。另外，趙亞麗闡述了武則天的農業政策，並以此肯定了她在歷史上的進步作用〔註225〕。李志賢充分肯定了武則天時期逃戶措施的積極作用和長遠意義

〔註214〕司海迪：《武則天時代文士群體阿諛風氣初探》，《長江學術》，2013年第1期。
〔註215〕馮敏：《武則天時代的經史子集》，《三峽大學學報》，2012年第2期。
〔註216〕吳蔚：《武則天之文學觀與初唐洛陽詩壇》，《湖南社會科學》，2011年第3期。
〔註217〕張瑞芳：《武則天執政時期的詩壇研究》，內蒙古師範大學碩士學位論文，2006年6月。
〔註218〕趙小華：《武則天執政與洛陽文學發展分析》，《殷都學刊》，2006年第2期。
〔註219〕張劍平：《武則天時代與劉知幾〈史通〉的撰著》，《廊坊師範學院學報》，2010年第5期。
〔註220〕苗雨：《唐高武時期禮法狀況研究》，南京師範大學碩士學位論文，2008年5月。
〔註221〕吳麗娛：《〈顯慶禮〉與武則天》，選自杜文玉主編《唐史論叢》第十輯，西安：三秦出版社，2008年版。
〔註222〕唐明貴：《武則天封禪嵩山論略》，《山東科技大學學報》，2004年第3期。
〔註223〕李鋒敏：《淺談武則天嵩山封禪與道佛兩教的興盛》，《甘肅高師學報》，2003年第6期。
〔註224〕何磊：《武則天選擇嵩山封禪原因初探》，《雲南師範大學學報》，2003年第5期。
〔註225〕趙亞麗：《略論武則天的重農思想》，《濟寧師專學報》，2001年第5期。

〔註 226〕。劉永海闡述了武則天時期祥瑞的類型、特點、政治效用等問題〔註 227〕。何磊分析了她在改換年號中體現出來的政治心態和政治才幹〔註 228〕。胡淪澤論述了她與唐代監察制度的關係〔註 229〕。

　　本階段關於武則天宗教政策的研究也不少。其中，關於武則天和佛教關係的論文最多。如張成渝、張乃富、張成岱通過考證，指出龍門石窟一鋪罕見的阿育王造像與武則天推行的轉輪王政教實踐有密切關聯〔註 230〕。賈發義認爲，武則天時期淨土信仰的流行是時代潮流發展的必然趨勢，與武則天的扶持和政治利用有關〔註 231〕。李海峰認爲，佛教自身的發展態勢、武則天的個人宗教傾向、佛教與政治的互動關係、唐人的思想狀態及內在心理需要是武則天時期佛教勃興的根本原因〔註 232〕。范玉鳳指出，武則天造寺、塑像、寫經、支持譯經、組織刊定眾經目錄等政治行爲在客觀上有力地推動了唐代佛教文化的發展和繁榮〔註 233〕。閔軍認爲，武則天時期宮廷佛事活動繁榮發展，對政治、思想、文化等各個層面均產生了巨大的影響〔註 234〕。

　　另外，有人從整體上研究武則天的宗教政策。如賈發義從彌陀淨土信仰的角度論述了武則天的宗教信仰〔註 235〕。王洪軍指出，武則天多變的宗教政策與她面臨的政治難題、個人經歷和思想情感有關〔註 236〕。有人專門研究武則天對儒學的態度。馬雪芹闡述了武則天利用儒學的具體表現〔註 237〕。有人

〔註 226〕李志賢：《在危機中開創生機：評武周時期的逃戶措施及其意義》，《史學月刊》，2001 年第 2 期。
〔註 227〕劉永海：《略論武則天稱帝與祥瑞》，首都師範大學碩士學位論文。2008 年 4 月。
〔註 228〕何磊：《武週年號考析》，《雲南師範大學學報》，2006 年第 3 期。
〔註 229〕胡淪澤：《武則天與唐代監察制度》，選自杜文玉主編《唐史論叢》第十輯，西安：三秦出版社，2008 年版。
〔註 230〕張成渝、張乃富、張成岱：《略論龍門石窟新發現的阿育王造像》，《敦煌研究》，2000 年第 4 期。
〔註 231〕賈發義：《武則天與佛教淨土信仰》，《首都師範大學學報》，2007 年第 6 期。
〔註 232〕李海峰：《論佛教在武后時期勃興的原因》，北京語言文化大學碩士學位論文，2001 年 6 月。
〔註 233〕范玉鳳：《從佛教文化視角看武則天的歷史位階》，《山西師大學報》，2005 年第 6 期。
〔註 234〕閔軍：《武則天時期的宮廷佛事造動研究》，西北大學碩士學位論文，2006 年 6 月。
〔註 235〕賈發義：《武則天與佛教淨土信仰》，《首都師範大學學報》，2007 年第 6 期。
〔註 236〕王洪軍：《信仰與政治之間——論武則天與中宗、睿宗時期的宗教政策》，《東方論壇》，2003 年第 5 期。
〔註 237〕馬雪芹：《武則天執政時期對儒學的吸收利用》，《唐都學刊》，2000 年第 4 期。

專門研究武則天和道教的關係。如巴雷特從宗教與政治關係的角度論證了武則天時期道教與皇權之間的關係〔註238〕。王永平指出，武則天利用泰山行道爲自己的政治目的服務、祈求長生成仙，還打破了不准婦女參加封禪的陳規，表現出了極大的勇氣與反傳統精神〔註239〕。高俊蘋指出，龍門石窟的彌勒造像極盛今古與武則天時期的宮廷政治大有關係〔註240〕。

第四，關於武則天的評價研究在本階段繼續向前推進。關於武則天的誅殺政策，有人研究其誅殺政策的歷史作用，如趙建坤指出，武則天的誅殺政策主要是爲了打擊政敵、鞏固統治，既有一定的惡劣影響，也有打擊士族、振興庶族的積極作用〔註241〕。有人致力於武則天誅殺政策的個案分析，如楊西雲認爲，裴炎被殺是由於他忠於李唐，並指出這是武則天誅殺政策的開始〔註242〕。李永康、張彩琴則認爲，武則天和裴炎的衝突是「相權與皇權、貴族與寒族矛盾衝突的集中體現」，其被殺進一步穩固了武則天執政的局面，是唐周嬗代的轉折點〔註243〕。

關於武則天的用人政策，有人運用新方法研究了這一傳統問題，如馬俊民運用統計法分析了武則天時期的宰相情況〔註244〕。有人從新角度來審視這一傳統問題，如郝松枝認爲，武則天任用酷吏是爲了鞏固統治，與上層政治鬥爭有關，沒有影響武周社會的安定繁榮，不能因此否定武則天〔註245〕。牛茜茜進一步指出，武則天對酷吏完全是一種「即時性的利用關係」〔註246〕。

本階段關於武則天政治改革的討論不多，研究也不深入，僅袁剛的《亂中求穩、銳意改革：武則天以猛治天下》〔註247〕等數篇文章。

〔註238〕 巴雷特著，曾維加譯：《唐高宗和武則天時期的道教與政治》，《宗教學研究》，2011 年第 2 期。

〔註239〕 王永平：《從泰山道教石刻看武則天的宗教信仰》，《東嶽論叢》，2007 年第 3 期。

〔註240〕 高俊蘋：《試論武則天時期龍門石窟的彌勒造像》，《敦煌學輯刊》，2006 年第 2 期。

〔註241〕 趙建坤：《對武則天誅殺政策的再認識》，《社會科學論壇》，2005 年第 6 期。

〔註242〕 楊西云：《再談武則天殺裴炎》，《天津師範大學學報》，2001 年 10 第 5 期。

〔註243〕 李永康、張彩琴：《裴炎與武則天衝突的原因、性質及影響》，《運城學院學報》，2012 年第 3 期。

〔註244〕 馬俊民：《武則天朝宰相考——兼論武則天政權性質及用人政策》，《天津師大學報》，1987 年第 4 期。

〔註245〕 郝松枝：《試論武周時期的酷吏》，《唐都學刊》，2002 年第 1 期。

〔註246〕 牛茜茜：《簡論武則天酷吏政治》，《黑龍江史志》，2013 年第 17 期。

〔註247〕 袁剛：《亂中求穩、銳意改革：武則天以猛治天下》，《學習論壇》，2007 年第 10 期。

本階段學界對武則天大致持肯定態度，如於華東羅列了武則天在平叛、科舉、納諫、用人、農業等幾個方面的政績〔註248〕，對她持基本肯定的態度〔註249〕。有人探討了武則天評價中存在的一些問題，如郭露媛、王敏指出，司馬光、范祖禹對武則天臨朝稱制時期的記載不同是由於二人在其政權是否正統的認識上存在差異〔註250〕。

第五，上個階段學者們開闢了不少武則天研究的新領域，本階段這些領域的研究開始逐漸成熟起來。

與上個階段相比，本階段對武則天文化素養的論述更加成熟。上個世紀末，學界已經注意到了武則天作為文學家的存在，對其文化地位也有了初步認識。本世紀以來，不少人重新提出武則天的文學成就和文學地位問題，如沈文凡、左紅傑簡述了近百年來武則天和上官婉兒的文學成就，指出不應該只關注二人的政治行為，忽視了她們的文學成就〔註251〕。路榮詳細評析了武則天的郊廟類詩歌〔註252〕。郭海文把武則天的詩歌做了分類研究〔註253〕，並鑒賞了武則天的頌詩，指出其詩境的開闊和氣象的宏大是初唐詩歌走向盛唐的一個重要標誌〔註254〕。路榮對武則天的詩歌作了編年，分析了其詩歌在思想內容和表現形式上的特點，總結了她對初唐文學的影響〔註255〕。程莉從武則天與初唐社會的關係入手，以武則天與初唐社會政治、經濟、文化、宗教的關係為背景，對武則天的詩歌進行分類研究，並加以注釋〔註256〕。張紅對《全唐詩》及《全唐詩補編》中收錄的武則天的六十首詩歌做了分類，認為這些詩分別體現了武則天威風凜凜的帝王之象、胸懷天下的王者風範、求賢若渴的聖君明主、神化王權的虔誠信徒和情感細膩

〔註248〕 于華東：《略論武則天的政績》，《武漢教育學院學報》，2001 年第 1 期。

〔註249〕 于華東：《略述武則天在歷史上的積極作用》，《武漢大學學報》，2006 年第 6 期。

〔註250〕 郭露媛、王敏：《由「牝雞司晨」看范祖禹、司馬光對武則天的史學態度》，《文學界》，2010 年第 7 期。

〔註251〕 沈文凡、左紅傑：《近百年武則天與上官婉兒詩歌研究綜述》，《西華大學學報》，2012 年第 2 期。

〔註252〕 路榮：《武則天郊廟類詩歌評析》，選自韓里洲主編《中華傳統文化與新世紀國際學術研討會論文集》，西安：三秦出版社，2004 年版。

〔註253〕 郭海文：《武則天詩歌研究》，《渭南師範學院學報》，2009 年第 1 期。

〔註254〕 郭海文：《洛陽與武則天的「頌」詩》，《洛陽師範學院學報》，2008 年第 3 期。

〔註255〕 路榮：《武則天詩歌研究》，西北大學碩士學位論文，2001 年 4 月。

〔註256〕 程莉：《武則天及其詩歌研究》，四川大學碩士學位論文，2006 年 4 月。

的思婦形象〔註257〕。胡敏認爲，武則天的一部份詩文具有男性化的審美形態，流露出其崇男心態和男性化心理，並進一步指出這與當時的社會歷史條件和家庭生活、宮廷生活的影響有關〔註258〕。還有人探討了武則天的文化影響。如趙文潤指出，武則天的個人文化成就和其文化政策都推動了文化發展，其在文化上也是上承貞觀、下啓開元〔註259〕。王權從武則天的文學愛好、改革科舉、改革政體、抬高道釋兩教地位、爲文人提供官位等方面論述了其對唐代文學的貢獻〔註260〕。唐沙認爲，武則天的文學素養對唐代文學發展有重大影響〔註261〕。趙小華指出，武則天的多項政治措施和政治制度都對文士和文學創作產生了重大影響〔註262〕。賈丹丹認爲，制舉比進士科更受武則天重視，「詩賦取士」是太宗以來尚文風氣的自然發展，與武則天沒有直接聯繫〔註263〕。司海迪指出，武則天的求壽行爲對當時的詩歌創作產生了一定影響〔註264〕。不難看出，學界對武則天的文學成就和文學影響有了比較清醒的認識，標誌著武則天作爲文學家形象的正式確立。

　　本階段有人開始研究文學中的武則天形象。這是此時武則天研究的亮點之一。如陳嬌華指出，二十世紀九十年代以來歷史小說中的武則天形象存在情慾化趨向，並分析了原因和利弊〔註265〕。昌慶志認爲，杜甫詩中的武則天形象寄託著他的個人抱負和政治理想〔註266〕。韓林肯定了古代文學領域

〔註257〕張紅：《〈全唐詩〉所見武則天詩作的類型分析》，《陝西理工學院學報》，2013年第2期。

〔註258〕胡敏：《武則天詩文男性化審美形態研究》，湘潭大學碩士學位論文，2009年4月。

〔註259〕趙文潤：《論武則天在文化史上的貢獻》，選自韓里洲主編《中華傳統文化與新世紀國際學術研討會論文集》，西安：三秦出版社，2004年版。

〔註260〕王權：《簡論武則天對唐代文學發展的貢獻》，《忻州師範學院學報》，2003年第4期。

〔註261〕唐沙：《武則天的詩歌藝術成就及她對唐代文學發展的貢獻》，《重慶工學院學報》，2008年第6期。

〔註262〕趙小華：《激盪的時代與走向燦爛的文學——武則天時期政治對文學影響論析》，《暨南學報》，2006年第1期。

〔註263〕賈丹丹：《詩賦或策文的選擇——重探武則天的科舉態度》，《江淮論壇》，2009年第2期。

〔註264〕司海迪：《試論武則天晚年求壽行爲及對文學的影響》，《社會科學論壇》，2013年第4期。

〔註265〕陳嬌華：《歷史人物形象塑造的情慾化趨向——論90年代以來歷史小說創作中的武則天形象塑造》，《貴州社會科學》，2003年9月第5期。

〔註266〕昌慶志：《論杜詩武則天形象之命意》，《寧夏大學學報》，2000年第3期。

中的武則天故事研究，同時指出這些研究缺乏系統性，尚有較大的開掘空間〔註267〕，還進一步分析了從唐代到清代武則天情感故事中唐太宗形象的變化，指出這與當時的社會狀況、不同階層對帝王態度的差異有關〔註268〕。劉健、雷勇指出，明清小說中的武則天基本上是「中淫外酷」的負面形象，其政治才能、歷史功績被抹殺〔註269〕。另外，本世紀對武則天的民間傳說也有了初步研究，如張佳運用民俗學理論，系統描述和分析了武則天民間傳說的文化特徵、民俗文化意義，揭示了其背後的民俗文化魅力〔註270〕。任義國通過分析山西文水武則天廟宇缺失而武則天民間傳說流傳的事實，得出了廟會存在與否對傳說的傳承不起關鍵作用的結論〔註271〕。

本階段繼續以女性視角來研究評價武則天。新世紀以來，學者們開始對武則天是否可以作為中國古代「女性主義」的推動者及其代表人物這個問題產生興趣。「女性主義」逐漸成為評議武則天的常用視角。有人認為，武則天的參政活動不自覺地顯露出「女性意識」，並且影響了韋后、安樂公主、太平公主、上官婉兒等女性政治人物，以至「女性主義」成為初唐政治中的一種現象〔註272〕。有人認為，武則天提高了女性的社會地位，但不是女性主義者。還有人注意到了女性主義對武則天文學創作的影響。趙尹威通過分析文本，發現東西史學家對於富於女權主義性質的武則天態度不同〔註273〕。吳毓鳴指出，武則天執政稱帝的歷史語境與唐傳奇中女性形象的女性主義色彩有一定關係〔註274〕。劉傳霞指出，以往武則天敘事由男性完成，承載著男性知識分子的思想，二十世紀九十年代以來武則天敘事在女性主義思潮和女性寫作

〔註267〕韓林：《古代文學領域中武則天故事研究綜述》，《學術交流》，2011 年第 9 期。
〔註268〕韓林：《武則天故事中唐太宗形象的文本演變及文化內涵》，《天中學刊》，2012 年第 4 期。
〔註269〕劉健、雷勇：《明清小說中的武則天形象簡論》，《陝西理工學院學報》，2011 年第 4 期。
〔註270〕張佳：《武則天傳說的民俗文化研究》，青海師範大學碩士學位論文，2009 年 5 月。
〔註271〕任義國：《廟會消亡境遇中的民間傳說——以山西文水縣武則天民間傳說為例》，《滄桑》，2009 年第 5 期。
〔註272〕鄧小南：《唐宋女性與社會（下）》，上海：上海辭書出版社，2003 年版。
〔註273〕趙尹威：《淺析東西方不同文化背景下女性形象差異的原因——以中西方史學家眼中的武則天為例》，《群文天地》，2012 年第 18 期。
〔註274〕吳毓鳴：《武則天的政治顛覆與唐傳奇的女權伸張》，《福建論壇》，2006 年第 7 期。

的背景下才有了人性化、女性化的色彩〔註 275〕。俞琳、楊建梅對現代不同版本的武則天傳記進行了對比研究，揭示了不同時段、不同性別的作者在武則天性格創作上的不同點，並引領讀者反思其背後的價值取向和意識形態〔註 276〕。

2007 年，蒙曼開始在百家講壇講述《武則天》，掀起了一股評論武則天的熱潮。蒙曼隨後出版了《蒙曼說唐：武則天》一書。該書融合了正史和野史等多種撲朔迷離的記載，把武則天打造成爲充滿智慧和韜略的、空前絕後的女皇形象。目前，武則天是否是「女性主義」的推動者及其代表人物這一問題還在繼續討論，無論是與不是，都說明了新世紀以來，學界已經不再滿足於從傳統的男性視角研評武則天。

本階段對武則天思想的研究也在繼續深化。裴傳永對《臣軌》的內容和不足做了系統的闡釋和評價〔註 277〕。蘇士梅認爲，《臣軌》包含了武則天豐富的誠信思想〔註 278〕。此外，賀潤坤分析了武則天的法律思想〔註 279〕，周丹指出，武則天的法律思想中包含著權術和工具的意識〔註 280〕。季慶陽分析了武則天的忠孝觀念與其篡唐稱帝、還政退位之間的關係〔註 281〕。

本階段還出現了不少研究武則天的新角度。由於旅遊業的興起，關於歷史名人和地方淵源的研究越來越熱。武則天亦不能免俗，如張萍的《武則天時期的洛陽城市建設》〔註 282〕、姚翔萍的《武則天時期洛陽都市旅遊研究》〔註 283〕、徐日輝、姚翔萍的《武則天時期東京洛陽人文旅遊研究》〔註 284〕

〔註 275〕劉傳霞：《20 世紀文學敘事中的武則天》，《青海社會科學》，2004 年第 4 期。

〔註 276〕俞琳、楊建梅：《女性非典型性格特徵現代壇變的評價對比研究——以武則天不同版本人物傳記爲例》，《重慶科技學院學報》，2013 年 1 月第 1 期。

〔註 277〕裴傳永：《唐代官箴名著〈臣軌〉研究》，《理論學刊》，2012 年第 2 期。

〔註 278〕蘇士梅：《武則天《〈臣軌〉中的誠信思想及其傳播》，《平頂山學院學報》，2012 年第 6 期。

〔註 279〕賀潤坤：《論武則天的法律思想》，《陝西廣播電視大學學報》，2003 年第 3 期。

〔註 280〕周丹：《武則天的律法工具觀》，《湖北社會科學》，2002 年第 7 期。

〔註 281〕季慶陽：《武則天與忠孝觀念》，《西北大學學報》，2009 年第 6 期。

〔註 282〕張萍：《武則天時期的洛陽城市建設》，南越國遺跡與廣州歷史文化名城學術研討會暨中國古都學會，2007 年年會，2007 年 6 月。

〔註 283〕姚翔萍：《武則天時期洛陽都市旅遊研究》，浙江工商大學碩士學位論文，2011 年 1 月。

〔註 284〕徐日輝、姚翔萍：《武則天時期東京洛陽人文旅遊研究》，《寧夏社會科學》，2011 年第 1 期。

等。還有人引入其他學科的思維重新對武則天進行審視，如鍾哲輝運用人類
文化學、行政學和歷史學等學科的研究方法，論述了武則天政權在其性別角
色、皇權和公共行政等方面的合法性，以此展示了女性公共行政的魅力以及
在人類文化和公共行政領域所發揮的積極作用〔註 285〕。王德林分析了武則天
在農業、人才、法律、軍事等幾個方面的管理思想，並指出其管理思想在今
天仍有不少可借鑒之處〔註 286〕。三宅憲子則從世界文化互動的角度出發，指
出武則天努力提高婦女地位、改變重男輕女的傳統觀念等措施對唐代女性乃
至日本女性都有不小的影響〔註 287〕，此外，孟憲實的《傳統史學、新史學和
公共史學的「三國鼎立」——以武則天研究爲例》〔註 288〕等文章的論述角度
也頗新穎。

　　不難看出，新世紀以來的武則天研究沿著上一階段的既定軌道繼續向前
發展，各個領域均有新突破、新發現，武則天研究也因此呈現出前所未有的
繁盛局面。

四、百年來武則天研究的成績和不足

　　通過上述分析，不難看出，百年來除卻文革時期外，武則天研究在學界
一直備受關注。改革開放前，武則天研究往往和政治相聯繫，總的來說研究
成果不多，總體水平也不能令人滿意。改革開放以後，武則天研究會的成立，
國外學者和國內青年學者的加盟，新思維、新角度、新方法的引進，都極大
地促進了武則天研究的發展。百年來，武則天的研究成績大體可以概括爲如
下幾個方面：

　　第一，學界認眞探討武則天的許多具體問題。據統計，百年來關於武則
天的論文共有近 500 篇，論著約 20 種，涉及武則天的方方面面，如她的生年、
生地、出身、家譜、立后、參政、臨朝稱制、稱帝、立嗣、遺詔、用人政策、
宗教政策、民族政策等問題，其中不少論著在學界引起了強烈的反響。這些

〔註 285〕鍾哲輝：《武則天皇權及其合法性———兼論女性公共行政的魅力》，《婦女研
　　　　 究論叢》，2003 年第 2 期。
〔註 286〕王德林：《武則天的管理思想》，《遼寧科技大學學報》，2009 年第 3 期。
〔註 287〕三宅憲子：《析武則天對日本女性的影響》，《廈門教育學院學報》，2003 年第
　　　　 2 期。
〔註 288〕孟憲實：《傳統史學、新史學和公共史學的「三國鼎立」——以武則天研究爲
　　　　 例》，《中國圖書評論》，2008 年第 12 期。

研究成果數量之多，範圍之廣，影響之大，在中國古代歷史人物研究中是不多見的。同時，這些微觀研究使武則天的歷史面目更加清晰，對正確評價武則天意義重大，也明顯提高了武則天研究的整體水平。

第二，學界對武則天的評價更加客觀、全面、準確。封建社會的評論家往往站在男權立場，從仁義道德方面對武則天進行評價。在這種評價體制下，武則天形象往往存在被男性化、妖魔化的傾向。百年來，學界拋棄了舊的評價體系，先後採用階級出身、歷史唯物主義、女性主義等新角度重新對武則天進行評價。學界十分注意將評價建立在史實的基礎上，也十分注意選擇科學先進的評價體制。雖然有時武則天評價會受到政治風潮的影響，但從總體而言，百年來對武則天的評價更加客觀、全面、準確，也使武則天研究走上了良性發展的道路。

第三，學界成立了專門從事武則天研究的機構，即武則天研究會。該機構成立二十多年來，爲促進武則天研究的發展做了大量工作，包括多次組織全國性的武則天學術研討會、整理出版武則天研究的最新成果、吸引國內外優秀學者參與武則天研究等。這使得武則天研究走上了專門化、有序化、國際化和年輕化的良性軌道，當然有利於武則天研究繼續向前發展。

第四，百年來武則天研究增加了許多新方法、新視角和新領域。百年來，學界陸續出現了不少研究武則天的新方法，如比較分析法、心理分析法、統計分析法、個案分析法等。隨著外國新思潮的引進和新學科的興起，學界思維更加活躍，出現了不少研究武則天的新視角，如女性主義、自然主義、文化學、歷史學、管理學、行政學等。學者們也開闢了不少新的研究領域，如武則天的思想、文學成就、文化政策、人際關係等。

百年來武則天研究取得的成績是喜人的，逐步走向了良性發展的道路，目前已經呈現出百花盛開的繁盛局面，但是不能因此否認其中的一些問題。經過總結，主要有如下幾個方面：

第一，武則天研究領域中存在不平衡的現象。通過回顧百年來武則天的研究情況，不難發現，如何正確評價武則天的是非功過和歷史地位一直是武則天研究中的焦點。上個世紀八十年代以前，學界對武則天的研究大多集中在評價武則天上，關於武則天具體問題的研究寥寥無幾。八十年代以後，學界才開始關注與武則天有關的具體問題。圍繞如何評價武則天這個問題，武則天的政治生涯成爲學界關注的重點，主要包括她立后、參政、

稱帝、用人、納諫、誅殺政策、宗教政策等問題，而關於武則天的其他方面，如情感經歷、文學成就、文學地位等問題的研究都在近二三十年來才出現，目前尚有可繼續挖掘的空間。在武則天具體問題的研究中，也存在不平衡的現象，如八十年代中後期以後，學界開始逐漸重視研究武則天的文學成就、文化政策及影響，並在二三十年間出現了一大批相關論文、論著，但是學界對她的經濟思想、農業思想、法律思想等問題的研究一直不溫不火，論文不僅數量少，而且總體水平不高，論著幾乎沒有。如何在成熟的研究領域裏推陳出新，如何在不成熟的研究領域裏繼續向前推進，有待於武則天研究者們繼續努力。

　　第二，學界對如何處理武則天研究和政治的關係尚缺乏成熟的經驗。縱觀百年來武則天的研究狀況，不難發現，學界在處理武則天研究與政治的關係上存在不少問題。改革開放以前，由於政治原因，武則天研究往往緊密配合政治需要，一度出現思維僵化的現象。不少文章以論代史，或以史代論，只注重教條的理論而不注重事實的考證，甚至歪曲歷史為政治服務。這是武則天研究與政治走得過近的表現。改革開放以後，政治逐漸寬鬆，學界思維也隨之活躍，武則天研究開始呈現出多元化的趨勢。同時，武則天研究也出現了一些新問題，如武則天研究受到大眾文化的薰染，出現了娛樂化、情慾化、低俗化的媚俗傾向。這是武則天研究與政治走得過遠的表現。武則天是一個與政治緊密相連的歷史人物，任何學術研究也不可能完全擺脫當下政治的影響，武則天研究不可避免地要和政治有一定的關聯，但是武則天研究既不是政治的附屬品，也不是為政治服務的工具，更不可能完全超然於政治之外。因此，如何處理武則天研究與政治的關係成為武則天研究者們不得不面對的一個問題。

　　第三，武則天研究中還存在一些其他問題。一是由於史料有限，關於武則天的一些歷史謎團至今尚未解開，如武則天二度入宮的真相、扼嬰真相、遺詔問題等。學界對這些問題的探討至今尚無定論，而這些問題又是武則天研究中難以迴避的問題，有待於繼續探討。二是有些文章在一些小問題上反覆糾纏，學術價值不高，有些文章沒有對武則天進行全面研究就急於做出評價，有些文章選題雷同，存在重複勞動的現象，真正有突破的研究成果並不多，還有些文章在評價武則天的用人政策、誅殺政策、人際關係等方面存在人云亦云的現象。這些問題都在一定程度上影響著武則天研究的深入發展。

　　總之，縱觀百年來武則天的研究情況，不難發現，武則天研究取得的成績是喜人的，但也存在一些問題。目前，學界對武則天還沒有形成統一的認識和評價。因此，繼續提高武則天研究的整體水平仍是擺在我們面前的一個艱巨任務。

主要參考文獻

一、基本文獻資料類〔註1〕：

1. 〔宋〕計有功：《唐詩紀事校箋》，上海：上海古籍出版社，1955 年版。
2. 〔宋〕王溥：《唐會要》，北京：中華書局，1955 年版。
3. 〔宋〕司馬光：《資治通鑒》，北京：中華書局，1956 年版。
4. 〔宋〕宋敏求：《唐大詔令集》，北京：商務印書館，1959 年版。
5. 〔後晉〕劉昫等：《舊唐書》，北京：中華書局，1975 年版。
6. 〔唐〕劉餗：《隋唐嘉話》，北京：中華書局，1979 年版。
7. 〔唐〕張鷟：《朝野僉載》，北京：中華書局，1979 年版。
8. 〔唐〕薛用弱：《集異記》，北京：中華書局，1980 年版。
9. 〔唐〕長孫無忌等：《唐律疏議》，北京：中華書局，1983 年版。
10. 〔唐〕劉肅：《大唐新語》，北京：中華書局，1984 年版。
11. 〔五代〕王仁裕等：《開元天寶遺事十種》，上海：上海古籍出版社，1985 年版。
12. 〔清〕彭定求等：《全唐詩》，上海：上海古籍出版社，1986 年版。
13. 〔元〕辛文房撰，傅璇琮主編：《唐才子傳校箋》，北京：中華書局，1987 年版。
14. 〔清〕趙翼：《廿二史劄記校正》，北京：北京市中國書店，1987 年版。
15. 〔唐〕杜佑：《通典》，北京：中華書局，1988 年版。
16. 〔宋〕王欽若等：《冊府元龜》，北京：中華書局，1989 年版。
17. 〔唐〕李林甫等撰，陳仲夫校：《唐六典》，北京：中華書局，1992 年版。

〔註 1〕 此以文獻出版年份排序。同年所出文獻，按作者姓名筆劃數排序。

18. 周紹良主編：《唐代墓誌彙編》，上海：上海古籍出版社，1992 年版。

19. 伊力主編：《資治通鑒之通鑒——文白對照全譯讀通鑒論》，鄭州：中州古籍出版社，1994 年版。

20. 〔清〕陸心源著，吳鋼主編：《全唐文補遺》，西安：三秦出版社，1995 年版。

21. 〔宋〕周去非：《嶺外代答》，北京：中華書局，1999 年版。

22. 〔宋〕歐陽修、宋祁：《新唐書》，北京：中華書局，1975 年版。

23. 〔北齊〕顏之推著，檀作文譯注：《顏氏家訓》，北京：中華書局，2007 年版。

24. 〔清〕董誥：《全唐文》，北京：中華書局，2009 年版。

二、論著類 〔註2〕：

1. 陳寅恪：《金明館叢稿二編》，上海：上海古籍出版社，1980 年版。

2. 李燕捷：《唐人年壽研究》，北京：文津出版社，1983 年版。

3. 牛致功、趙文潤：《隋唐人物述評》，西安：陝西師範大學出版社，1984 年版。

4. 趙岐福、師荃榮、張鵬舉編著：《武則天傳說故事》，西安：陝西人民美術出版社，1986 年版。

5. 吳楓、常萬生：《女皇武則天》，瀋陽：遼寧教育出版社，1985 年版。

6. 〔日〕：原百代：《武則天》，西安：陝西人民出版社，1986 年版。

7. 〔奧〕A‧阿德勒著，黃光國譯：《自卑與超越》，北京：作家出版社，1987 年版。

8. 〔日〕齊藤勇：《人際關係心理學》，北京：中國和平出版社，1987 年版。

9. 〔日〕關計夫：《自卑心理淺析》，福州：福建科學技術出版社，1988 年版。

10. 〔英〕崔瑞德編：《劍橋中國隋唐史》，北京：中國社會科學出版社，1990 年版。

11. 楊劍虹：《武則天新傳》，武漢：武漢大學出版社，1993 年版。

12. 任爽：《唐帝列傳》，長春：吉林文史出版社，1995 年版。

13. 吳以寧、顧吉辰：《中國后妃制度研究》，上海：華東理工大學出版社，1995 年版。

14. 劉連銀：《武則天傳》，武漢：長江文藝出版社，1997 年版。

15. 高潮、甘華鳴主編：《中國韜略大典》，北京：中國國際廣播出版社，1997 年版。

〔註 2〕 此以論著出版年份排序。同年所出論著，按作者姓名筆劃數排序。

16. 梁恒唐：《武則天探秘》，太原：山西古籍出版社，1997 年版。

17. 胡戟：《武后本傳》，西安：陝西師範大學出版社，1998 年版。

18. 易中天：《品人錄》，上海：上海文藝出版社，2000 年版。

19. 范文瀾：《中國通史簡編》，石家莊：河北教育出版社，2000 年版。

20. 雷家驥：《武則天傳》，北京：人民出版社，2001 年版。

21. 岑仲勉：《隋唐史》，石家莊：河北教育出版社，2002 年版。

22. 尚永亮：《貶謫文學與貶謫文化——以中唐元和五大詩人之貶及其創作爲中心》，蘭州：蘭州大學出版社，2004 年版。

23. 孟憲實：《唐高宗眞相》，北京：北京大學出版社，2008 年版。

24. 蒙曼：《蒙曼說唐：武則天》，桂林：廣西師範大學出版社，2008 年版。

25. 林語堂：《武則天正傳》，南京：江蘇文藝出版社，2009 年版。

26. 謝重光：《中古佛教僧官制度和社會生活》，北京：商務印書館，2009 年版。

27. 胡戟：《武則天本傳》，北京：北京大學出版社，2011 年版。

三、論文類〔註3〕：

1、論文集：

1. 翦伯贊著：《翦伯贊歷史論文選集》，北京：人民出版社，1980 年版。

2. 唐長孺著：《魏晉南北朝史論拾遺》，北京：中華書局，1983 年版。

3. 乾陵博物館：《武則天與乾陵文化》，咸陽：乾陵博物館，1995 年版。

4. 趙文潤、劉志清主編：《武則天與偃師》，偃師：河南省偃師古都學會，1997 年版。

5. 黃約瑟著，劉健明編：《黃約瑟隋唐史論集》，北京：中華書局，1997 年版。

6. 史念海主編：《唐史論叢》第七輯，西安：陝西師範大學出版社，1998 年版。

7. 趙文潤、李玉明主編：《武則天研究論文集》，太原：山西古籍出版社，1998 年版。

8. 鄧小南主編：《唐宋女性與社會》，上海：上海辭書出版社，2003 年版。

9. 樊英峰主編：《乾陵文化研究》，西安：三秦出版社，2006 年版。

10. 杜文玉主編：《唐史論叢》第九輯，西安：三秦出版社，2007 年版。

11. 杜文玉主編：《唐史論叢》第十輯，西安：三秦出版社，2008 年版。

〔註 3〕 此以論著出版年份爲排序依據。同年所出論著，按作者姓名筆劃數排序。

12. 杜文玉主編：《唐史論叢》第十三輯，西安：三秦出版社，2011 年版。

13. 杜文玉主編：《唐史論叢》第十五輯，西安：陝西師範大學出版社，2012 年版。

2、論文：

（1）碩博論文

1. 雷豔紅：《唐代君權與皇族地位研究——以儲位之爭為中心》，廈門大學博士學位論文，2002 年 8 月。

（2）期刊論文

1. 陳寅恪：《記唐代之李武韋楊婚姻集團》，《歷史研究》，1954 年第 1 期。

2. 何汝泉：《關於武則天的幾個問題》，《歷史研究》，1978 年第 8 期。

3. 楊際平：《「高宗臨朝不決事」說質疑——兼評「四人幫」炮製的高宗朝武后「臨朝執政」說》，《廈門大學學報》，1979 年第 2 期。

4. 閻文門：《千古懸案——永泰公主死之謎》，《視野》，1981 年第 5 期。

5. 黃永年：《說李武政權》，《人文雜誌》，1982 年第 1 期。

6. 郭紹林：《唐高宗武則天長駐洛陽原因辨析》，《史學月刊》，1985 年第 3 期。

7. 趙文潤：《唐高宗「昏懦」說質疑》，《人文雜誌》，1986 年第 1 期。

8. 寧志新、郭培貴：《試從晉唐間的社會習俗簡析武則天秉政稱帝的歷史條件》，《包頭師專學報》，1986 年第 1 期。

9. 寧志新：《舊說武后扼嬰、殺子失實之補證》，《晉陽學刊》，1987 年第 4 期。

10. 王炎平：《論唐太宗失政不自晚年始》，《天府新論》，1987 年第 5 期。

11. 寧志新：《武則天削髮為尼一事考辨——與臺灣學者李樹桐商榷》，《華中師範大學學報》，1990 年第 1 期。

12. 何磊：《無字碑上豈無「字」——試評以往人們對武則天的毀譽褒貶》，《雲南教育學院學報》，1990 年第 4 期。

13. 梁樺：《淺談武則天改元》，《南都學壇》，1990 年第 4 期。

14. 林玉彬：《永泰公主死因淺探——兼與閻文門先生商榷》，《內江師專學報》，1991 年第 1 期。

15. 蘇者聰：《簡論武則天其人其文》，《武漢大學學報》，1991 年第 5 期。

16. 謝保成：《試解〈貞觀政要〉成書之謎》，《史學月刊》，1993 年第 2 期。

17. 秦川：《論唐高宗與武則天的矛盾和鬥爭》，《甘肅社會科學》，1993 年第 2 期。

18. 朱子彥：《略論中國封建社會的后妃干政》，《上海大學學報》，1994 年第 1 期。

19. 張乃翥：《武周萬國天樞與西域文明》,《西北史地》,1994 年第 2 期。

20. 楊明揚：《話説明堂》,《中州今古》,1994 年第 4 期。

21. 黃永年：《武則天眞相》,《中國典籍與文化》,1994 年第 3 期。

22. 郭紹林：《張易之、張昌宗到底是武則天的什麼人》,《河南大學學報》,
    1995 年第 4 期。

23. 勾利軍、汪潤元：《武后之立與唐高宗的「戀母心理」》,《學術月刊》,1995
    年第 10 期。

24. 徐深整理,羅麗執筆：《女學者論武則天》,《文藝研究》,1995 年第 6 期。

25. 徐嫩棠：《武則天稱帝原因淺析》,《史學月刊》,1995 年第 6 期。

26. 歐遠方：《李治和武則天——讀史札記》,《安徽師大學報》,1996 年第 2
    期。

27. 勾利軍：《武則天殺女應屬事實》,《史學月刊》,1996 年第 4 期。

28. 王盛恩、彭沛：《長孫無忌政治生涯評議》,《南都學壇》,1996 年第 4 期。

29. 譚昌壽：《武則天現象試析》,《海南師院學報》,1997 年第 2 期。

30. 勾利軍：《武則天的自卑心理與性格特徵》,《史學月刊》,1998 年第 1 期。

31. 劉炬、劉鴻雁：《武則天是成功者嗎？》,《社會科學戰線》,1998 年第 5
    期。

32. 趙文潤：《武則天的「荒淫」與「殘忍」辨析》,《唐都學刊》,1999 年第
    1 期。

33. 王永平：《試釋唐代諸帝多餌丹藥之謎》,《歷史研究》,1999 年第 4 期。

34. 林玉美：《家庭暴力下的女性心理及成因探析》,《求實》,2000 年第 10
    期。

35. 卞孝萱：《〈唐太宗入冥記〉與「玄武門事變」》,《敦煌學輯刊》,2000 年
    第 2 期。

36. 曾現江：《唐高宗新論》,《許昌師專學報》,2001 年第 4 期。

37. 彭炳金：《唐代公主與政治》,《錦州師範學院學報》,2001 年第 3 期。

38. 曾現江：《唐高宗遺詔的產生及其與政局的關係》,《貴州文史叢刊》,2002
    年第 1 期。

39. 劉敏：《兩朝良佐——長孫無忌》,《歷史教學》,2002 年第 8 期。

40. 王曉虹：《中藥趣聞》,《首都醫藥》,2003 年第 9 期。

41. 勾利軍：《武則天與張易之、張昌宗關係論略》,《韶關學院學報》,2003
    年第 11 期。

42. 韓昇：《上元年間的政局與武則天逼宮》,《史林》,2003 年第 6 期。

43. 〔美〕伯瑞克·薩迪：《女性的男性化道路》,《小康》,2004 年第 6 期。

44. 思羽：《長孫無忌——貪戀權勢的悲劇人物》，《政府法制》，2004 年第 21 期。

45. 司馬哲：《歷史上的政治豪賭客》，《領導文萃》，2006 年第 1 期，

46. 王海文：《李賢〈黃臺瓜辭〉賞析》，《社科縱橫》，2006 年第 1 期。

47. 於華東：《略述武則天在歷史上的積極作用》，《武漢大學學報》，2006 年第 6 期。

48. 阮愛東：《論貞觀文學觀念的文質消長》，《華南農業大學學報》，2007 年第 1 期。

49. 盧向前：《武則天與劉洎之死》，《浙江大學學報》，2007 年第 3 期。

50. 蒙曼：《唐太宗不愛武則天》，《領導文萃》，2008 年第 15 期。

51. 趙文潤：《武則天及其評價》，《山東圖書館學刊》，2009 年第 1 期。

52. 李國文：《武則天夫婦的犧牲品》，《領導文萃》，2009 年第 15 期。

53. 龔祖培：《崔融對唐詩的三大影響》，《長沙理工大學學報》，2010 年第 1 期。

54. 武向春：《帝王的明堂情結》，《創作評譚》，2010 年第 2 期。

55. 孟憲實：《長孫皇后：唐太宗的政治顧問》，《政府法制》，2010 年第 35 期。

56. 韓林：《武則天故事中唐太宗形象的文本演變及文化內涵》，《天中學刊》，2012 年第 4 期。

57. 臧嶸：《武則天「扼嬰」事件考疑》，《邯鄲學院學報》，2012 年第 3 期。

58. 司海迪：《試論武則天晚年求壽行爲及對文學的影響》，《社會科學論壇》，2013 年第 4 期。

59. 管衛中：《大雲寺與武則天》，《檔案》，2013 年第 3 期。

（3）報紙

1. 羅元貞：《武則天批判》，《光明日報》，1951 年 6 月 22 日。

2. 張家駒：《也談武則天》，《文匯報》，1959 年 12 月 13 日。

3. 中華通訊組：《武則天在歷史上究竟起了什麼作用》，《人民日報》，1961 年 3 月 9 日。

4. 郭沫若：《我怎樣寫〈武則天〉》，《光明日報》，1962 年 7 月 8 日史學版。

5. 湯用彤：《從「一切道經」說到武后》，《光明日報》，1962 年 11 月 21 日。

6. 孟憲實：《「武則天殺死自己的親生女兒」有無其事？》，《中華讀書報》，2007 年 12 月 5 日，第 001 版《文化週刊》。

7. 孫雪娟：《夫妻皇帝的眞相》，《中國信息報》，2008 年 10 月 17 日，第 006 版《周末書香》。

後　記

　　終於趕在送審前把論文寫完了，我長長地鬆了一口氣。回憶四年的讀博生涯，我此時才掂量出入學時尚老師贈我「要努力」三個字的沉重份量。寫作期間的艱辛，是我畢生難忘的體驗。從開始撰寫到定稿，我幾乎每天都要在電腦前忙碌近 8 個小時，還一度出現了睡眠障礙，不得不休息了一個月。直到去年10月才返校繼續開始撰寫論文。尚老師讓我多注意身體，同學們盡力給我提供方便，愛人對我也更加關心。幸運的是，我終於在送審前寫完了。

　　關於本文的寫作，我要感謝我的導師尚永亮教授。尚老師為人端直方正，為學嚴謹質實，是難得的好老師。尚老師對學生要求嚴格，往往不談優點，只談問題，這讓我倍感壓力。每次聆聽尚老師教誨，我都有寸草仰望參天、滴水愧見汪洋之感，不免緊張語塞，惴惴數日。由於入門較晚，我的理論基礎薄弱，蒙尚老師不棄，一路指點至今。可以說，從選題到定稿，每一步都傾注了尚老師的大量心血。論文部份章節初現端倪之時，我以初生牛犢般的姿態交與尚老師批閱。尚老師修改得很仔細，大到寫文章的基本規則和忌諱，小到標點注釋和文檔處理，都一一做了批改。這讓我又感動又慚愧。尚老師在為人處世方面也給予我很多指導和幫助，這些都讓我獲益終生。數年來，常歎學海無涯之苦，得遇尚師之幸。此外，我的碩導李多紅老師對我的學業也一直很關心，經常鼓勵我好好讀書，給我的學習提供了不少幫助。武大的陳順智、王兆鵬、陳水雲等幾位老師為人為學都讓我獲益良多，在此我也向他們表示感謝。

　　其次，我要感謝我的愛人和女兒。結婚數年，生活的重擔一直壓在愛人的雙肩，他盡一切可能使我擁有一個單純快樂的學生生活。懷孕期間，愛人

不僅承擔了全部家務，給我補充營養，陪我去醫院，還替我查閱求職信息、
投遞簡歷、參加招聘會。住院生產期間，愛人日夜在醫院陪護我和剛出生的
女兒，一周裏居然瘦了四斤。我的女兒也很乖。每次產檢，她都順利過關，
從不讓我操心。出生後，她長得白白胖胖，幾乎整日以睡眠爲務，很少哭鬧，
讓我有足夠的精力來完成論文。在此，我也要謝謝她。

　　最後，我還要感謝武大的幾位同學好友，體育操場上，校園小徑上，食
堂裏，都有我們一起討論學習和生活的身影。顧瑞雪、潘明福、左志南、趙
舒、羅昌繁等幾位同學都對我的學習和生活提供過諸多幫助和鼓勵。在此，
我也要謝謝他們的熱情和善良。

2014 年 4 月 15 日司海迪匆筆於北京生命科學園內